KB272876

자본주의 국가의 이해

오 관 석 지음

자본주의 국가의 이해

국가이론에 관한 논의는 국가의 구조와 기능에 초점을 두고 국
가행위에 대한 다양한 분석의 틀을 제공하였다. 그러나 국가에 대한 논리적
혼란이나 분석의 오류는 국가의 실체를 분석함에 있어 많은 장애요인이 되었고, 현실 정치사회와는
거리가 먼 허구적인 수사처럼 보이기도 하였다. 이러한 현상은
자유주의적 다원론이나 마르크스주의 계급론적 국가론에서도 쉽게 나타난다.

KSI 한국학술정보(주)

● 서 문 ●

　　과거에 비해서 마르크스주의 국가 논쟁은 비교적 시들해졌다. 이
러한 징후는 각종 도서출판에서부터 연구논문 발표에 이르기까지 마
르크스주의 국가론이 주목받지 못하고 있다는 것을 쉽게 알 수 있
다. 그렇다고 해서 정치학 분야에서 마르크스주의 국가론이 학문적
영역의 축소를 의미하는 것은 아니다. 자본주의 국가의 탄생과 성격
에 대한 논의는 정치학 분야는 물론 복지국가를 추구하는 모든 학문
영역에서조차 학문적 관심이 새롭게 대두되고 있는 현실이다. 또한
자본주의 사회에서의 국가의 역할에 대한 또 다른 관심을 불러일으
키고 있는 것도 사실이다. 여전히 마르크스주의 학자들은 국가에 관
심을 두고 연구하고 있으며 자본주의 국가의 역할에 대해 주목하는
실정이다.

　　저자가 마르크스주의 국가에 관심을 두었던 때만 해도 벌써 20여
년 일이다. 그때는 학문적 관심보다는 지적 호기심에서 마르크스 저
작물들을 주의 깊게 살펴보는 정도였다. 그런 이유로 석사논문을 네
오마르크스주의 국가론에 관해서 썼다.

　　그러나 저자는 국가에 대한 관심을 고조시키거나 지적 호기심을
자극하지 못하고 저서와 논문들이 책장 속에 묻히는 신세가 되었다.
구소련의 붕괴와 동구 공산주의 몰락은 더 이상 마르크스주의 정치
사상을 연구자의 마음속에 잡아두기에는 역부족이었다. 특히 마르크
스 입장에서 보면 자본주의의 발달은 필연적으로 자본주의 국가의
붕괴로 이어져 몰락해야 함에도 불구하고 오히려 자본주의 국가는

여러 이해관계의 조정자로서, 노동자들의 복지를 책임지는 복지국가
로서 그 영역을 증대시켜 오고 있는 실정이다. 흔히 마르크스는 자
본주의 국가의 발전을 예견하지 못했거나 간과했다는 비판이 있다.
나아가 자본주의 국가에서 발달된 정보기술과 사회구조의 패러다임
의 변화는 더 이상 마르크스주의 국가론이 사회구조를 설명하는 데
한계를 갖는다.

그럼에도 불구하고 저자가 국가의 논의에 대한 관심을 갖게 되는
계기가 있었다. 전주대학교 사회과학 전체 학생을 대상으로 '국가의
이해'라는 교과목이 개설되었고 그 강좌를 몇 년 동안 강의하면서
자본주의 국가에 대한 이해가 필요하였다. 물론 강의의 내용이 마르
크스 국가에 대한 내용은 아니지만 국가를 이해하는 데 있어서 마르
크스만큼 명쾌한 논리로 국가를 설명한 학자도 그리 많지 않다. 따
라서 마르크스 국가논의는 현대 국가를 이해하는 데 적지 않게 중요
하다는 것을 알 수 있다.

대학생들이 현대 국가를 이해하는 데 조금이라도 도움이 되었으면
하는 마음으로 이 한 권의 책을 내놓는다. 저자가 다시 원고를 정리
하고 집필을 하는 과정에서 좋은 책을 쓰려고 노력하였지만 역부족
으로 심도 있는 내용이 되지 못한 것 같다. 다만 졸고임에도 불구하
고 출판을 허락한 한국학술정보(주) 출판사 편집 관계자님들께 심심
한 감사의 말씀을 드리는 바이다.

아무쪼록 이 한 권의 책이 국가를 이해하고자 하는 학생들의 지적
호기심과 학문적 발전에 조금이라도 기여하였으면 하는 바람이다.

2007. 10. 9
전라자치연구소에서
오 관 석

● 목 차 ●

제1장
자본주의 국가론의 비교 이론적 조망

Ⅰ. 자본주의 국가론 서설

국가이론에 관한 논의는 국가의 구조와 기능에 초점을 두고 국가 행위에 대한 다양한 분석의 틀을 제공하였다. 그러나 국가에 대한 논리적 혼란이나 분석의 오류는 국가의 실체를 분석함에 있어 많은 장애요인이 되었고, 현실 정치사회와는 거리가 먼 허구적인 수사처럼 보이기도 하였다. 이러한 현상은 자유주의적 다원론이나 마르크스주의 계급론적 국가론에서도 쉽게 나타난다.

다원주의 국가론은 명확한 개념정의보다는 가치에 의한 포괄적 행위체제라고 규정하고 모든 집단의 이익표출에 중요성을 두고 논의되어 왔다. 반면에 마르크스주의 국가론은 경제 환원주의와 상대적 자율성을 강조함으로써 경제적 이해나 자본의 재생산에 국가의 목적을 제한하려는 한계를 드러내고 있다. 여기에 네오마르크스주의의 기본 시각은 기존의 국가이론에 내재했던 시민사회 중심적인 함의를 자본축적, 계급갈등, 지배관계라는 유기적 연관하에 입체화시킴으로써 국가이론 연구에 중요한 분석적 틀을 제공해 주었다. 고전적 마르크스주의 국가론은 물론 네오마르크스주의 국가론, 특히 구조주의 국가론은 국가자율성 개념의 성격을 시민사회로부터 어떻게 개념 지을 것인가에서 출발점을 삼고 있다.

마르크스는 국가에 관한 이론을 체계적으로 구성하지 않았다는 보비오(Bobbio 1990; 황주홍 역 1992)의 견해에 따라 국가 논의는 다양한 수사력을 바탕으로 연구자의 초점을 흐리게 한다. 보비오(Bobio 1990)는 국가 또는 국가권력, 자본축적의 사회조건 등 복잡한 관계에 직접적으로 초점을 맞추는 국가에 대한 체계적 이론화 작업을 마르크스 저서 속에서 발견할 수 없다는 것이다. 다만 마르크스 국가론은 학술적 연구를 통하여 국가 및 정치일반에 관한 이론을 체계적인 형태로 개념 정리되었다고 한다. 이러한 마르크스주의의 국가 논쟁은 많은 문제점을 안고 있지만 국가논의에 대한 나름대로 장점을 가지고 있다. 이미 네오마르크스주의자들은 변화된 자본주의 사회에 낡은 고전적 마르크스주의 교의를 적용시키는 일에 한계를 느끼기 시작하였고, 다원화된 자본주의 사회에서 정치현실을 보다 잘 이해할 수 있는 이론적 틀이 필요하게 되었다.

현대 자본주의 사회에서 국가의 역할은 계속 확대되어 왔고 국가의 영향이 미치지 않는 곳은 찾아보기 어렵다. 특히 후기 자본주의의 사회에서 국가는 네오마르크스주의 학자들에게 관심의 대상이 되었다. 이들은 자본주의 경제에 내재된 모순과 주기적인 경제위기에도 불구하고 지속적인 정치적 위기나 혁명적 파괴가 발생하지 않는 이유를 국가의 역할에서 찾으려고 시도한다. 오히려 국가가 자본의 위기를 관리하고 사회적 구조의 모순을 관리하면서 자본주의 생산양식을 확대해 나가고 있는 실정이다. 네오마르크스주의 학자들은 이러한 국가가 자본주의 사회에서 새롭게 위기를 관리하고 특정의 이익을 대변하며 관리하는 한정된 시각에서 벗어나 새로운 이론적 적용의 시도를 계속하여 왔다.

네오마르크스주의 국가자율성에 관한 논의는 그들의 독특한 이론적 시각에서 비롯된다. 국가자율성 논의는 국가와 자본가 계급 간의 특수한 관계에 유의하면서 자본주의의 사회 안에 존재하고 있는 자본주의 국가가 계급의 이해득실과 무관하게 독자적으로 어떻게 정책을 추구할 수 있는가 하는 문제를 검토하기 시작한 근거에서 찾는다.

따라서 네오마르크스주의자들의 문제의 제기는 국가가 상대적 자율성에 관한 전형적인 마르크스주의의 논리와 용어가 그 한계성에도 불구하고 국가를 장악한 지배계급들이 취할 수 있는 행동영역이 무한적이지 않으며 상호관계 속에서 한계성을 가진 것으로 파악해야 하는 점을 강조한다. 이러한 개념은 국가를 단순히 지배계급의 도구나 이익집단에 자기이익의 실현을 위한 수단 내지 대상으로 간주하던 도구주의와 다원주의 국가론의 한계를 극복하고 국가에 대한 보다 체계적인 이해에 공헌했다는 점에서 높이 평가를 받는다. 국가에 대한 체계적 분석을 시도한 네오마르크스주의자들은 자본주의 국가에 의해 수행되는 사회 경제적 기능의 대안적인 이해에 논의를 집중했다.

그러나 네오마르크스주의의 국가자율성 논의에서 갖게 되는 의문은 국가자율성이 상대적 수준에 머무르고 있는 것이라면 결국 그것은 경제결정론 또는 경제적 토대에 의한 상부구조의 기계적 환원론을 보다 복잡하게 구성해 놓은 것에 불과하지 않는가 하는 점이다. 이들의 경제 결정론적 요소나 계급 환원주의적 요소는 국가를 자본가 계급을 위한 구조적 도구로 개념화하는 결과를 초래하게 된다. 네오마르크스주의자들도 고전적 마르크스주의자들과 마찬가지로 모든 역사를 계급투쟁의 맥락에서 파악하고 있고 국가에 대한 그들의 이해도 예외가 아닌 까닭에 이들의 국가론이 계급국가론으로 불리는 것은 당연하다고 여겨진다.

그럼에도 불구하고 네오마르스주의에서 새롭게 발견되는 논점은 몇 가지 뚜렷한 접근법에서 바라볼 수 있다. 첫째는 국가를 지배하는 도구로서 조망하는 것이고, 둘째는 생산관계나 경제적 측면의 객관적 보장자로서 국가를 바라보는 것이다. 셋째는 정치적 계급투쟁의 장으로 국가를 보는 것이다. 마지막으로 국가를 정치와 경제 간 외적 관계에서 국가를 도출하는 시도이다.

여기에서 하나의 공통적 특징은 정치가 독립변수로서 경제와 거의 동일한 지위를 차지하는 요인으로 여겨지고 있다. 그중에서 국가의 자율성논의가 많이 개진되고 있는 시도가 생산관계의 객관적 조정자로서 국가를 이해하려는 견해이다. 생산관계의 객관적 보장자로서 국가를 조망하려는 시도는 풀란차스를 위시한 구조주의적 마르크스주의자들에 의해 정교화되었다.

풀란차스는 그람시와 알튀세의 독특한 분석의 틀과 문제의식으로 국가이론을 발전시켰다. 그에 따르면 생산양식은 서로 다른 수준 또는 층위인 경제, 정치, 이데올로기로 구성되어 있으며 그 각각은 자율적인 메커니즘으로 작용한다고 보았다. 어떤 사회의 지배구조는 이 각각의 층위가 다른 층위들과 관계에 의해 중첩결정(over determination)되는 복잡한 관계에 의해 규정되기도 하며 다만 경제는 종국적인 의미에서 전체구조를 규제할 뿐이다. 따라서 자본주의 사회에서 정치적인 부문은 경제에 대해 상대적으로 자율적이며 자기고유의 메커니즘으로 작동한다고 보았다(Poulantzas 1973, 11-13).

국가와 같은 상부구조가 경제적 토대에 의해 파생된다면 사회체제에 있어서 역동성을 설명할 길이 없다. 국가자율성은 국가를 포함한 상부구조가 토대 또는 하부구조로부터 자유롭게 되고 사회의 다양한 주요 요소들 사이의 역동적 변화의 관계, 즉 각각의 요소가 다소 영향을 미치는 관계로 본다. 국가논의에 있어 네오마르크스의 상대적 자율성 논의는 현대국가론에 중요한 공헌을 했음에도 불구하고 많은 문제점을 내포하고 있다. 자본주의 국가론에 대한 문제점은 네오마르크스주의의 상대적 자율성 개념을 둘러싼 이론적 문제들을 비교 이론적 차원에서 엄밀히 분석해 봄으로써 이 개념에 내재되어 있는 혼선을 극복하고 현대 국가이론에 제 위상을 재정립할 필요가 있겠다.

국가자율성에 관한 주요 개념들은 국가란 무엇인가. 왜 국가가 존재해야 하는가. 국가를 정당화하는 것은 무엇인가라는 기본적 명제에 끝없는 의문을 제기하면서, 국가가 자율성을 획득 영위하고 있는

국가엘리트들이 자율성을 행사하게 되는 대상이 무엇인가 하는 것을
이론적으로 조망할 수 있도록 한다.

Ⅱ. 국가의 다의성과 이론적 조망

1. 국가의 개념과 그 다의성

국가만큼 찬사를 받은 제도도 별로 없다. 그러나 국가행위의 근거
가 될 국가권력의 한계 및 범위에 있어 견해의 일치를 이루지 못
하고 있다. 국가란 하나의 결합된 실체는 아니며 시간과 장소에 따
라 상이하게 나타나는 다차원의 현상이다(Held et al. 1983; 김영국
1983, 11).

국가의 본질에 대하여 스테판(Stepan 1978)은 국가는 정부 이상의 것
으로써 고려되어야 한다. 또한 알포드와 프리드랜드(Alford & Fiedland
1985, 1)는 국가란 정부보다 더 근본적인 개념이라고 한다. 왜냐하면
국가는 특정한 정권(정치 지도자들의 지배연합)뿐만 아니라 한 정치
체제의 권위, 합법성 그리고 대중적 지지요구에 관련되기 때문이라
고 말한다.

국가의 본질은 최소한 이론적으로 권력의 운용을 정당화하고 겉으
로 공표된 목적뿐만 아니라 이미 실현된 권력의 의도를 탐구해야 하
는 어려움이 있다. 보다 구체적으로 립슨(Lipson 1965, 51)은 정치,
국가 그리고 정부를 개념적으로 구별함으로써 국가개념을 명확히 제

시하고 있다. 가장 넓은 개념으로부터 가장 좁은 개념으로 옮기게 되면, 사회라는 개념 다음에는 정치라는 개념이 부각된다. 또 정치보다 더 한정된 개념은 국가개념이다. 여기서 국가란 정치과정들과 조직화되고 또 공식화된 제도이다. 국가가 존재하는 경우에는 정치는 존재하지만 그와 반대로 정치가 존재하는 경우에는 반드시 국가가 존재하지만은 않는다.

그러나 국가는 정부라는 가장 좁은 개념을 포함하고 있다. 다시 말해서 정부는 국가의 하위체계라고 한다. 립슨(Lipson 1965)의 사회, 정치, 국가 그리고 정부의 개념적 분류에서 볼 때 국가라는 실체는 외부적 환경으로서 사회에 존재하고 있다고 말할 수 있다.

이와 같이 국가가 대외적 환경에 영향을 받으며 또한 영향을 주고 있다는 점에서 국가는 개방체계라고 정의한다(이용필 1987, 28). 국가가 개방체계라고 한다면 국가는 사회적 환경에 영향을 받을 뿐만 아니라 사회에 대하여 영향을 미치고 있다고 본다(이용필 1987, 28). 베버(Weber 1958, 78)의 정의에 따르면 국가는 주권적 독립 아래 일정한 영토를 장악하고 주민을 통치하는 조직체이며 물리적 강제력을 합법적으로 독점하는 특권을 향유한다고 주장한다. 즉 주어진 영토 안에 물리적 폭력을 독점적으로, 그러나 정당하게 사용하는 인간 공동체이다. 베버의 국가 개념은 영토, 폭력, 정당성의 세 가지 요소로 구성되고 국가 관료제가 지배체제의 중추기능을 한다는 것이다. 따라서 베버에 있어 국가자율성은 관료제의 권력성을 함축하고 있다. 관료제를 말하자면 근대 서구국가의 씨앗이다(Weber 1976)라고 한다.

스카치폴(Skocpol 1978)은 국가의 공공성과 합법적인 강제력을 중시한 베버에 국가를 사회의 공공성과 국가자신의 이익을 능동적으로 추구하는 의지적인 행위자일 뿐만 아니라 적대적인 지배권을 향유한

초계급적인 실체로 파악하고 있다고 한다. 계속해서 그는 베버의 이러한 관점을 이어 받은 베버리안들은 국가란 행정부에 의해 조절되는 최고의 행정력, 경찰, 군사 조직을 갖춘 강력한 통치기관이라고 한다(Skocpol 1978, 28). 스카치폴(Skocpol 1978)은 국가자율성이 계급관계에서 탄생되는 것이 아니라 강제력과 행정기구를 장악하고 있는 통치조직으로서 국가자체에 내재하는 것으로 보았다(Skocpol 1978, 28). 포기(Poggi 1979)는 국가란 강력한 총체로써 공공행정기구(Public Administrative Apparatus as a Coherent Totality)로써 정의하고 있다(Poggi 1979, 1). 국가는 군사적으로 보호되고 있는 특정한 영토를 관할하고 있으며 또한 단일한 재정체제와 언어 그리고 법률체제를 가진다는 것이다(Poggi 1979, 1).

맥키버(McIver 1926)를 중심으로 한 다원주의 학자는 정치적 합의를 강조하고 국가의 근대적, 평화적, 진화적 성격을 중시하고 있다. 다양한 국가 개념 중에서 일반적으로 수용되고 있는 맥키버는 그의 근대국가론(The Modern State)에서 국가는 정부에 의해 공포된 법을 통해 이러한 행위를 위한 강제력을 부여받고 지역적으로 민주적인 공동체 내에 사회질서의 보편적인 외적 조건을 유지·활동하는 특별한 성격을 지닌 하나의 결사체라고 한다. 여기서 국가는 특정한 영토 내의 국면 전체를 포괄하며 사회질서 유지라는 특수한 기능을 하고 있다는 점에서 다른 종류의 결사체와 구별된다. 국가는 이러한 법의 소리로 말하는 집행자, 즉 정부를 통해 그 기능을 수행한다고 한다(McIver 1926, 22).

그런가 하면 라스키(Laski 1935; 김영국 1983)는 국가란 사회의 일부를 이루는 어느 개인이나 집단에 대해서 법률적으로 최고의 강제력을 보유함으로써 통합되는 그런 종류의 사회를 말하고 있다. 라스키(Laski 1935: 김영국 1983)는 국가의 목적은 가능한 최대한으로 시민들의 욕구를 실현시키는 것이어야 한다는 사실을 강조하고 있다. 체계이론적 시각에서는 이스튼(Easton 1965)의 체계분석이론(System Analysis Theory)이나 알몬드와 포웰(Almond & Powell 1980)의 체계이론 모델도 체계이론적 국가개념과 과정적 민주주의를 상호 보완관계로 보고 있다. 즉 이들은 정치체계를 정의함에 있어 정당한 물리적 강제력의 행사를 들고 있다(Alford & Friedland 1985, 41). 정치체계의 특징으로서 이스튼(Easton 1953)은 '사회적 제 가치의 권위적 배분'을, 라스웰과 카플란(Lasswell & Caplan 1950)은 '절대적이며 심오한 가치 박탈'을, 다알(Dahl 1963, 5)은 '힘, 통치, 권위(Power, Rule and Authority)' 등을 말하고 있다. 정치체제 내지 정치과정에 관한 이러한 개념규정은 모두 정당한 강제력의 독점을 함의한다.

한편, 뒤르켕(Durkheim 1975, 170)은 사회가 발전하면 할수록 국가의 발전도 더욱 심화된다고 역설하고 있다. 뒤르켕(Durkheim)에 의하면 국가는 점점 더 많은 기능을 떠맡게 되고 다른 모든 사회적 기능에 더욱 깊이 관여하게 됨으로써 그 기능들을 중앙집권화하게 된다고 말한다. 중앙집권화의 발달은 문명의 발달과 병행한다는 것이다. 그러한 진화과정에서 국가는 사회의 합리성을 촉진시켜 줌으로써 사회의 생존력을 증대시킨다고 한다. 립셋(Lipset 1981, 27－63)은 국가를 복잡하게 분화되고 사회에 대해서 적응해 가는 하나의 진화과정으로 규정하는 시각을 가졌다. 국가는 사회가 산업화함에 따라 국가들이 자유민주주의 형태를 띠게 된다. 그러나 이 이론은 선진 자본주의 국가 및 신생국가들에 있어서 비민주주의적 성격을 적절히 설명하지 못한다는 비판을 받아 왔다. 예를 들어 잭맨(Jacman 1975, 84)은 경제발전이 산업화 초기의 단계에서는 정치적 민주화를 촉진시키지만 후기단계에서는 정치발전에 미치는 경제발전이 영향력의 한계에 부딪친다고 지적한다. 또한 프랭크(Frank 1967, 6－8)는 선진국의 착취의 결과로 말미암아 국가 간에 경제발전의 격차가 커진다고 비판하면서 근대화 이론과 자본주의 국가를 비판한다.

이와 같이 국가 개념의 다의성은 현대 국가에서 그 역할과 기능이 더욱 가중되었다. 밀리반드(Miliband 1969)가 말한 바와 같이 비록 국가가 하는 일에 대해서 관심을 갖지 않을 수는 있어도 국가에 의해서 영향을 받지 않을 수 없게 된다는 말은 그 의미하는 바가 크다. 따라서 현대사회에 있어 국가의 역할만큼 중요하고 모든 정치적 문제들과 논쟁의 초점을 두고 있는 것은 없다. 특히 국가자율성의 구조주의 입장에 있는 풀란차스(Poulantzas 1972, 239)가 지적하는 바와 같이 현대 정치 중심이론에 가장 큰 영향력을 미친 마르크스주의는 자본주의적 생산양식은 경제적 수준의 관심에 집중했고 국가와 같은 다른 수준들은 단지 경제에 대한 영향을 통해서만 취급되기 때문에 국가에 대한 새로운 연구가 필요하게 되었다고 주장한다.

제숍(Jessop 1990, 34)에 있어서 국가는 국가제도뿐만 아니라 국가담화에 대한 필요를 강조하면서 국가기능이 공동이익, 혹은 일반의지의 명목으로 사회구성원들에게 받아들여지는 제도와 조직들의 특징적 결합체를 구성한다고 한다. 여기에 네오마르크스주의자들은 국가이론 중에서 국가의 자율성 문제를 강조함으로써 미숙한 경제환원주의를 극복하고 생산양식 및 사회구성체의 정치적 제 구조(정치적 상부구조)가 국가의 제도화된 권력으로 구성되어 있음을 강조한다 (Poulantzas 1973, 42).

국가자율성 문제의 측면에서 네오마르크스주의자들은 먼저 전통적 마르크스주의에 따라 국가를 지배계급의 도구로 보고 특히 지배계급과 국가 간의 유대를 분석한 밀리반드(Miliband 1969)는 국가의 상대적 자율성 개념을 도입하여 국가정책이 어떻게 자본주의 체제의 모순과 제한에 의해서 결정되는가를 체계적으로 분석하기에 이른다. 풀란차스의 구조주의 국가론에서 국가구조를 계급투쟁의 대상에 초점을 맞추는 오페(Offe 1975)는 정치적 계급투쟁분석에서 국가자율성을 보다 적극적인 시각으로 바라본다. 국가자율성을 인정한 불룩(Block 1980)은 국가이론 그리고 이러한 국가이론에서 더 진전된 국가지배라는 새로운 형태의 위협적 가능성을 지적한다. 국가지배라는 측면에서 스카치폴(Skocpol 1985, 9)은 국가에 대한 위협이 국가에 대한 현실주의적 시각에서 다양하게 내포되어 있다고 주장한다.

이상으로 국가개념의 다양성을 살펴보았다. 국가에 관한 여러 이론들은 이론적 시각이 다른 데서 파생되는 경향이 있다. 국가란 영토와 국민을 통제하는 조직으로서 사회의 집단 요구나 이익을 단순히 반영하는 것이 아닌 그 자체의 목적을 정식화하여 추구할 수 있다. 이것이 이른바 국가의 자율성이라고 한다. 특히 국가자율성 문제에서 국가개념의 다양성과 함께 역사적으로 사회와의 관계 속에 그 모습을 각기 달리하고 있지만, 결국 사회에 대한 국가의 자율성을 벗어나지 못하고 있다.

2. 국가에 관한 비교 이론적 관점

어떤 과학에서든 모든 이해의 매개수단은 이론이다(Turner 1978, 2). 이론은 개념들로부터 구축된다. 일반적으로 개념이란 현상을 지적하는 데 가장 중요하다고 여겨지는 세계의 어떤 특징을 분리시키는 것이라고 할 수 있다(Turner 1978, 3). 개념은 정의로써 구성된다. 정의란 어떤 개념이 지시하고 있는 현상에 대해 연구자가 정보를 얻을 수 있도록 해주는 문장 논리학의 기초 부호 등의 체계이다. 이러한 정의가 있음으로 해서 과학자들은 그 개념에 의해 지시되고 있는 현상을 구상화해 볼 수 있는 것이며 모든 연구자들이 동일한 것을 관찰하고 연구되고 있는 것이 무엇인지를 이해하게 해줄 수 있다.

이론의 비교는 아주 명료한 개념상의 틀(Conceptual Frame Work)을 필요로 한다(Turner 1978, 3). 국가 이론만을 분석하는 사회과학자는 가설이 없어도 분석적 카테고리를 설정하며 단계적으로 나아갈 수 있으나, 비교론자에게는 이와 같은 자유가 없다. 그들은 도구 없이는 전진하지 못한다. 결국 비교론자들은 단순히 자연의 산물이 아닌 가치, 구조 및 체계가 다원적으로 존재하고 있다는 것을 이해해야 한다(Dogen & Pelassy 1984, 3-4). 따라서 비교는 지식의 도구라는 것이다. 최초의 사회과학자들은 비교방법을 이용함으로써 사회체계가 상반된 세력들 가운데 스스로 질서를 갖게 되는 방식, 집단들이 형성되거나 갈등이 팽배하게 되는 방식을 검증했다.

국가에 관한 제 이론은 힘을 갖는다(Alford & Frieland 1985, 388). 그것은 몇 가지 의미에서 타당성이 있다. 이론은 국가행위의 해석에 영향을 미치고, 사회집단의 의식을 형성하고 동시에 사회집단에 어떠한 행위가 국가에 의해 정당화하거나 불법적인 것으로 인정될 수 있는 이론을 제시한다. 몇 가지 형태는 공적인 반면 다른 형태는 사적이라는 가정은 국가·사회 간의 경제에 관한 잠재적 이론에 기반을 둔다(Alford & Frieland 1985, 389). 그러한 이론적 시각하에서 국가개념을 명료화할 수 있다. 여기서 시각이란 이론 혹은 패러다임이나 가정일 뿐만 아니라 사회적 전체성 복합적 구조의 제 측면, 사회의 제차원 등의 제도적 논리 모두를 지칭하고 있다.

국가에 대한 제 이론은 하나 또는 그 이상의 중요한 이론적 시각(패러다임)으로부터 파생된다. 국가이론의 각 시각은 국가이론을 구성할 수 있는 종합적 틀을 발전시키며 이해시키는 데 도움을 준다.[1] 국가를 보는 다양한 시각에서, 알포드와 프리히랜드(Alford & Frieland 1985, 3)는 국가와 시민사회를 다원주의 시각, 관리주의 시각, 계급론적 시각으로 구분하고 각 시각의 고유영역을 특정한 분석수준으로 강조한다.

먼저 다원주의 고유영역은 개인·집단 정치행태 그리고 이들의 상호작용이 정부의 정책결정에 미치는 영향력이다(Alford & Frieland 1985, 4). 이들의 상호작용은 경험적 관찰이 주요대상이 된다. 둘째로 관리주의 시각의 고유영역은 단일 국가조직 또는 국가를 구성하는 것으로 보이는 조직 상호간의 연결망이다. 이들의 분석단위는 조직이 사회로부터 상당한 정도의 자율성을 가지고 있는 것과 조직을 형성하는 개인 및 집단관계를 가지고 있다는 것을 전제로 하고 있다. 셋째로 계급적 시각의 고유영역은 자본주의, 국가 그리고 민주주의 사이의 관계이다(Alford & Frieland 1985, 5). 노동과 자본 간의 사회적 제 관계는 모순적이며, 그러한 제 관계는 그 안정을 위해 사회적 합의나 국가의 정통성에 좌우되지 않고 자본주의 국가 그리고 민주주의 간의 제도적 한계를 유지하는 계급권력에 따라 궁극적으로 좌우된다. 이러한 세 가지 조망(Perspective)은 국가를 형성하고 국가

---

1) 사회과학 분야에서 각 시각의 구분은 공통점을 갖는다. 사회학자 크라우치(Crouch)는 그것들을 계급, 엘리트, 이익집단 이론이라 칭한다. 사회학자 콜린즈(Colins)는 마르크스주의적, 베버(Weber)적 그리고 기능주의적 정치관이라 칭한다. 경제학자 헤이브맨(Haveman)은 급진 정치 경제적, 기득권적, 다원주의적 견해라고 칭한다. 정치학자 로위(Lowi)는 사회 경제적 지위와 공공결정에 대한 권력 간의 일대일 관계가 존재한다는 직선적인 마르크스적 전제를 옹호하는 사회성층화 학파와 주요한 사회적 계서(군부, 산업적, 정치적 계서) 및 트루먼(Truman 1951)의 통치과정(Governmental Process)에 의해 표현되는 다원주의 모델에 초점을 맞추고 있는 파워 엘리트 학파를 구분했다. 영국의 마르크스주의자 페리 앤더슨(Anderson)은 규범과 가치(Parson)와 폭력을 행사할 수 있는 능력을 가진 강제적 국가 명령 그리고 지배적 생산양식(Althusser) 등에서 사회 정치적 질서의 근원을 추구하는 이론을 구별했다(Alford, & Frieland 1985, 3).

기능을 정당화하는 뚜렷한 사회적 정치적 세력들에 초점을 맞추고 있다(Alford & Frieland 1985, 146).

이들은 다양한 패러다임이 동일한 국가자율성의 개념을 사용하고 있기는 하지만 그 개념의 함의와 각각의 상정하고 있는 국가자율성의 논거에는 차이가 적지 않다. 국가자율성 분야에서 복잡한 구도는 국가유형이나 국가형태나 정체 그리고 계급적 편견에서 나타난다. 이러한 국가자율성에 혼선의 문제에 있어서 국가라는 개념을 크게 6가지 의미로 논의하고 그것을 추상적 수준이 높은 것에서 낮은 순서로 파악하고 있다(손호철 1989, 297-299).

먼저 국가는 영토에 기초한 정치적 커뮤니티를 의미할 수 있다. 즉 국가로서 한국·미국과 같은 개념이 사용될 경우가 바로 이런 의미인데 이 같은 의미의 국가는 국가론 논의에서는 예외적인 경우가 아니면 잘 사용되지 않고 있다.

둘째 의미로는 국가를 사회적 총체로 구성하는 제 구조 층위(Level), 내지 심급(instance)의 하나, 즉 특수한 기능(지배적 사회관계의 재생산 등)을 수행하는 객관화된 구조로 이해하는 것이다. 상부구조로서의 국가라는 개념은 바로 이 같은 수준에서의 국가 개념화이다(Althusser 1971, 128-48).

셋째 경우는 국가를 하나의 지배(a part of domination) 내지 지배불럭으로 개념화시키는 경우이다. 이 경우 국가의 요체를 국가권력으로 보고 국가권력을 장악하고 있는 계급이나 집단의 성격차원에서 국가를 정의하고자 하는 것이다. 다시 말해서 앞에서 지적한 구조로서 국가의 재생산기능을 맡고 있는 지배적 사회관계의 정치권력 수준에서 국가를 이해하는 경우이다. 자본주의 국가는 자본가들의 국가, 즉 부르주아의 공동사무를 관리하는 집행위원회라는 마르크스 분석에 있어서의 국가가 그 대표적인 예라 하겠다(Marx 1978, 475).

넷째, 국가는 사회관계의 응집으로 개념화되기도 한다. 자본이 物 (thing)이 아니고 사회관계를 의미하듯이 국가도 사회관계의 한 표현으로서 사회 제 세력 간의 역관계 내지 균형 상태를 반영한 사회관계의 응집이라는 이해이다. 국가를 사회의 제 역관계 간의 양보나 절충의 불완전한 상태(unstable equilibrium)로 파악한 그람시(Gramsci)의 국가개념이나 후기 풀란차스(Poulantzas)의 국가개념은 이 같은 경우라고 할 수 있고 기본 가설은 다르지만 국가정책을 사회 제 집단의 힘의 백터(vector)로 이해하는 다원주의 국가론의 국가개념도 이 같은 차원의 개념화라고 볼 수 있다(Gramsci 1971, 182; Poulantzas 1978, 123−145; Dahl 1961)[2].

다섯째 의미는 국가를 일련의 제도 내지 조직의 집합체로 이해하는 것이다. 국가 중심적 국가론의 국가개념이 바로 이 같은 의미이며 다른 패러다임의 경우에도 국가권력의 물질화된 구체적 표현으로서의 국가기구의 총체를 국가로 칭하는 경우는 바로 이 수준에서의 국가 개념화이다(Skocpol 1978, 7; Ikenberry 1988, 223; Poulantzas 1978, 76−120).

마지막으로 국가를 단순히 국가기구를 장악하고 직접 운영하는 국가운영자들의 집단으로 이해하는 개념화이다(Nordlinger 1981, 8−15)[3].

---

2) 다원주의 국가론의 경우, 국가권력의 분산적 소유라는 시각에서 보면 세 번째의 지배블럭(의 부재)으로서 국가라는 이해도 가능하다(Gramsci 1971, 182; Poulantzas 1978, 123−145).

3) 국가론에 대해 국가가 정부와 무엇이 다른가 하는 비판성 반문이 흔히 제기되곤 한다. 정부는 위의 기준으로 볼 때 다섯 번째(제도의 총체) 내지 여섯 번째(국가운영자집단), 특히 여섯 번째 의미의 국가를 의미하는 것이 상례라는 점에서 정부는 이같이 추상성이 낮게 사용되는 의미의 국가와 일치될 수 있다. 그러나 정부가 층위 내지 지배 불럭 등 높은 추상적 수준의 국가개념을 대신할 수 없으며 국가 개념은 정부 이상의 의미를 갖는다. 예를 들어 정부는 바뀌어도 구조 내지 지배블럭으로써 국가의 성격을 바꾸지 않는다.

이 같은 국가개념의 다의성은 분석수준의 문제와 관련지어 다양한 개념수준의 위계적 관계에서 생겨나는 위계적 규정성을 무시해서는 안 된다는 것이다. 이를 무시하고 국가개념을 사용자에 따라 무분별하게 개념자체를 상대화시키거나 역으로 특정수준의 개념만을 옳다고 절대화시킨 것은 옳지 못하다는 것이다(손호철 1989, 297-299).

국가의 정향에 관한 주요 이론구분은 국가도출학파, 네오마르크스학파 및 네오베버리안학파로 구별하며, 정치엘리트의 고유한 성향에 대한 일련의 시각으로 구분한다(박효종 1986, 115-130). 따라서 국가자율성 논쟁에서 일차적으로 이루어져야 할 과제는 이 다양한 패러다임이 의미하고 있는 국가자율성 개념이 어느 것을 분별하는가 하는 것이다. 이들 국가자율성 개념은 크게 세 가지 패러다임으로 구분한다. 첫째, 광의의 마르크스주의 패러다임이다. 마르크스주의 패러다임에서 사용되는 국가자율성 개념의 경우 인간의 물질적 활동(경제적 토대)에 1차적 중요성을 부여하는 역사유물론의 총체적 이론체계와 연관된 개념이다. 이때 국가자율성 개념은 국가 등 상부구조에 대한 규정성 내지 선차성을 고수하면서 국가를 단순히 경제의 반영으로 간주하는 경제 환원론, 기계적 유물론, 도구주의적 전통에서 출발한 무제한의 자율성이 아니고 그 구조적 한계, 즉 상대적 자율성을 기본전제로 하고 있다(손호철 1989, 300-302).

둘째, 베버주의 등 국가 중심적 패러다임이다. 베버주의 국가자율성은 경제적 선차성을 주장하는 마르크스주의에 비판적이었다는 것은 잘 알려졌으나 국가와 경제, 사회에 대한(국가자율성에 대한) 베버의 입장이 모호하다. 그러나 이들은 국가의 이익과 사회의 이익이 필연적으로 상치된다는 입장을 취하고 있다. 특히 국가기관을 점유 내지 통제하고 있는 정치엘리트들이 사회의 지배계층의 이익에 정 반대 방향의 정책을 수립해야 자율성을 획득하게 된다고 믿고 있다(박효종 1986, 131).

마지막으로 경험적 패러다임으로 주로 사용되고 있다. 이들은 국가들을 경험적으로 관찰함으로써 귀납적으로 국가자율성 문제를 이론화시키려는 것이다. 이 같은 국가자율성의 이론화는 구체적인 자료의 축적에는 도움을 줄 수는 있으나 방법론적 한계를 갖고 있다(손호철, 1989, 302).

제숍(Jessop 1990, 85)은 국가자율성에 대한 각 주장들을 분류하는 세 가지 방법론을 제시하고 있다. 첫째 국가에 대해 적용되는 이론에 따라 자본 논리적, 계급 이론적, 국가 중심적 이론, 둘째 국가자율성이 어떻게 분류되는가에 따라 투입(in-put), 산출(out-put)모델 형식과 내용 또는 자본축적의 중요한 기준점으로서 내적(Internal), 외적(External)변증법, 셋째, 이러한 자율성이 자본축적과 지배계급에 대한 영향에서 기능적인가 또는 역기능적인가를 분류하고 있다.

첫째의 이론적 형태를 구체적으로 논의한다면, 자본논리 접근은 자본주의법칙으로부터 시작하는 것과 자본관계의 형태로부터 시작하는 것 두 형태가 있다. 먼저 자본주의 국가는 국가의 기능을 그 자신의 운동 법칙으로 인식하는 자본주의 생산양식을 갖춘 국가로 분석하는 시도이다. 다음 국가의 필요형태는 국가가 수행해야 하는 기능으로부터 유추해 낸다. 이때 국가의 형태의 중재적 역할은 자본일반의 필요에 따라 국가를 종속시킨다. 이런 의미에서 이들은 여전히 최종심급에서 경제적 결정을 유지한다(Jessop 1990, 86-88).

계급 이론적 접근은 국가 운영자의 역할에 초점을 두고 있다. 여기에서 두 가지 형태가 있는데 계급 제 세력의 기계적 논리와 관련된 형태로 국가의 역할을 계급세력의 변화하는 균형으로부터 직접 축출하는 것이고 다른 하나는 다양한 국가형태가 계급 제 세력의 균형에 대해 무엇을 의미하는가를 평가하고 있다(Jessop 1990, 88-91). 국가 이론적 시각은 전체적 조화로서(ensemble) 국가 혹은 국가제도

운영자(정치가, 관료, 군부, 등)로서 국가분석을 시도한다. 이 출발점은 두 가지 주요 마르크주의 관점과 병행하는데, 하나는 자본이론에 따른 국가체제의 제도적 논리에 초점을 두고 다른 하나는 계급이론 분석에 따른 국가경영의 역할에 초점을 두고 있다. 이 두 가지 접근은 또한 합치될 수 있다는 것이다(Jessop 1990, 91-94).

이와 같은 사실을 간파한 비마르크스적인 일반 사회과학자들도 국가의 문제에 대하여 관심을 갖는데 특히 베버의 시각에서 있는 네오베버리안들은 네오마르크스적인 이론에서 출발한 국가의 상대적 자율성에 관한 개념을 탈마르크스화하여 국가개념을 새로이 전개하게 된다. 이런 논지에서 국가자율성은 비단 마르크스가 강조한 지배계급뿐만 아니라 피지배계급과 기타 사회세력에 대한 국가의 독자적인 자율성을 얼마만큼 상대적으로 유지하고 거기에 영향을 미치는가에 그 핵심이 모아진다.

결국 국가에 대한 이론은 마르크스주의 이론(사회중심이론)과 비마르크스주의 국가이론(국가중심이론)이 수렴될 수 있는 국가 정책론을 강조하며 경험적 연구로 더 한층 세련된 국가이론으로 발전시키고 있다(강민 1989, 7-9). 먼저 사회중심이론은 마르크스주의 국가이론들의 경제와 국가 간에 대한 만족지 못한 견해로서[4] 경제적인 지배계급에 그 초점을 맞추고 있으면서도 실제분석에서는 계급 혹은 계급투쟁과 국가형태를 직결시킴으로써 계급과 국가 간에 놓인 복잡한 조직이나 제도적 현실을 외면하고 있다. 그러나 다원론에 입

---

4) 마르크스주의 국가론의 비판적 견해로서는 첫째, 경제적 토대의 상부구조로써 국가를 시대에 뒤떨어진 환원주의적인 접근방법이라고 한다. 둘째, 정치영역의 상대적 자율성을 강조함으로써 첫 번의 미숙한 경제 환원주의를 피해 보려는 시도이다. 전자의 분석에는 경제적 지배계급의 이해나 자본의 재생산요구가 직접정치현상에 있다고 주장한다. 따라서 이러한 분석은 필연적으로 일종의 목적론에 빠지게 된다.

각한 이익집단이론에서는 국가를 자율적인 행위자로 보기를 거절하고 사회구성원들의 개인적 이해관계를 초월하는 국가의 개념을 인정치 않는다. 국가나 정부가 실질적인 고유 역할을 가지고 있는 한 개인이나 집단들이 정책적 선호성에 따라 실질적인 구조를 창출하는 것은 국가임을 확인한다(강민 1989, 11).

다음으로 국가 중심적 접근방법은 국가의 광의적인 조직구조를 강조한다. 베버(Weber)의 정치 사회학에 근원을 두고 국가조직의 역동성 및 조직 구조가 정책결과에 미치는 영향에 관심을 갖는다. 특히 국가제도들의 다양한 성격과 이것의 정치, 경제 및 사회구조와의 관계를 탐구하는데 이들 이론은 국가능력의 본질 및 다양성을 규명하는데 초점을 맞추고 있다. 따라서 이들은 국가목표와 이것을 실행하는 정책능력은 국가 제도적 도구와 자원에 의존한다고 주장한다(강민 1989, 13).

이들 국가 중심적 시각은 공공정책을 사회적 요구에 대한 표현이나 혹은 국제정치 경제적 상황에 대한 국가의 직접적인 대응이라 보지 않는다. 그러나 실제 국가의 조직 구조와 그 속의 정치인 및 행정가들이 정책형성을 위한 활동과 그 상황에 강력한 영향력을 행사하게 되므로 조직구조는 정책의 타입(Type)에 큰 영향을 미치게 된다. 그러나 구조적 국가중심론자들의 비판은 국가와 사회를 정반대인 별개의 것으로 설정함으로써 사회계급과 국가 내에서의 계급투쟁을 사실상 부인하였고 이 때문에 이론 및 경험적 문제들을 올바르게 처리하는 데 무기력하였다.

Ⅲ. 정치학에서 국가론의 위상과 국가자율성

일반적으로 국가와 시민사회를 세 가지 패러다임, 즉 다원주의 시각, 관리주의(엘리트)시각, 계급론적 시각으로 구분하고 있다. 이러한 다양한 패러다임이 국가자율성의 개념을 사용하고 있기는 하지만 대부분의 국가론에 관한 논의의 쟁점은 네오마르크스주의의 국가자율성을 중심으로 발전하여 왔다.

현대 정치학에서 국가론의 위상을 재검토하고 새로이 대두되기 시작한 네오마르크시즘을 비교 이론적 시각에서 재조명하는 것은 의미 있는 일이다. 현실정치 현상과 실증적 비교분석을 통하여 국가 개념을 이론적 측면에서 국가의 성격을 이해하고자 하는 노력은 많았다. 그동안 국가개념은 다의적으로 논의되어 왔다. 특히 현대국가의 다차원적 국가개념하에 네오마르크스주의 국가개념이 차지하는 위치는 국가론의 논쟁을 불러일으키기에 충분조건을 갖추고 있다고 해도 과언이 아니다. 특히 국가자율성 개념은 크게 마르크스의 국가도출학파, 네오마르크스학파, 네오베버학파 등으로 구분해 볼 수 있다.

사실 국가자율성의 문제에 접근하는 데 가장 중요한 요인은 국가와 통치엘리트들이 사회에 대하여 상이하면서도 독립적인 성향을 보호 유지할 수 있는가 하는 문제에 역점을 두고 주요 쟁점을 비판적으로 논의하면서 대두된다.

먼저 국가도출학파는 국가엘리트의 정향을 자본자체의 이론에서 연역해 냄으로써, 국가가 독자적인 관심영역을 구축할 수 있다는 사실에 대하여 전적으로 부정적인 견해에 있다. 이들은 국가 접근시각에 있어 경제결정론적인 입장에 있으며, 국가자율성의 문제를 단순히 이윤율 하락의 법칙에 의해서 지배되는 것으로 파악함으로써 경제 결정론적 해석의 범위를 벗어나지 못하고 있다. 이러한 국가도출학파의 시각은 이론적인 면에서 정치를 경제의 내재적 법칙에 종속시키는 환원주의적 경향을 크게 부각시키고 있을 뿐만 아니라 경험적인 차원에서 현실을 의미 있게 설명하는 데도 부적절하다.

한편 다른 네오베버학파는 국가의 이익과 사회의 이익이 필연적으로 상치된다는 입장을 취함으로써 국가가 사회전체를 대변하기 위하여 공동이익을 추구하거나 또는 최소한 자체유지를 위한 이익을 극대화하기 위하여 독자적인 노선을 취하고 있다고 주장하고 있다. 네오베버학파는 국가의 정향이 사회의 특정계층, 즉 자본가 계급의 이익과 필연적으로 일치하는 것은 아니라는 점을 강조하고 있다. 더 나아가 국가의 이익이 사회의 이익과 구별되는 충분조건은 정치엘리트들과 사회의 지배계층 사이의 이해관계에 필히 균열과 갈등이 야기되어야 한다고 보고 있다. 그러나 이러한 주장은 사회로부터 최소한의 지지를 받기 어렵다는 사실과 국가란 근본적으로 사회 내에 존재하며 사회의 경제관계와 불가분의 관계를 맺고 있다는 점에서 수긍하기 어렵다는 것이다.

이와는 달리 네오마르크스주의자들은 국가엘리트들이 사회의 주요 계급인 자본가 계급의 이익에 배치되는 여하한 정책도 입안하거나 인출할 수 없다고 주장하는 데 있다. 정치엘리트들이 획득하게 되는 고유한 성향은 결국 자본가 계급의 이익에 귀속될 수밖에 없다는 것이다. 이와 같은 관점에서 보면, 네오마르크스주의자들에 의해 개념화된 국가는 고전 마르크스주의 자본가 계급을 위한 도구주의 국가론보다는 진일보한 것이기는 하나, 그들의 기본구도에서 크게 이탈한 것은 아니라는 것이다. 오히려 고전 마르크스주의자들의 명제를 보다 세련된 용어와 개념을 구사하여 보충하고 정당화하고 있다는 비난을 면하기 어렵다.

또한 네오마르크스주의 국가자율성 개념이 도구주의 및 구조주의로 통칭되는 국가론에 개념들에 의해 주요 쟁점화되어 왔다는 인식에서 출발한다면 네오마르크스 국가론의 의미론적 확대 해석은 당연한 귀결이다.

마르크스의 국가자율성은 그 주요 핵심인 국가와 시민사회의 관계가 계급지배의 도구로서 국가, 마르크스의 국가자율성 및 독립성 그리고 계급관계의 장으로서 국가론을 한정하여 살펴볼 필요성이 있다. 또한 마르크스의 경제결정주의 및 계급환원주의 이론에서 국가를 부르주아 지배를 위한 억압기구로써 정의하는 방법에 깊은 회의를 갖고서 헤게모니개념을 발전시킨 그람시의 통합국가론으로 발전하여 논의되어 왔다.

다음으로 구조주의 사회이론가인 알튀세의 구조주의 이론을 중심으로 논의되어 왔다. 즉 국가와 사회를 여러 요소들의 구조적 관련 규제모순 관계로 파악하고 구조주의 입장에서 마르크스의 국가론을 경제적 결정론을 배격하고 대신에 경제적 토대로부터 정치와 이데올로기의 상대적 자율성을 주장한 이데올로기적 국가기구를 중심으로 논의되어 왔다. 밀리반드의 자유주의적 다원론은 한 국가기구와 국가엘리트 논의와 풀란차스의 구조적 국가론으로 논의되면서 국가론의 논쟁은 시작한다. 풀란차스의 국가론은 구조적 마르크스주의라고 하는 독특한 관점에서 전통적 마르크스주의 경제환원론에 대한 논박을 중심으로 그 이론적 설득력을 갖게 되었다.

여기에 네오마르크스주의 국가론의 상대적 자율성에 대한 이스튼(Easton 1990; 이용필 역 1991)의 정치체계이론과 다원주의 국가론을 상호 비교하면서 비판적 시각으로 국가론의 상대적 자율성을 다원주의 관점에서 새롭게 조망하기에 이르렀다. 이스튼의 체계이론적 국가론의 논의는 마르크스주의 국가를 정치체계 이론적 시각에서 구조주의적 국가론을 비판적으로 논의하고 있다. 이스튼은 네오마르크스주의 국가론을 정치체계와 경쟁적 개념으로 그 가능성을 논의하고 구조주의 마르크스를 전통적 이론에다 정치체계적 이론을 결합시킨 것으로 보았다.

그런가 하면 다원주의의 시각에서는 네오마르크스 국가론을 자본주의 생산양식에 한정하여 국가를 논의하는 구조적 한계를 탈피하여 결국 국가는 다양한 이해관계를 조정하고 관리하면서 국가의 독자적 영역을 확대해 나가지만 시민사회로부터의 자율성을 제약받기 때문에 국가의 자율성은 지극히 한정된 범위에서만 가능케 된다. 나아가 이들의 시각은 네오마르크스의 국가자율성은 자본주의 생산양식의 재생산을 위해 결국 자본가 계급의 이익뿐만 아니라 다른 이익도 대변해야 하므로 다원주의적 경향을 내포하고 있는 것이다. 결국에서는 이러한 논의의 핵심은 국가의 상대적 자율성, 특히 구조주의 국가이론을 중심으로 비판적 견지에서 결론을 유도한다는 것이다.

이상의 국가자율성 논의는 많은 혼선을 야기하고 있지만 다양한 수준 간의 이론적 긴장을 해소하고 일관된 이론체계 속에서 국가문제를 분석해 봄으로써 추상적 수준에 머무르고 있는 국가의 실체를 파악하려 한다면 의미 있는 일이다.

참고문헌

강 민. (1989). "한국국가이론의 재조명", 『한국정치학회보』 제23집 2호.
박효종. (1986). "국가론 소고", 『한국정치학회보』 제20집 2호.
이용필. (1987). "국가의 체계론적 모델", 한국정치학회 편, 『현대한국정치와 국가』 서울: 범문사.

손호철. (1989). "국가개념을 둘러싼 제 문제들", 『한국정치학회보』 (제 23집 2호.

황주홍 역. (1992). 『자유주의와 민주주의』 문학과 지성사.

Alford, R. & Fiedland, R. (1985). *Power of Theory*(Cambridge: Cambridge Univ. Press.

Almond G. & Powell, B. (1980). *Comparative Politics*: *A Development Approach*, Boston: Little Brown & Co.

Althusser, L. (1971). "Ideology and Ideological State Apparatuses", In Althusser, *Lenin and Philosophy and Other Essays* New York: Monthly Review.

Bobbio Norberto. (1990). *Liberalism and Democracy*, London: Verso.

Dahl, R. (1961). *Who Governs?*(New Haven: Yale. Press.

Dahl, R. (1963). *Modern Political Analysis* Englewood Cliffs: Prentice — hall.

Dogan, M. & Pelassy, D. (1984). *How to Compare Nations* Chatham House Publics Hers, Inc.

Durkheim, Emile. (1975). *Textes*(Paris: Editions Mimut).

Easton, David. (1965). *A Systems Analysis of Political Life*. Wiley, New York.

Easton, D. (1953). *The Political System* New, York: Alfred A Knopf.

Easton (1990). 이용필 역. (1991). 『정치구조분석』. 인간사랑.

Frank A. G. (1967). *Capitalism and Underdevelopment in Latin America* New York: Monthly Review.

Gramsci, A. (1971). *Selection from the Prison Notebooks*(New York: International Publishers.

Held, D. et al., eds. (1983). *States & Societies* New York: New York Univ. press.

Ikenberry, G. J. (1988). "Conclusion: an Institutional Approach to American

Foreign Economic Policy", *International Organization*, Vol.42. No.1. Winter.

Jacman, R. W. (1975). *Politics and Social Equality A Comparative Analysis* New York: Wiley press.

Jessop, B. (1990). *State Theory* (London: Cambridge Polity Press.

Laski (1935). 김영국 역(1983). 『국가란 무엇인가』 서울 두레.

Lasswell, Harold D. & Kaplan, Abraham, (1950). *Power and Society*. new Haven: Yale Univ. Press.

Lasswell, H. D. & Caplan, A. (1950). *Power and Society*, New Haven: Yale Univ. Press.

Lipset, S. M. (1981). *Political Man: The Social Bases of Politics*(Baltmore: John Hopkins Univ. Press.

Lipson Leslie, (1965). *The Great Issues of Politics*(Englewood Clliffs N. J.: Prentice－hall.

MacIver, R. M. (1926). *The Mordern State*. London: Oxford Univ. Press.

Marx, K. (1978). "Manifesto of the Communist Party", in Tucker, R. ed. *The Marx －Engels Reader*(New York: W. W. Norton.

Miliband, R. (1969). *The State in Capitalist Society* New York: Basis Books Inc. Publishers.

Nordlinger, E. (1981). *On the Autonomy of the Democratic State* Cambridge: Havard Univ. Press.

Offe, Claus. (1975). "The Theory of the Capitalist State and the Problem of Policy Formation." In Stress and Contradiction in Modern Capitalism, ed. Leon Lindberg, Robert Alford, Colin Crouch, and Claus Offe, Lexington Books, Lexington, Mass.

Sartre, J. P. (1967). *Search For a Method* Translated by Hazel Barnes, New York: Knopf.

Poggi, G. (1979). *The Development of the Modern State: a Social logical Introduction* California: Stanford Univ. Press.

Poulantzas, N. (1972). The Problem of the Capitalist State In Robin Black burn(ed.), *Ideology in Social Science: Reading in Critical Social Theory*, Fontana: Collins.

Poulantzas, N. (1973). *Political Power and Social Classes* London: New Left Review.

Poulantzas, N. (1978). *State Power Socialism*, London: Verso.

Skocpol, T. (1978). *State and Social Revolution* (Cambridge: Cambridge Univ. Press.

Skocpol, T. (1985). *Bringing the State Back in* (England: Cambridge Univ. Press.

Stepan, A. (1978). *The State and Society: Peru in Comparative Perspective* Princeton Univ. Press.

Truman, D. B. (1951). The *Governmental Process*, New York: Knopf.

Turner, J. H. (1978). *The Structure of Sociological Theory* (The Dorsy Press.

Weber, M. (1976). *Wirtschaft und Gesellschaft* (Tübingen: J. C. B. Mohr, chap.3, sec.10.

Weber, M. (1958). "Politics as a Vocation", *in from Max Weber*(eds.) H. H. Gerth and C. W. Mills, New York: Oxford University Press.

제 2 장
근대국가와 민주주의의 사상

근대 자유주의적 국가론은 일련의 중요한 변화를 거쳐 왔다. 이전의 봉건제도는 중앙집권화된 권위주의체제와 전체주의에 의해 점점 붕괴되어 가고 가톨릭교회와 같은 준국가기구의 존재는 의문시되었을 뿐만 아니라 재론되기 시작했다(Carnoy 1984; 이재석 외 1990, 22). 근대국가의 논의는 인간의 새로운 개념에 기반을 둔 국가의 조직과 운영을 찾는 데 관심을 가졌다. 이들은 인간의 이성을 위하여 신(神)에 의지하는 한편, 신이 아니라 이성적인 인간의 수중에 모든 정치적·경제적 권력을 두면서 신법을 붕괴시켰다고 본다.

자유주의의 정치 사상가들은 인간의 본성, 개인의 행동과 개인들 사이의 관계에 국가론의 기반을 두었다. 자유주의 국가론은 개인의 권리에 근거한 자유주의 국가와 공동선 속에서 기능하는 인간의 사적 이익을 추구하도록 허용하는 맥락에서 출발한다. 국가의 역할은 시민사회에서 자유시장의 활동에 의존하고 이를 보장한다는 것이다. 근대 국가론의 일반적 성격을 이해하면서 홉스, 로크, 루소, 베버를 중심으로 살펴보면 다음과 같다.

Ⅰ. 홉스의 정치사상과 절대군주 국가론

홉스는 정치사상적 입장에서 자연과학적 원리에 의거하여 자연·인간 및 국가의 제 현상을 설명하려고 하였다. 또한 사회현상에는 기본요인이 있으니, 그것은 다름 아닌 인간의 인성이라는 것이다. 정치도 인간의 존재양식의 하나이기 때문에 결국 인간성의 문제가 정치사상의 형성과 발전에 있어 근본적인 요소가 된다. 홉스는 이성과 국가의 본질을 규명하면서 이론과 제도 현실을 상호 관계시켰다.

1. 홉스의 자연관

홉스는 자연 상태(state of nature)를 묘사함에 있어서 모든 인간이 육체 및 정신적 제 능력에 있어서 상호 간에 평등하다고 전제하였다. 즉 가장 힘이 약한 자라도 은밀한 은모와 공모에 의하여 가장 강한 자를 죽일 수 있다. 그것은 철저히 자기중심적인 인간이 그들을 공포시키는 공통의 권력이 존재하지 않은 상태에서는 어떻게 행동하게 되는가를 말해주는 것이다.

즉 자연 상태는 필연적으로 '만인의 만인에 대한 투쟁 상태' 또는 '사람의 사람에 대한 의리'일 수밖에 없다는 것이다. 이를 홉스는 리바이던(Leviathan)에서 다음과 같이 묘사하였다. 즉 사람들이 그들 모두를 위압하는 어떤 공동권력이 없이 생활할 때에는 투쟁 상태에 있으며 그러한 투쟁은 각인의 각인에 대한 투쟁이다(Hobbes Leviathan, 1651, 113). 홉스의 자연 상태에서 우리가 유의해야 할 점은 비인간성인 것으로 투쟁 상태에 있다고 가정한 것이다.

홉스는 만인의 만인에 대한 투쟁 상태(자연 상태)를 극복하기 위해서는 인간이 이성적 능력을 갖는다고 한다. 인간의 이성은 폭력적 죽음에 대한 공포와 비참하고 난폭함을 벗어나기 위해 자연 상태에서 평화와 질서를 위한 사회계약에 들어간다는 것이다(Ebenstein 1952, 141).

홉스의 가정에서 자연 상태는 논리적으로 다음과 같은 특징이 있다. 첫째로 자연 상태는 正과 邪(Right and Wrong)의 구별이 존재하지 않는다. 사람을 움직이게 하는 행동은 정념인데 그러한 정념들은 그들 중 어느 것이 다른 것과 도덕적으로 다르다고 판단될 수 있는 기준은 없다. 그러나 기준 또는 법률은 입법자 간에 의견의 일치를 본 후에만 제정될 수 있으며 그러한 협약은 사실상 자연 상태를 종결시킨다. 둘째로 자연 상태에는 정(正)·부정(不正)의 구별이 없다. 사람들을 지배하는 공동권력이 없는 곳에는 법률이 없고 법률이 없는 곳에는 부정의도 있을 수 없다. 정의와 부정의는 감각과 정서같이 개개인의 능력이 아니기 때문이다. 셋째로 유의원리(類以原理)에서는 사유재산 같은 것이 없다. 각 개인이 외부세계에 대하여 다른 사람들과 함께 정확하게 동일한 입장이 되는 곳에서는 힘만이 권리를 결정하여 각인이 획득할 수 있는 것만이 자기의 것이며 더욱이 그것을 보존할 수 있는 동안만 그렇기 때문이다(Dunning 1953, 270). 그러므로 인간들이 계약을 체결하기 이전의 상태, 즉 자연 상태는 만인의 만인에 대한 투쟁, 폭력적인 죽음의 위협이 항상 존재하는 전반적이고 총체적인 투쟁 상태인 것이다. 따라서 모든 인간이 모든 인간의 적인 투쟁 상태에서 자기의 힘과 발명에 항상 신체적 안정을 찾아야 한다(Hobbes Leviathen, 1651, 113).

확실히 홉스의 자연 상태는 분석 종합의 방법에서 정치사회를 계약으로 생성시키기 위한 전체적인 논리적 가설인 것이다. 동시에 그것은 공통의 공권력이 존재하지 않는 상태에서는 사람들이 항상 전락될 가능성을 잠재적으로 지닌 경험적 사실이기도 한 것이다. 그러한 홉스의 자연 상태에 있어 인간은 그야말로 자기중심적 존재이며 비사회적이기보다는 오히려 반사회적인 것이다. 인간의 인생 그 자체가 외적 물체의 운동에 대한 반작용으로 성립하여 자기보존을 위한 끊임없는 운동과정이라면 인간관계는 권력추구를 위한 무한한 경쟁인 적대관계가 아닐 수 없다는 것이다(이환구 1981, 63-65).

그러한 홉스의 자연 상태는 로크(Locke)나 루소(Rousseau)가 말하듯 평화 상태로 묘사할 수는 없는 것이다. 그렇다고 해서 자연 상태가 현실적으로 반드시 만인의 만인에 대한 투쟁 행동만을 의미한 것은 아니다. 홉스는 자연 상태에 있어 경험적 인간의 성향을 분석하기 위하여 그러한 논리적 가설을 내세운 데 불과하였다. 그런데 자연 상태는 법적 도덕적 구속력도 존재하지 않는 상태이기 때문에 평등한 개인은 완전히 자유롭다. 결국 자연 상태에서는 개인은 자기보존을 위하여 자기 판단에 따라 어떠한 것도 할 수 있는 자유를 갖는다. 홉스는 자연 상태에 있어서 각인이 갖는 자기보존의 자유를 자연권이라 하였다. 즉 자연권이란 개인이 자기 자신의 생명보존을 위하여 하고 싶은 대로 자신의 힘을 사용하고, 자기의 판단과 이성에 있어 최적의 수단이라고 생각하여 어떠한 것도 행하는 자유이다 (Hobbes Leviathan, 1651, 113). 즉 자유란 외적 장애의 결여를 의미한다. 자기 자신을 보존할 인간의 힘은 환경에 의하여 제약되지만 자기의 힘이 미치는 한 인간의 권리는 본래적으로 완전하다.

홉스가 자유를 외적 장애의 결여라고 말한 경우에는 자연권을 힘과 동일시하였으나 신약(Covenant)[5]의 체결을 논술할 경우에는 자연권을 의무의 완전한 결여라고 사용하였다. 즉 신약의 체결 권리의 양도는 존재하지 않는다는 것을 강조한 만큼 그는 항상 의무의 결여라는 뜻으로 자연권을 사용하였다. 왜냐하면 누구도 모든 것에 대하여 권리를 가지고 있기 때문에 신약에 의해서도 결여한 권리도 획득할수 없다. 그러므로 신약의 권리는 의무의 경우에만 한하는 것이다.

홉스의 리바이어던(1651)은 국가자체의 운용을 더 효과적으로 만드는 마키아벨리와는 달리 그의 정치이론의 기초로서 개인의 행동에

---

5) 홉스(Hobbes)는 계약(Contract)과 신약(Covenant)이라는 두 용어를 구별하고 있다. 즉 계약은 권리와 상호 양도를 의미하고, 신약은 계약 당사자의 상대방에게 직접 그 양도를 하는 것이 아니고 상호 신뢰에서 이행을 맡겨 계약책임을 다할 때의 그 계약을 말하는 것이다.

과학적 방법으로 적용하였다. 홉스는 싫어함이 인간의 자발적 행동을 결정한다고 보며 인간이 그들의 기호를 충족시키고 동시에 그들이 가장 싫어하는 죽음과 같은 것을 회피하는 유일한 방법은 그들 각자가 힘으로 대항할 수 없는 영구적인 주권을 인식하는 것이라고 한다.

홉스는 주권에 대한 보편적 투쟁은 어떤 사회도 붕괴로 이끌 것이며, 폭력적 죽음의 가능성을 증대시킬 수 있기 때문에 주권에 대한 개인적 권리를 포기할 것을 주장한다. 이성적 인간은 이러한 사회의 붕괴를 예방할 수 있는 주권에 권력을 양도할 필요성을 주장한다. 예컨대 홉스는 이러한 경우를 위해서 자연 상태에 대한 논리적 추론, 즉 개인을 억제할 공동의 법과 법의 집행도 없는 가정적 조건을 이끌어 낸다. 문명화된 인간은 이러한 상황으로 벗어나고자 한다. 그러나 인간은 동시에 자연 상태에서 자연권을 가지고 있으며, 특히 그의 본성을 유지하기 위하여, 즉 자신의 삶을 유지하기 위하여 그가 원할 때 인간 각자는 자신의 권리를 사용할 수 있는 자유를 가지고 있다.

결과적으로 인간은 자신의 판단과 이성에 의해 그 상황에서 가장 적합한 수단이라고 생각되는 어떠한 것도 행할 수 있는 자유를 지니고 있다. 그러므로 자연 상태는 유용한 자유의 보존과 그러한 상태가 논리적으로 산출해 내는 폭력과 전쟁에 대한 공포 사이에 긴장이 존재한다. 이러한 긴장은 주권에 대한 개인의 권리를 포기하도록 유도한다. 이 주권은 모든 인간을 무력하게 하는데, 홉스는 이러한 논의에 두 가지 점을 지적한다. 첫째로 복종이 내란(죽음)보다 나으며, 둘째로 인간을 무기력하게 하는 것은 주권자의 이익에 부합되지 않는다는 것이다. 왜냐하면 주권자의 힘은 바로 그러한 인간들의 활력 속에 있기 때문이다.

2. 절대군주 국가론

홉스(Hobbes 1680, 4)는 민주정치는 어리석은 일이며 1인 군주는 공화제보다 현명하다. 홉스가 생각하는 절대국가는 절대왕정을 의미한다. 홉스는 군주제가 가장 안정되고 질서 있는 정체라고 확신하고 있다. 홉스는 그의 저서 『법의지배』를 통해서 '평화'와 '안전'이라는 국가 목적을 달성하기 위해서는 절대권을 가진 군주제가 필요하다고 주장한다.[6]

홉스는 절대 군주 국가를 다른 어떤 국가보다도 효과적이라고 생각하여 군주제가 특수이익에서 부정부패될 가능성이 비교적 적은 제도라고 묘사하였다(Hobbes Vol.13, 173 – 177). 국가의 목적은 인간자신에 대한 안전이며 이는 인간자신에 대한 구속이기도 하다. 인간이 국가의 구속에 사는 것은 궁극적으로 동인이나 목적 및 의도가 그들 자신의 보존과 그로 인한 보다 만족된 안목이라고 본다(한승조 1985). 따라서 국가는 많은 다수가 상호 간의 계약에 의해 그들 스스로 모든 사람을 그의 행동의 창조자로 만들었고, 그들의 평화와 공동방위를 위해서 편리하다고 생각하는 대로 그들 모두의 힘과 수단을 끝까지 사용할 수 있는 하나의 '인격'이라는 것이다. 이러한 인격을 획득하는 사람은 주권자라고 불리며 주권을 소유한다고 말한다. 그리고 그 밖의 모든 사람들은 그의 '신민(臣民)'이 되는 것이다(한승조 역 1985, 257).

---

6) 당시의 정치적 사회적 상황은 국내·외적으로 혼란한 상황이었다. 독일 내의 신·구교도의 싸움과 여기에 프랑스, 덴마크, 스웨덴이 가세한 30년 전쟁과 영국의 의회와 국왕 찰스 1세와의 대립은 의회의 권리청원을 제출하기에 이르렀고 국왕은 이에 대항하여 의회를 해산하고 구교세력과 구 귀족의 힘을 동원하여 대립하였다. 이와 같이 유럽 전 지역이 혼란의 시기였던 상황이다.

주권의 획득은 두 가지 방법에 의해서 이루어지는데, 하나는 자연적인 힘이다. 즉 출생을 통해서 얻어지거나 전쟁포로들을 그의 의사에 복종시키는 경우이다. 다른 하나는 인간들이 상호 간에 모든 타인으로부터 그에 의해 또는 인간의 집단에 복종하기로 '동의'하는 경우이다. 여기에서 전자는 획득에 의한 국가라 불리며, 후자는 정치적인 국가 또는 제도화된 국가라고 한다(한승조 역 1985, 257-258).

홉스에 의하면 국가는 모든 권력과 권한을 주권자에게 이양하는 하나의 계약에 의하여 설치된다. 홉스의 자연법은 그의 공리주의적 방법론에 있어 가정적이고 비절대적인 가치에 서는 것이나 자기이익을 보다 더 합리적으로 실현하기 위하여 준수하여야 할 평화의 규율인 점에 있어 도리어 실정법(시민법)에 내재하는 절대적인 원리가 되는 것이다. 이러한 면에서 홉스의 자연법과 사회계약론은 근대적이며 자유민주주의적 성격을 지니고 있다.

홉스에 의하면 '권력' 또는 '힘'이란 장래에 명백한 선(future apparent good)을 획득하기 위한 현재의 수단이라고 한다(Hobbes, Leviathan, 1651, 74)[7]. 홉스에게서 권력의 개념은 각인이 지니고 있는 수단이나 능력의 절대적이 개념이 아니라 타인에 대한 상대적인 관계이다. 홉스의 권력의 개념 속에는 신체적·정신적 능력과 수단적 능력 그리고 지력(智力)도 내포되어 있다. 홉스의 권력은 인간의 모든 욕망의 근저에 있으며 이 권력에 대한 욕망이 필연적으로 그 수단으로서의 지력을 갖는다. 그런데 권력의 가치는 절대적 기준에 의하여 측정될 수 있는 것이라기보다는 오히려 각인이 가지고 있는 권력에 대

---

7) 홉스가 말하는 권력의 개념에는 보통을 넘어 강함, 기술, 웅변, 자유, 고귀와 같은 신체적, 정신적 제 능력의 초월인 타고난 힘뿐만 아니라 부, 명예, 친우, 및 행운이라 불리는 신의 숨은 조력과 같은 수단적인 힘을 포함하고 있다. 그리고 권력이란 죽음으로써만 그 권력이 그치게 되는 권력의 영속성을 주장한다.

한 타인의 평가에 의하여 상대적으로 결정된다고 보았다.

홉스는 자연법에 의해서 맺어진 계약을 준수 이행하기 위해서는 그 어떤 공권력(Common Power)이 있어야 한다고 보았다. 사람이 본시 자연적 정념(Natural Passion)에 의해서 지배되는 한 공권력이 없이 자연법을 준수하지 못하기 때문이다. 그러면 공권력은 어떻게 세워지는가. 모든 사람이 계약하여 그들의 모든 권한을 어떤 한 사람 또는 집단에게 양도함으로써 생긴다. 그리하여 그 권한을 인수받을 사람의 판단과 행동은 전체 인민의 행동이 된다. 이 모든 사람의 계약에서 생긴 전체 인민이 실제적 통일체, 한 인격에 통일된 민중 이것이 바로 국가이다. 이와 같은 국가(주권)를 형성하는 경로에는 두 가지가 있는데, 하나는 인민의 합의로서 제도화된 국가이고 또 하나는 자연적 힘으로 획득한 국가이다.

또한 홉스는 절대권력 법치주의는 개인의 자유와 안전보장을 위하여 국가의 이름으로 정당화된다. 홉스의 국가론은 다수의 인간이 서로서로 어떤 한 인물 또는 인간의 집단에 대해서 다수에 의해 그들 모두의 인격을 대표할 수 있는 권리가 주어지는 데에 관해 합의하고 계약하는 때에 제도화된다고 말한다. 그러한 국가의 제도로부터 회합을 행한 인민의 동의에 의해 주권이 수여된 인물 또는 그 집단에서 사람의 모든 권리와 능력이 나온다는 것이다(한승조 역 1985, 258).

이러한 국가개념에는 많은 문제점이 있다. 예를 들면 자신의 자유를 사랑하는 개인들이 주권자가 정당하고 공정하며 적어도 그들에게 최선의 이익을 보장해 줄 것이라는 기대 속에서 자신들의 모든 권력을 주권자에게 주는 이유는 무엇인가. 맥퍼슨(Macpherson 1968, 54)에 따르면, 영국의 부르주아들은 홉스의 국가모델을 결코 받아들이지 않았는데, 그 이유는 개인이든 의회이든 간에 주권자는 그의 계승자를 임명하는 힘을 가져야 한다고 홉스가 주장하기 때문이다(Hischman 1977).

이러한 거부는 개인의 이해나 집단의 이해라는 측면에서 중요한 의미를 갖는다. 정부를 통제하려고 하는 사람들은 아무도 정부 자체에 자신의 영구적인 권력을 주고 싶지 않을 것이다. 허쉬만(Hirschman 1977)이 지적한 것처럼, 홉스의 사회계약 개념은 국가를 구성하는 목적을 열정적인 사람에 의해 야기된 문제들을 해결하는 데 두기 때문에 이해관계(interest)가 열정을 누르는 전략에 호소했을 뿐이라고 한다. 평화를 추구하는 사람들은 그들 자신들을 억제하기 위하여 주권자에게 그들의 열정에 대한 통제를 위임할 것이다. 그러나 홉스와 동시대의 많은 사람들과 그를 추종하는 사람들도 이러한 해결에 동의하지 않았으며 다른 전략이 필요하다고 믿었다.

II. 로크의 시민사회와 국가론

1. 인간의 본성과 자연 상대

로크(Locke)는 홉스와 달리 인간을 단순한 동물로서가 아니라 도덕적 이성과 사회적 존재로 파악했다. 로크는 자연 상태를 모든 사람이 타인에 구애받지 않고 자연법의 범위 내에서 자기가 생각하는 데로 행동하고 자기 의사에 따라 자기 재산과 신체를 처리할 수 있는 완전한 자유로운 상태를 말한다. 인간이 자연 상태에서는 모든 사람이 모두 평등한 상태에 있으며 홉스의 전쟁상태가 아닌 자연법에 따라 생활해 가는 평화의 상태, 선의 상호협력 및 계속적인 생존의 상태라고 말한다.

따라서 로크에 자연권은 인간에 원래의 정치적 상황을 비원시적인 자연 상태(state of nature)의 출발로부터 시작된다. 자연 상태에 있는 인간은 '생명'·'자유'·'재산'을 보존할 수 있는 자연권을 가지고 있다. 인간은 자연 상태에서는 자기 자신을 편애하고 격정과 복수심에 사로잡히기 쉽다. 따라서 비록 사람이 자연 상태 속에서 그러한 권리를 가지고 있기는 하지만, 그러나 그것의 향유는 매우 불확실하며 또한 끊임없이 다른 사람들의 침해 앞에 노출되어 있기 때문이라고 한다(Locke, Laslett(ed.) 1965, 123).

로크는 인간의 가장 원시적인 자연 상태에 있어서는 인간은 누구에 의해서도 구속되지 않고, 자신의 의지대로 행동할 수 있는 완전히 자유로운 상태이다. 즉 로크에 의하면 자연 상태라는 것은 각자가 자연법의 범위 안에서 자기의 행동을 규율하며 스스로 적당하다고 생각하는 대로 그 소유물과 신체를 처리할 수 있는 완전한 자유의 상태이며 그곳에서는 누구나 똑같은 평등한 권리를 가지고 있다(이극찬 1985, 23). 로크 자연 상태는 홉스의 자연 상태(즉 만인이 만인에 대한 투쟁 상태)와는 달리 자유롭고 평등한 상태이며 결코 방종의 상태는 아니다.

따라서 인간의 자연 상태는 또한 평등한 상태이기도 하다. 그곳에서는 일체의 권력과 권한(즉 지배권)은 상호적인 것이며, 어느 누구도 다른 사람들보다 더 많은 것을 갖는 일은 없다. 자연 상태는 자유·평등이나 결코 무질서한 상태가 아님을 강조하면서 자연 상태에서는 자연법이 지배하고 있다고 한다. 즉 로크는 자연 상태에 있어서 인간은 자연법의 범위 안에서 완전히 자유로운 상태인 것이고 자연 상태에서는 하나의 자연법이 있는데, 누구나 자연법을 따르지 않으면 안 된다. 즉 자연법은 모든 사람을 구속하고 있다고 한다.

로크는 자연 상태에서 모든 사람은 자연이 제공하는 갖가지 것으로부터 먹고 살고 이끌어 쓸 권리가 있다는 점에서 재산의 공동소유라고 믿었다.

로크의 자연권은 국가와 제도가 생성되기 이전부터 모든 인간이 누려왔던 천부적 권리이다. 자연권에 '천부적'이라는 의미는 어떠한 국가의 제도하에서라도 반드시 보호되어야 할 권리임을 분명히 하고 있는 것이다. 로크에 의하면 국가는 개인 간의 자유로운 계약에 의해 설정된 인위적 기구이므로 오로지 개인과 개인의 공통적인 복지에 이바지할 사명만을 띤다. 어떠한 경우도 침해되어서는 안 되는 개인만의 고유한 영역이 자연권의 영역이다. 로크의 자연권에는 인간이 자유롭고 평등하게 행복을 추구한다. 자연법은 각자에게 의무를 지어주는 것이며 각자에게 이웃사람을 자유롭고 독립적인 사람이라고 보아야 한다. 그래서 이웃의 생명, 건강, 자유, 재산 등을 침해해서는 안 된다고 말하는 올바른 이성이다(오한네스 휠쉬베르거 1986, 327).

로크가 생각한 자연법이란 대체 어떤 것인가. 그에 의하면 자연법이란 이성의 법칙이다. 이성은 신에 의해서 부여된 것이다. 이러한 이성은 인류에게 각 사람은 모두 평등하며 독립인이며 서로 다른 사람의 생명과 자유와 재산을 침범해서는 안 된다는 것을 가르친다. 이러한 이성에 입각한 법, 즉 자연법은 인류 상호 간의 안전을 위하여 인간의 행동을 규정한 준칙이며 따라서 인류에게 영원한 법칙으로 되는 것이다.

로크에 의하면 인간은 세상에 태어나면서부터 아무런 차별도 없이 모두 똑같은 자연의 혜택을 누릴 수 있고 똑같은 능력도 행사할 수 있다고 보았다. 일체의 피조물의 주이시며 지배자가 되시는 신(神)이 어떤 한 사람을 지명하지 않는 한, 사람들은 누구나 남에게 종속 또는 복종되는 일이 없이 모두 평등해야 한다는 사실은 명백하기 때문이다(이극찬 1985, 59). 자연법은 인간이 다른 사람과 동등한 모든 권리와 자연법의 특권을 향유하는 완전한 개인적 자유의 상태였으며, 이 자연 상태에서 인간은 재산을 주장하고 보존할 뿐 아니라 자연법을 판단하고 집행할 수 있다.

그러나 이러한 자연 상태는 전쟁 상태에 빠져들 수 있다. 왜냐하면 한 인간이 다른 인간을 자신의 절대적 권력하에 두려고 할 수 있기 때문이다. 로크는 인간들이 그들 사이를 심판할 권위를 가진 지상의 공동의 우위자 없이 이성에 따라 사는 것이 고유한 자연 상태이다. 안전을 위하여 호소할 공동의 우위자가 없는 타인에 대한 강요는 전쟁의 상태이다. 호소할 곳이 없다는 사실은 그 공격자가 사회 내에 존재하며 같은 국민이라 할지라도 인간에게 공격자에 대한 전쟁의 권리를 부여한다(Locke 1955, 14).

여기에서 로크는 여전히 홉스와 일치하고 있는데, 사람들이 그들 사이의 권력관계를 지배할 법을 가지고 함께 모인다고 주장한다. 그 정치사회에서 사람들은 자신의 재산 보존권을 공동체(국가)에 넘겨 준다는 것이다. 그러나 어떠한 정치사회도 자체 내의 재산을 보호하는 힘을 갖지 않고는 존속할 수 없기 때문에, 이를 위하여 정치사회에서의 위반자를 처벌하고 사회구성원이 되면 자연법이 집행법을 포기하고 그것을 공중에 양도하게 되며, 거기에서 정치사회 혹은 시민사회가 성립된다(Locke 1955, 61−63). 그러나 로크는 주권의 성격은 홉스와 완전히 견해를 달리한다. 정치사회에 대한 이와 같은 정의하에 보면 절대군주제는 시민정부와 조화될 수 없다. 군주는 그 자신의 권위에만 의존한다. 로크는 허용할 수 있는 정부형태 중에서 절대군주제를 제외시켰다.

자연 상태에서 사람들은 자연법의 지배를 받기는 하지만, 그것을 집행하고 그 위반자들을 처벌하는 권한이 각자의 수중에 맡겨져 있다. 그렇기 때문에 그들 서로 사이에 분쟁이 얼어났을 때, 그것을 해결해 줄 아무런 수단도 갖고 있지 못한 것이다. 따라서 사람들은 자연 상태가 안고 있는 이 모든 '불편들'을 극복하고, 사람들의 '생명과 자유 및 재산'을 보다 안전하게 지키고 향유하기 위해서, 시민사회의 수립을 모색하게 되는 것이다.

따라서 사람들이 이전에 권리를 행사하던 '자연적 권력', 즉 자연법에 의한 개인적 권리를 포기하고 그것을 공동체의 수중에 넘기는 것이 필요하다고 주장한다(Locke, Laslett(ed.) 1965, 87). 사회의 구성원 각자가 자연적 권리를 포기하고 그것을 공동체의 수중에 양도하는 곳이 바로 정치사회이다. 정치사회에서는 공동의 목적을 수행하기 위한 정치권력을 파생시키고 권력의 정당성을 갖는다.

로크에 의하면 정치권력은 자연 상태로부터 모든 개인의 동의에 의해서 성립된다. 로크는 통치론에서 정치권력을 올바로 이해하고, 권력의 양도는 시민사회가 그 역할을 수행하기에 충분할 만큼이어야 한다. 또한 그 이상에까지 이르는 것으로 생각되어서는 안 된다. 자연법은 그 이상의 양도를 금지하는 것이다. 사람들이 자연 상태에서 누렸던 평등, 자유 및 집행권을 포기하고 시민사회로 들어가는 것은 자신의 자유와 재산을 보다 더 잘 보전하기 위한 의도에서이다(Locke, Laslett(ed.) 1965, 131). 이와 같이 로크는 자연 상태와 시민사회를 연결하는 과정에서 자연법사상을 긴밀하게 결합시킨 것이다.

2. 로크의 정치사회와 국가관

로크에 있어서 시민사회의 기원은 각자의 생명·자유·재산, 즉 자연권에 보호를 위한 각자의 자발적인 동의에 있다. 이러한 생각에 정치권력의 기초는 국가의 모든 구성원에게 있다고 보는 국민 주권론의 근원을 이루는 것이다. 로크의 정치사회는 국가형태를 실제로 규정하지 않고 있지만 개인권리의 원칙을 강조하고 있음을 알 수 있다(Carnoy 1984, 17). 로크에게 중요한 것은 개인이 그들의 자연권을 누군가에게 즉각 이양하는 것이다. 개인의 권리를 이양 받는 국가는 개인의 재산과 안전을 보장하는 법률을 만들고 집행하는 입법권을 갖는다. 그러나 이러한 국가권력은 아직도 시민사회를 구성하는 개인들에게 그 권력을 위임하는 이들한테 남아 있다. 다른 사람이 군주이든 입법부이든 그들이 보호기능을 수행하고 정당하게 시민사회를 구성하는 각 개인을 정당하게 지배하는 한에 있어서 권력이 주어진다(Carnoy 1984, 17－18).

정치권력이란 자연 상태에 있는 모든 사람들이 사회의 수중에 권력을 위임하고 사회가 그들의 행복과 재산의 보호를 위해 고용된다는 확실한 믿음을 갖고 통치자에게 양도해 주는 권력이다. 모든 사람들은 자연 상태에서 사회가 안전을 보장할 수 있는 경우에 사회에 양도하는 이러한 권력은 그가 옳다고 생각하고 자연이 허용하는 바에 따라 그 자신의 재산을 보존하기 위한 수단으로 사용된다. 또한 이러한 권력은 최선의 이성에 따라 그 자신과 여타의 사람들의 보전을 확실히 보장하기 위하여 타인의 자연법을 침해하는 경우 처벌하는 것이다.

따라서 이러한 권력의 목적과 수단은 자연 상태에서 모든 사람의 수중에 있을 때에는 전체 사회를 보전하는 것이 되지만 행정장관의 수중에 있을 때에는 그 사회구성원들의 생명, 자유, 재산을 보전하는 것 이외에 절대적이고 자의적인 권력은 될 수 있다. 권력은 전체의 보전을 위하여 건전하고 올바른 것을 해치는 자들을 처벌할 수 있는 법률과 부칙을 만든다. 이러한 권력은 공동체를 구성하는 사람들의 계약과 동의 그리고 상호승인을 기반으로 한다(Locke 1955, 126-127).

로크는 시민사회로부터 재산을 갖지 않는 모든 사람을 제외하고 무계급성을 구상했다. 로크의 관점에서는 정치권력을 가진 각 개인은 재산소유자이며 비교적 동질적인 집단이었다. 국가는 재산과 생명을 보호하려는 이들에 의하여 권력이 주어졌다. 만약에 국가가 그의 직무를 이행치 않는다면 시민사회의 구성원들은 그 국가를 해체하는 권리와 권력을 지녔다. 입법부와 행정부는 실질적으로 정치권력을 소유하고 있는 시민사회구성원들의 뜻에 따르는 한에 있어서 정치권력을 갖는다(Carnoy 1984, 18). 따라서 권력을 이양받은 국가는 자연권을 지켜주어야 할 의무를 지게 된다는 것이다. 즉 정치사회에 있어서 국가의 목적 혹은 정치의 목적은 인간의 자연권을 옹호하는 데 있다고 보는 것이다. 이와 같이 시민사회=정치사회=국가란 자연 상태에 있어서 그 자연 상태를 구성하고 있는 인간의 자연권을 보다 잘 보전하기 위하여 형성된 것이다. 그리고 자연 상태에 있어서의 인간은 정치사회를 형성할 때 자기들이 갖고 있는 힘(Power)을 정치에 양도할 것을 동의한다. 정치사회에 있어서 정치의 목적은 자연권을 옹호하는 데 있다. 그런데 만약 현실의 정치가 정치사회를 구성하고 있는 개인의 자연권을 지킬 수 없게 되는 경우, 정치사회를 구성하고 있는 개인은 그 정부에 대하여 권리를 갖는다.

이와 같이 정치사회의 기원은 각자의 자연권의 보호에 있으므로 그 목적을 달성하기 위하여 로크는 민주적인 통치기구론을 발전시켰다. 로크는 절대적 전제권력에 적의를 품고, 전제정치의 위험을 피하기 위하여 권력의 제한을 시도하면서 인간의 자연적 권리를 수용하는 한편 입법권과 집행권의 분할을 주장했다. 로크는 동일한 사람이 입법권과 집행권의 두 권력을 모두 그 수중에 장악하게 되면, 그들은 자기네들이 만든 법률에 복종해야 할 의무로부터 벗어나려고 하며, 그 법률을 만들 때에도 그것이 그들 자신의 개인적인 이익에 부합되도록 할 것이며 마침내 그 사회와 통치의 목적에 반하여 공동사회의 다른 사람들과 전혀 다른 이해관계를 갖게 될 것이다(Carnoy 1984, 18-19).

로크는 집행권 및 동맹권을 구별하면서도 이것이 동일기관, 즉 군주에게 통합되어야 할 것을 주장하였으나 사법권에 관해서는 이를 구별하지 않고 집행권의 영역에 속하는 것으로 생각했다. 이와 같이 로크는 입법권, 집행권 및 동맹권을 구별하고 있으나 그중 최고의 권력은 입법권이며 여타의 것은 입법권에 종속되어야 한다는 것을 강조하고 있다. 조직된 국가에 있어서는 단 하나의 최고권력 밖에 존재할 수 없다. 이것이 바로 입법권이라는 것인데, 이 외 일체의 권력은 모두 이것에 종속되는 것이며, 반드시 종속되어야 하는 것이다(이극찬 1982, 136). 만일 국가의 힘을 장악하고 있는 행정부가 그 힘을 이용하여 그것을(시민의 자연 상태) 방해하게 된다면 과연 어떻게 될 것인가. 이러한 의문에 대해서, 아무런 권한도 없이 신임을 배반하여 국민에게 폭력을 행사하는 일은 국민과의 전쟁상태에 빠지는 것이라 한다.

그리고 집행부가 입법권을 소집하고 또 해산시키는 권한을 갖는다 하더라도 그것은 집행부를 우월적 지위에 두는 것은 아니다. 입법부는 집행부의 행위를 감시하고 그 책임을 추구할 수 있다고 하여 입법권과 집행권을 각각 의회와 군주로 분리시키면서도 양 권력의 협동과 상호억제 그리고 입법부의 우위를 주장함으로써 권력분립과 의원내각제의 길을 열어 놓았다고 볼 수 있다.

Ⅲ. 루소의 정치사회와 민주주의 국가론

1. 자연법과 자연 상태

루소는 자연 상태를 통해서 인간의 자연권을 도출하고 자연법을 개념화하였다. 자연법 이론가들처럼 루소도 자연 상태라는 개념에서 출발하는 것은 자연법사상의 전통을 따른다는 것이다. 하지만 루소의 자연 상태 개념은 내용면에서 전혀 다를 뿐만 아니라 오히려 결과적으로 자연법사상의 해체를 가져온다. 루소가 보기에는 대부분의 사회학자들이 자연 상태를 보기를 원했지만 그 누구도 자연 상태를 제대로 보지는 못했다고 역설한다(Rousseau 1964, 151)[8].

루소는 자연 상태가 인간이 어떤 규범이나 감성 능력도 배제된 유인원과 같은 존재라면 그 속에서 시민사회의 기초를 제공할 인간의 규범을 찾는 것이 불가능하다고 한다. 이러한 주장에 대해서 스트라우스(Strauss 1963)는 루소가 비록 홉스의 전제에서 출발하고 있지만 자연과 인간의 본성 속에서 권리 발견의 의도를 포기하게 만들었다고 주장한다. 왜냐하면 인간적인 것은 자연의 산물이 아니라 자연을 극복하는 과정 속에서 나온 역사적 과정의 산물이라는 사실을 루소가 보여주고 있기 때문이다. 루소의 자연법사상은 역사적 과정이나 그 결과가 자연 상태보다 좋다는 것을 전제해야만 한다. 그러나 루소는 이러한 전제를 깨버렸고 근대 자연법사상은 붕괴되고 만다고 주장한다(Stauss 1963, 274).

---

8) 루소의 기준에서 보자면 푸펜, 도르프나, 홉스 혹은 로크와 같은 선배 사상가들이 자연상태라고 본 것은 다름 아닌 역사적 상태에 불과한 것이라고 주장한다.

루소의 자연 상태는 사회 상태와 달리 어느 누구도 다른 사람에 대해서 의존하지 않는 평등의 상태를 말한다. 루소는 인간이 다른 인간에게 의존하게 될 때 평등의 상태가 깨진다고 생각하였다. 루소가 말하는 자연적 평등상태는 모든 사람들이 자연적 상태에서 동일한 성향을 가지는 획일적 상태가 아니라 어느 누구도 권위나 다른 사람의 지배에 복종하지 않는 자유로운 상태를 말한다. 자연 상태에서는 한 사람이 다른 사람에게 자신의 의지를 종속시킬 어떠한 이유도 없으며 지적인 우월성이나 도덕적인 우위도 갖지는 않는다.

루소가 말하는 자연 상태란, 자연 상태＝평등상태＝독립의 상태를 말한다. 평등이 자연 상태의 기본적인 원칙이다. 평등은 타인에게 의존하지 않는 것을 전제로 한다. 그러나 인간이 자연 상태에 계속 머물러 있을 수 있다면 사회계약 따위는 아예 필요하지도 않을 것이다. 역사는 자연 상태라는 평등의 상태로부터 벗어나서 불평등의 상태로 나간다고 주장한다. 역사는 진보의 과정이 아니라 도덕적 타락의 역사라고 한다. 자연인과 문명인의 상태를 가장 잘 대비시켜 주는 것은 자연인의 심성과 문명인의 심성의 대비이다. 자연 상태에 있는 이러한 감정은 도덕적인 감정과 거리가 멀다. 아예 선과 악의 기준 자체도 없다고 할 수 있다. 이러한 기준 역시 우리가 도덕적인 판단으로 나눌 수 있는 기준과는 무관하다. 자연 상태의 인간을 선하다고 말하기보다는 오히려 선과 악의 개념 자체가 없다고 표현하는 것이 정확하다.

이에 반해 문명인이 가지는 심성은 '이기심'이다. 이기심은 자기애와는 달리 다른 사람에 비해서 자신을 돋보이고자 하는 심성이다. 루소가 보기에 이러한 심성은 인간 본래의 심성이 아니라 사회적 타락의 산물이다. 그래서 루소의 눈으로 보자면 홉스가 본 자연인의 모습은 타락한 근대인의 모습이다. 나아가 이러한 이기심에 호소하는 아담 스미스 역시 타락한 사회를 미화하고 있는 것이라고 한다.

루소는 근대 시민사회의 계약이나 법은 진정한 '사회'를 창출하는 것이 아니라 억압적인 국가만을 만들어 낼 뿐이라고 한다. 이런 계약에 의해서 만들어진 근대 시민사회는 진정한 결합이나 유대가 가능한 공동체가 아닌 사적인 이해의 경쟁만을 가진 형식적인 사법적 사회일 뿐이라고 한다. 따라서 루소는 근대 시민사회의 기초인 국가체제나 법률체제를 폐지해야 한다는 것이다. 루소가 시민사회의 국가를 폐지해야 한다는 두 가지 주장을 내세운다. 먼저 이 주장은 사회 일반을 완전히 폐지하고 자연 상태로 돌아가야 한다는 반사회적 결론이다. 루소에 따르면 시민사회는 인류가 반드시 거쳐야 할 필연적인 단계는 아니다. 오히려 우연한 발견에 의해서 인류가 시민사회에 빠져 든 것이라고 본다.

다음으로 근대 시민사회의 폐지가 곧 사회 일반의 폐지가 아닌 완전히 새로운 기초 위에 근대 시민사회를 새롭게 건립하는 것이다. 말하자면 완전히 새로운 기초 위에서 새로운 계약의 상태로 만들어진 새로운 사회를 건설하는 것이다. 따라서 루소는 철저하게 다른 토대 위에서 다른 원칙에 입각한 사회계약의 가능성을 제시하고 있는 것이다. 루소의 사회 계약론은 바로 이러한 급진적인 시도로 볼 수 있을 것이다. 이럴 경우 루소가 제시하는 새로운 원칙은 이미 시민사회의 원칙이 아닌 새로운 사회의 원칙이 된다.

2. 사회계약론과 시민사회

루소가 로크와 가장 큰 차이점을 보이는 것은 시민사회의 개념이다. 로크에 있어서 시민사회는 인간에게 그들을 규제하는 새로운 수단이었다. 로크는 자연 상태가 전쟁과 투쟁 속으로 타락하여 인간은 자연에서 생길 수 있는 전쟁의 상태로부터 그들이 획득한 재산을 보호하기 위하여 자연히 정당하고 평등한 사회를 형성한다고 하였다.

그러나 루소가 말하는 자연 상태는 사실상 어떠한 불평등도 불가능하다. 자연 상태에서는 인간은 서로 접촉할 필요도 거의 없으므로 인간이 다른 인간을 필요로 하지 않는다(Rousseau 1964). 이와 같이 자연 상태는 무질서와 불평등에 반하여 제기된 시민사회는 이성과 이상을 가지고 있다. 시민사회는 사회계약에 의해서 성립된다. 사회계약론은 사회에 대한 가장 보편적인 학설이나 진리가 아니고 근대라는 특정의 시대에 특정의 산물인 것일 뿐이다. 사회계약론은 사회가 인간자신의 산물이므로 사회와 인간은 통일을 이루어야 한다는 것을 전제로 하고 있다.

여기서 공화국, 국가, 주권은 사회라는 동일한 객관적 실체를 나눈 것이다. 반면 국민, 신민은 사회라는 객관적 실체의 대립 항을 이루는 주관적 실체를 각각 세 측면으로 나눈 것이다. 루소는 그 당시의 다른 사회계약론과 대조적인 입장에서 시민사회란 사회에서 이상적이거나 가상적인 것으로서가 아니라 현실적으로 발견되는 인간모습의 묘사인 것으로 보았다. 따라서 그는 자연과 시민사회 간의 대립되는 이론을 설정하였다. 루소는 자연 상태의 인간을 도덕적인 것도, 사악한 것도 아니라고 보았다. 인간은 본성적으로 부패한 것이 아니라 재산의 소유와 시민사회 자체의 형성에 의하여 부패한다. 부패한 것은 시민사회이며 자연은 인간이성의 이상이라고 한다.

인간이 자연 상태에서 생존하기 어려운 것은 장애물들의 저항력이 커져서 자연 상태를 유지하기 어렵게 만든다. 자연 상태는 이미 존속할 수 없게 되었으므로, 인류는 그 존재양식을 바꾸지 않는다면 멸망해 버리고 말 것이다. 따라서 힘을 다하여 각 구성원의 생명과 재산을 방어하고 보호해 주는 일종의 협력체를 조직하되, 오직 자기 자신의 의지에만 복종하는, 그래서 여전히 이전과 마찬가지로 제 자유를 누리게 될 수 있는 그와 같은 협동체를 발견하는 것이 바로 사회계약론이다(이극찬 1985, 69).

즉 인간은 이제 새로운 힘을 만들어 낼 수는 없고 다만 기존의 힘을 통합하여 새로운 방향으로 운영할 수밖에 없으므로 인간이 생존하기 위해서는 단결하여 그러한 저항을 이겨낼 수 있는 총화를 이룩해야 한다. 총화에서는 개인의 신체와 구성원 각자의 재산을 방어하고 보호해 주는 연합형태를 결성한다. 개인은 전체와 결합되어 있으나 자기 자신에게만 복종하는 종전과 마찬가지로 자유롭게 남아 있을 수 있는 그러한 연합의 형태를 발견하게 된다(이환 역 1985, 292).

로크와 루소는 시민사회의 형성과정과 근본원리, 특히 재산권과 시장에 대해서도 서로 견해가 달랐다. 첫째, 로크는 재산소유를 정당하고 평등한 시민사회의 기초로 보았지만, 루소는 그것을 사악하고 불평등한 것의 원천으로 간주하였다(Rousseau 1967, 211-212). 둘째로, 로크는 인간이 자연 상태의 조건으로부터 보호받기 위하여 시민사회를 형성했다고 논하고 있다. 그러나 루소는 시민사회의 형성을 인간의 탐욕의 산물로 간주한다. 루소는 두 사람의 충분한 양식을 한 사람이 유리하게 소유하는 순간부터 평등은 소멸되었고, 소유가 생겨났으며, 노동이 필요하게 되었다. 무한한 사람은 인간의 땀으로 가꾸어져야 하는 풍요한 벌판이 되었으며, 거기에서 노예와 빈곤이 싹터 농작물과 함께 성장했다는 것이다(Rousseau 1967, 200). 더구나 로크가 시민사회의 협의로 보는 데 반해 루소는 시민사회란 대중의 이익을 위해서가 아니라 부유하고 권력을 갖는 자들이 만들어 낸 작품이라고 간주한다. 그러므로 루소는 그 당시의 국가를 부유한 자가 지배계급으로서의 위치를 확보하기 위한 장치로서, 모든 사람들에게 이로울 것이라고 말했지만 불평등을 조장하는 것으로 간주하였다.

3. 정부형태

　루소는 각자 자신의 신체와 모든 힘을 공동의 것으로 만들어 전체 의사의 최고 감독하에 두었다. 그리고 모두 함께 각 구성원을 전체와 불가분의 한 부분으로 대접한다. 그 순간 개인의 인격은 사라지고 이 결합행위는 하나의 정신적이며 집합적인 단체를 만들어 준다. 루소는 개인적 인격의 결합체인 사회계약론은 도덕적이고 집단적인 결합체라고 보았다. 루소는 사회계약은 공적인 인격으로 보았고 이것은 과거의 ‘도시국가’라는 이름으로 현재는 공화국(Republiqu) 혹은 정치체(Corps Politique)의 이름을 갖고 있다. 또한 수동적인 의미에서 국가(Etat)로, 능동적인 의미로 국민(Souverian)으로 불린다. 사회계약의 구성원은 집단적으로는 국민(Peuple)으로, 개인적 주권에 참가하는 의미로는 시민(Citoyens)으로 국가에 복종하는 의미로는 신민(Sujets)으로 불린다(Rousseau 1964, 361－362).

　정치단체에는 두 가지 원동력을 가지는데 이 경우에 힘과 의지로 구분된다. 이때의 의지는 입법권이란 이름으로 불리고 힘은 집행권이라 칭하게 된다. 루소에게서 입법권은 인민에 속해 있으며 집행권은 입법자나 주권자로서 인민전체에 속할 수 없는 것임을 말하고 있다. 왜냐하면 집행권은 개인적인 행위로서만 구성될 뿐이며, 또 개인적인 행위는 법률의 관할 밖에 있는 것이니 결과적으로는 주권자의 관할 밖에 있는 것이기 때문이다.

　또한 주권자의 대리인에 불과한 정부의 존재가 국가 내에 필요한 이유는 인민과 주권자 간의 상호연락을 위해 설치되어 법률의 집행과 민사상의 자유와 정치상의 자유를 유지시켜 준 소임을 맡고 있는 일종의 중개단체로 보았다(Rousseau 1967, 327－328). 정부는 그 자체 내에 중개 능력을 보유하고 있으며 그 중개 능력이 맞고 있는 것은 전체와 전체와의 관계, 즉 주권자의 국가에 대한 관계이다. 로크는 정부 형태에 여러 가지 차이가 생겨나는 일반적인 원인을 제시하기 위하여 국가와 주권자를 구별하는 것처럼 군주와 정부 사이에 구별을 두고 있다. 주권자와 국민에 대한 관계는 인민의 수효가 많으면 많을수록 그만큼 더 강대해진다는 사실을 지적하고 있다. 그리고 정부의 힘을 모두 합친 것은 항상 국가의 총력이 되므로 이는 변화하지 않는다고 보았다. 따라서 정부가 자기 자신의 구성원을 통제하는 데 그만큼 감소된다는 결론이다(Rousseau 1967, 332).

국가권력에 있어서는 로크와 같이 루소에게도 권력이란 인민들이 그들의 자유를 국가에 양도한 것이며, 국가는 '일반의지'라는 것이다. 루소는 우리들 각자가 일반의지라는 최고의 명령하에 공동으로 모든 권력을 두는 것이다. 그리고 조직책 속에서 우리는 전체의 불가분의 부분으로 받아들이는 것이(Roussaeu 1978, 53)라고 하면서 이러한 사회계약 속에서 국가는 모든 시민을 평등하게 취급하게 되는데 이는 일반의지의 명령에 따라 국가로써 행동하기 때문이다. 사회계약에 의하여 개인이 잃는 것은 천부의 자유와 개인을 유혹하고 그가 얻을 수 있는 모든 것에 대한 무제한의 권리이다. 개인이 얻는 것은 시민의 자유와 개인이 소유하는 모든 것에 대한 소유권이다(Roussaeu 1978, 56).

시민에게 있어 주권과 시민의 권리가 어느 정도까지 미치느냐 하는 것은 시민들의 상호간에, 각자가 전체에게, 전체가 개인에게 약속할 수 있는 정도까지이다(Roussaeu 1978, 63). 그러한 점에서 로크가 국가권력을 시민에게 귀속된 것으로 보았던 것처럼 루소는 일반의지인 국가를 갖게 된다고 보았다. 또한 로크와 루소는 일반의지가 평등하게 인민에게 취급되지만 모든 시민이 평등하지는 않다는 데에는 동의한다. 법은 추상적으로 시민을 조직체와 행위로 간주한다. 루소는 인간을 개인적 혹은 특정한 행동으로 보지 않으나, 국가에 의해서 시민이라는 법률적 범주의 시민계급으로 보고 있다(Roussaeu 1978, 66).

루소는 사회계약에 대한 위험을 인간의 탐욕으로 보았기 때문에 국가가 표현되거나 유지되거나 유지될 수 있는 조건들을 로크보다도 깊이 논의하였다. 그는 국가가 어느 정도 평등을 실현하기 위하여 직접적으로 개입할 수 있다고 보았다. 국가가 안정되기를 원한다면 양 극단이 가능한 한 가까워지도록 하라, 부자에게도 거지에게도 관대하지 마라. 본래적으로 분리할 수 없는 이 두 조건은 공동선을 위해서 숙명적이다(Roussaeu 1978, 75). 일반의지가 국가라는 그의 관점에서부터 직접적으로 나온다. 만약 대립되는 이해를 따른다면 일반의지는 전체에게 받아들여질 수 없을 것이다. 따라서 투쟁이 일어날 것이다. 그러므로 국가에 의한 개입은 국가를 보존하기 위해 필수 불가결하다.

Ⅳ. 베버의 근대 국가론

1. 국가와 정치권력

베버(Weber)는 사회의 계급관계로부터 국가의 성격을 마르크스(Marx)의 주장에 대항했던 전통적 정치사회학의 반론으로부터 제기하기 시작했다. 사실 국가는 마르크스나 뒤르껭(Durkheim)의 관심에 핵심 부분을 이루고 있지 않으므로 한 제도로서의 국가의 출현과 구조에 대한 그들의 고찰은 논리가 희박하고 모순성을 띠고 있다. 그와는 달리 근대정치 사회학이 진정한 근원인 베버(Weber)의 저술에서 국가는 그 핵심 주제를 다루고 있다.

베버는 국가를 마르크스나 뒤르껭이 설명한 것처럼 생산관계나 분업과 같은 일반적인 유형들로 설명하지 않는다.9) 베버의 시대 이후로 역사사회학은 정치적, 군사적 중요성에 기초를 둔 유물론, 경제적 유물론만큼이나 강력한 힘을 가지는 도구로 밝혀진 유물론이라는 용어로 정치현상을 설명할 것을 요구해 왔다(Gerth & Mills, (ed.) 1958, 47). 사회제도의 변화는 생산수단에 의해서뿐만 아니라, 행정수단에 의해서도 꼭 같은 영향을 받는다(Giddens 1971, 234).

베버의 국가개념 규정은 그의 국가개념에 내포된 두 가지 성격을 나타내고 있다. 베버는 국가를 일정한 영토 내에서 폭력(또는 강제력)의 정당한 행사의 독점을 요구하는 인간 공동체로 규정하고 있다. 여기에서 권력의 정의는 물리적 힘 또는 힘의 극단적 형태인 폭력과 정당성의 두 가지를 준거로 하고 있다. 베버는 국가가 오직 권력행사를 피지배자에게 위협함으로써 이들로부터 복종을 얻어낸다거나 마키아벨리(Machiavelli)가 야기한 것처럼 지배자는 애정보다는 공포로 의지를 관철시켜야 한다는 주장을 하지 않는다(이종수 1988, 163).

국가는 권력의 최종수단, 즉 폭력을 독점하고 있기 때문에 설득 의무에 호소, 계도 같은 비강압적 수단을 효과적으로 활용할 수가 있다. 특히 현대 민주사회와 같은 반(反)전제적 정신분위기에서는 피지배자들이 경찰의 권력이나 군대의 힘이 매스미디어를 통해 통치자의 손에 장악되어 있다는 것을 모르는 바는 아니지만 어떤 행동을 하도록 명령되기보다는 설득되었다고 한다(이종수 1988, 165). 베버

---

9) 베버(Weber)는 마르크스가 역사와 사회를 생산관계로 파악했다면 베버는 지배관계로 파악했다. 베버의 사상체계와 이론에 출발은 역사와 사회 기본구조에 있어서는 '지배'를 발전원리에 있어서는 '합리성'으로 보았다. 그리고 구체적 현대의 상징으로서는 '자본주의'를 주목하였다.

의 국가개념에 대한 정의를 비교적 상세히 언급한 것은 정치사회에 있어서 권력과 정당성의 상호의존성을 뚜렷이 하기 위해서이다.

베버는 근대국가의 두드러진 특징이 정당성의 합리적 법적 기반에 있음을 지적하고 정당성의 다른 두 가지 기반, 즉 전통적 정당성과 카리스마적 정당성과를 비교했다. 이 같은 유형론은 해석과 사용에 있어서도 적지 않은 혼란과 애매성이 있어 왔다. 즉 정당한 지배의 유형이 정치적 권위에 복종하는 데 있어서 세 가지의 동기가 있다는 뜻인가. 유형에 따라 정치권력의 구조가 다르다는 것인가. 또는 제각기 다른 규범적 정당성을 근거로 권력자의 지배에 복종한다는 말인가. 여기에서 정당성의 유형은 본질적으로 규범의 원리이며 복종의 현실적 동기, 내용보다는 통치자의 명령에 대한 순종을 규칙적으로 또 공개적으로 정당화시키는 도리를 말한다. 베버는 지배에 있어서 이 같은 형태의 정당성의 근거부여는 단순한 이론적·철학적 사변(思辨)의 문제에 그치지 않고 지배의 경험적 구조에 나타나는 격심한 상위점의 기초가 된다고 주장한다(이종수 1988, 168).

베버는 근대국가의 발전이 독립적 생산자들을 점차 장악하면서 진행된 자본주의적 기업의 발전과 완전히 병행하여 군주가 주도적으로 행정, 전쟁과 재정 그리고 모든 종류의 정치적 자원을 자주적으로 소유하고 있는 행정권자들로부터 단일한 지배체제를 확립함으로써 이루어졌다고 본다. 그 결과 어떤 관료도 그가 지출하는 금전이나 관리하는 건물, 물품, 도구, 무기 등의 개인적인 소유자가 될 수 없게 되어 근대 국가에서 행정 간부, 즉 행정 관료와 행정노동자들을 행정조직의 물적 수단으로부터 분리시키는 일을 완결시켰다고 한다.

2. 베버의 국민국가와 정치적 이상

베버의 근대국가관은 국민(Nation)이란 개념과 결합될 때만 실천 국가론에서 역동성을 갖는다. 베버에 있어 국민의 본질에 대한 물음은 그의 정치적 가치체계에 대한 핵심이며, 국민이란 개념이 내포하는바 그 독특한 '국민국가'의 권력지위는 정치적 목표들을 종속시키는 최종의 가치이다. 그러면 베버가 국민이라는 개념하에서 이해하고 있는 내용은 무엇인가. 국민개념을 논할 때 베버에게는 먼저 인간행위의 내적이고 심리적인 이해상황에서 나오는 정서적 차원이 문제되는 것으로 이때 국민이란 어떤 인간 집단이 다른 인간 집단을 상대로 해서 스스로의 특수한 의미를 가지며 가치영역에 속하는 것이다. 따라서 국민의 개념정의에 있어서는 이와 같은 연대감이 어디에서 생겨나는가 하는 문제가 중요하며 국민을 단순히 정치적 공동체에 소속하고 있는 국가의 민족이나 언어공동체 혹은 혈연공동체와는 동일시할 수 없다고 본다.

베버가 국민국가에 처음으로 부여한 것은 국민개념에 용해되어 있는 권력사상이다. 국민개념은 정치권력과 불가분의 연관을 갖게 되는 것으로 이때 국민적인 것은 언어적, 신앙적, 실습적 공동체로써 또는 운명공동체로써 결합된 인간집단이 그들에게 고유하고 동시에 이미 존재하거나 또는 동경되는 권력체조직의 개념과 결합하여 나타나는 특수한 종류의 파토스(Spezifische Art von Pathos)로써 표시되며, 이 추상적인 정치적 권력에의 열정적인 동경과 자부심은 정도의 차이는 있으나 국민적으로 통합된 모든 정치공동체에 공통하여 나타나는 것이다(이종수 1988, 244).

베버의 국민개념은 권력사상과 결합함으로써 국민국가의 실천적 성격으로 나타나는 것이다. 또한 국민국가가 지니는 위신은 그 외부적으로 나타나는 형태에 있어서 권력팽창으로서 정치적 위신의 주장과는 무관한 순수한 자치적인 것이다. 베버는 다른 정치체에 권력위신을 정치적 공동체 또는 권력국가라고 지칭한다. 권력위신과 관련하여 소위 민족주의의 주도계층의 문제를 베버는 어떻게 파악하고 있는가. 베버는 사회계층의 독특한 문제를 위신감정으로부터 민족의식을 유도하고 권력위신의 열정이 국민개념을 변화하는 데에는 국가구조 내의 문화전달자 역할이 작용한다고 파악하고 있다. 일반적으로는 정치적 공동체의 지배층이 권력위신의 이념적 파토스를 가장 강하게 지니고 있으며 또 무조건적 헌신을 요구하는 제국주의적 권력체의 이념으로서의 국가이념의 가장 신뢰할 만한 담당자이다.

이상의 고찰이 베버가 국민국가로서 이해한 바이지만 실제로 베버에게 있어 중요한 것은 베버가 살고 있는 독일국가였으며 국민국의 규범적 인식은 권력국가로서의 독일이 불가피한 전제로써, 또한 독일의 역사적 사명을 정당화하는 기초로써 요구된 것이었다. 여기서 베버의 제국주의적 민족주의관과 만나게 되는데, 국민개념에 있어 권력적 요소를 지속적으로 강조하게 됨으로써 베버는 동시대의 민족주의자들과 동일한 선상에서 위치 지어진다(Wolfgang, 56). 베버는 "우리 독일은 권력국가여야 한다"고 단언했으며, "현세적 권력조직체로서 국민국가는 자유와 타국과의 관계에서 권력과 위신의 지배에 있어 후손들 앞에 무거운 책임을 져야 한다"는 신념을 위해 싸웠다. 베버가 바라본 것은 국민의 존재양식의 유지와 향상을 위한 영원한 투쟁이었으며 국민의 권력이해관심이 최고의 궁극적 가치였다(Weber, GPS., 14). 따라서 국민국가의 내적 논리로 제시한 것은 국민의 권력이해의 관심이었으며, 그가 모든 정책의 판단기준으로써 제시한 바 있는 국가이성이었다(Weber, GPS., 14). 베버가 민족주의의 주도층 문제와 대결한 것은 바로 이러한 국민국가의 행동원리에 따르지 못하는 독일의 정치적 미성숙에 대한 비판의식에서였다. 정치적으로 성숙한 민족만이 지배민족이다. 오직 지배민족만이 세계발전의 충계에 오를 소명을 가진다(Weber, GPS., 14). 베버의 국민국가의 이념은 대내적 면에서 독일의 정치적 성숙의 문제를, 대외적 면에서 독일이 강대국으로 세계 권력정치에 주도적으로 참여할 수 있는가의 문제를 해결하는 지표였다고 하겠다.

3. 근대국가와 관료제

베버에게 있어서 근대국가는 관료에 의한 중앙집권적인 관료제의 발전으로 인하여 형성되었다고 파악하였다. 즉 관료제도는 근대국가의 씨앗이었다는 것이다(Mohr 1976, 128). 나아가 위대한 근대국가는 전적으로 관료제도의 기반 위에 의존하고 있고 국가가 크면 클수록 그만큼 관료제도의 위상이 더욱 커진다. 베버는 관료조직의 등장과 촉진은 국가행정 사무의 질적, 양적인 팽창에서 그 원인을 찾는다. 이러한 환경적 여건의 변화에 대해서 관료조직은 다른 조직에 비하여 우월하다고 보았다.[10) 즉 관료제는 물주관성(Sachliche) 신분적 고려의 배제, 계산가능한 규칙(Berecherbaren Regeln) 등을 통하여 정확성과 신속성을 가지고 업무를 처리할 수 있는 장점을 가지고 있

---

10) 베버는 관료제의 우월성을 다음과 같이 표현하고 있다. 1) 법규에 명확히 정해진 바에 따라 배분된 의무를 계속적으로 처리한다. 2) 명확한 계서제적 내부조직이다. 3) 직무는 서류문서를 통하여 이뤄진다. 4) 업무활동은 전문적인 것이며 따라서 특수한 전문훈련을 필요로 한다. 5) 관료제는 공무에 전적(full time)인 헌신을 요구한다. 6) 관료의 직무수행은 비교적 자세하고 엄밀히 규정된 일반법규에 의하여 수행된다(Weber 1968, 956 – 958).

다는 것이다(Weber 1968, 975).

베버가 말하는 근대국가는 구성원의 내면적 동의에 의하여 합법화된 배타적인 폭력을 점유한 조직체이다. 합리화된 정부부서는 기업 성장과 함께 관료제화에 주요한 현장이 되어 왔으며, 유럽에서는 이러한 성격의 국가들이 자본주의가 형성되기 이전부터 이미 하나의 제도로 발전되고 있었다. 그러므로 국가를 자본가들의 계급 독재적 기구로만 이해하는 것은 국가기원의 역사적 성격을 왜곡하는 결과가 되고 만다. 즉 베버에 의하면 조직화된 독점단계의 자본주의 경영을 근대 관료제의 개념으로 파악하고 있다. 마르크스주의자들은 계급투쟁의 연장선상에서 국가의 파괴를 주장하였지만, 자본주의 국가는 시민에게 어느 정도 평등과 자율을 부여해 주고 합리적인 제도로 사회적 관리에 기여해 온 존재라고 인식할 수 있다.

여기서 국가는 행정기관이 통제를 강화함으로써 합법적인 물리적 힘의 독점을 성공적으로 주장하는 또는 주장할 정도의 제도적 성격을 가진 정치적 기업을 말한다(Weber 1976, 29). 그의 저서 『경제와 사회(Economy and Society)』에는 그가 국가의 두 가지 본질적인 도구라고 간주한 합법적 폭력과 관료주의적 행정에 대하여 길게 분석한 구절이 있다. 베버는 더 이상 봉토와 봉신적 결속에 의한 것이 아니라 군주에 의해 규칙적으로 임금을 지불받는 군인들을 기반으로 하는 군대를 이용하여 군사력을 집중시키는 것에 힘입어 봉건주의의 종말이 왔음을 설명하고 있다.

또한 근대적 국가가 어떻게 그들의 행정권의 소유에 맞서는 사적(私的) 세력들을 수용하였는가(Weber, "Bureaucracy" From Max Weber, 83)에 대해 설명한다. 그러므로 베버(Weber)에 따르면 국가는 관직의 모든 세습적 요소를 종식시키고 국가에 대해 공민으로서의 의무 및 군사적 의무의 수행과 관직행사에서 오는 이익에 대한 권리 사이의 모든 관련을 단절시킴으로써 존재하게 되었고 근대화되었다고 주장하는 것이 가능해진다.

국가의 탄생은 세습제도의 종지부를 찍었고, 국가는 사회 내에서 별개의 제도가 된다. 그것은 시민사회와 구별되고 제도화되었다. 그러나 이 과정을 성공적으로 완성시키기 위해서는 그 관리들이 자신들을 기능과 진심으로 동일시하고, 자신들의 역할에 관한 다른 사회집단과의 관계를 끊을 수 있도록 그들을 보상할 수 있어야 한다.

베버(Weber)는 진정한 기능적 근대관료제와 이집트나 중국에서 흔히 볼 수 있었던 방대한 행정기관과는 구별한다. 왜냐하면 이 방대한 관료제도는 여전히 생필품공급경제에 기반을 둔 것이기 때문이다. 이것은 국가관리들이 급료를 물품으로 지급받는 것인 데 따라서 진정한 관료제도가 발전될 수 없고 국가자체도 성장할 수 없다(Max Weber, "Baureucracy", From Max Weber, 204ff.).

베버의 관점은 국가의 탄생이 특정한 유형의 경제를 필요로 하지만 그렇다고 해서 그가 국가를 결코 어떤 상부구조를 간주했다는 뜻은 아니다. 자신의 관점과 국가에 대한 다양한 환원론적인 이론과의 차이점을 분명하게하기 위해서 현 발전단계의 자본주의가 관료 제도를 필요로 하고 있는 것과 마찬가지로 관료제도에게는 자본주의가 가장 합리적인 경제적 기반이 된다고 보았다. 이는 자본주의가 과세를 통하여 재정적으로 자원을 공급하여 주므로 관료제도가 가장 합리적인 형태로 존재할 수 있기 때문이다(Weber 1976, 129). 그러므로 국가의 발전은 단순히 자본주의 성장이나 분업의 결과가 아니다. 국가와 관료제도는 자본주의와 상호연관 속에서만 발전할 수 있다. 즉 베버는 조직화된 독점단계의 자본주의 경영을 근대관료제의 개념으로 파악하고 있다. 이러한 자본주의의 기능은 관료라는 특정집단에 의하여 주관되어 왔다. 더욱이 관료제는 국가와 경제의 양쪽에 관계될 수 있는 개념으로 사용되고 있는 점에 유의해야 한다.

베버의 관료제의 비판은 여러 학자들에 의해서 주장되어 왔다. 메르턴(Merton 1957)은 관료제가 오래된 것일수록 목표와 수단과의 대치현상이 난다는 것이다. 쉴즈니크(Selzick 1949)도 관료의 전문성 증가가 오히려 악순환을 초래한다는 것으로 지적한다. 이들은 관료제의 피해보다는 관료제의 목적전도 현상을 지적하는 것이다. 굴더(Goulder 1954)는 통제의 필요성이 많은 하위부서들을 조직전체의 목표에 기여하도록 만드는 데 더 역기능적이라는 비판을 한다. 이러한 베버에 대한 비판은 베버의 이념형에 대한 동일차원에서의 이론적 비판이라기보다는 베버가 미처 보지 못했던 실제적용의 문제를 지적한 것이다. 따라서 관료제의 비판적 시각에서 베버의 이론을 비판하기보다는 관료제 이론의 보완이론이라는 것이다.

참고문헌

요한네스 힐쉬베르거. (1986). "존 로크"『서양철학사』(서울: 어문출판사)
이극찬 편. (1985).『민주주의』(서울: 종로서적).
이재석·김태일·한기범 역. (1990).『국가와 정치이론』서울: 한울.
이종수 편저. (1988).『막스베버의 學問과 思想』서울: 한길사.
이환 역. (1985).『사회계약론』서울: 삼성출판사.
이환구. (1981). "Hobbes의 정치사상에 관한 연구," 고려대학교 대학원, 박사학위논문.
임영일. 이성형 편역. (1985).『국가란 무엇인가: 자본주의와 그 국가이론』 서울: 까치.

Carnoy, M. (1984). *The State and Political Theory*(Princeton: Princeton Univ. Press. Hobbes, T. *Leviathan*, Chap.13, Works Vol.3.

Dunning, W. A. (1953). *A History of Political Theories: From Luther to Montesquieu*, Vol. New York: Macmillan.

Ebenstein, William, (1952). *Introduction to Political Philosophy*, New York: Rinehart,

Gerth, H. & Mills, C. W. ed., (1958). *From Max Weber* New York: Oxford Univ. Press.

Giddens, A. (1971). *Capitalism and Modern social theory* Cambridge England: Cambridge Univ. Press.

Giddens, A. (1972). "Durkheim's political sociology" the Sociological Review, Vol.20.

Goulder, C. T. (1954). *The Case For Bureaucracy*, IL: Free Press.

Hischman, A. O. (1977). *The Passions and the Interest*, Princeton: Princeton Univ. Press.

Hobbes, T. The Life of Mr. Thomas Of Malmesbury Written By Himself in a Latine Poem. And now Translated into English(London, 1680. 4f "of the life and History of Thucydides", Work, Vol.8, vi.)

Hobbes, T. 著, 한승조 역. (1985). 『리바이어던』 삼성판. 세계문학전집 9.

Jessop, B. (1990). *State Theory* London: Cambridge Polity Press.

Locke, J. 저, 이극찬 역. (1985). 『통치론』 삼성출판사.

Locke, J. (1955). *On Civil Government*, (Chicago: Henry Regnery.

Locke, J. (1965). *Two Treatises of Government*. Peter Laslett ed., Cambridge. Univ, Press, a Mentor Book.

Macpherson, C. B. (1968). *in Hobbes*.

Merton K. (1957). *Social Theory and Social Structure*, Glencoe: Free Press.

Rousseau, J. J. (1964). Du Contract Social, œuvres complètes Ⅲ, Édition

Publiée sous la Direction de Bernard Gagnebin et Marcel Raymond, Gallimard.

Rousseau, J. J. (1967). *"The Social Contract and Discourse on the Origin of Inequality"*, New York: Pocket Books.

Rousseau, J. J. (1978). *On the Social Contract with Geneva Manuscript and Political Economy*, (New York: st. Martin's Press.

Selznick, P. (1949). *TVA and the Grass Roots*, CA; Univ. of California Press.

Strauss, Leo. (1963). *Natural Rights and History*, The University of Chicago Press.

Tocqueville, Alexis De Làncien regime et. al., (1952) *révolution*(Paris: Gallimard.

Wolfgang J. Mommsen, "Max Weber und Die deutsche politik.

Weber, Max, (1976). Wirtschaff und Gesellschaft(Tübingen: J.C.B.Mohr) chap.3. sec.3

Weber, Max(Roth, G. & Wittich, C. trans.), (1968). *Economy and Society*: *An outline of interpretive Sociology*, New York, Bedminister press.

Weber, M. "Bureaucracy" From Max Weber.

제3장 마르크스주의 국가론

Ⅰ. 마르크스주의 국가론의 이해

마르크스 자본주의의 국가에 대한 논의는 출발부터 한계를 갖는다.11) 마르크스는 자본주의 생산양식에 관한 비판적 분석인 『자본론(Das Kapital: 1867−1894)』에서 필적할 만한 체계적인 정치이론이나 국가이론을 남겨 놓지 않았기 때문이다. 반면에 마르크스는 정치나 국가에 관한 비체계이고 단편적인 철학적 성찰을 신문이나 잡지에 기고하고 평론을 남겨놓았을 뿐이다. 따라서 마르크스 정치나 국가에 관한 분석은 변증법적 유물론과 사회분석 방법론이자 사회이론인 사적 유물론의 일반원리에 따라 재구성하여 분석하는 기준을 설정하였다.

그런가 하면 일부의 보비오(Bobbio) 같은 마르크스주의 학자들은 마르크스가 완벽한 국가이론을 제공했으나 이를 인용하는 마르크스주의자들에 의해 원전 남용과 이를 잘못 이해하고 부당하게 평가절하였다고 한다. 이러한 경향은 잘못된 지식과 정보를 가지고 사람들을 설득하려는 노력이 오히려 국가론에 대한 혼선만을 일으켰다고 한다(구갑우 외 1992, 53−54).

마르크스 비평가들은 그의 사상이 갖는 호소력이 진실성보다는 스스로 과학적이라 부르는 허위에 찬 주장, 복잡한 사회현상들과 역사적인 과정에 대하여 내린 단순한 설명, 도덕주의와 마니교(Manichaeism)12)의 이념적으로 무모한 혼합 등에 있다고 비판하고 있다

---

11) 밀리반드(Miliband)는 마르크스(Marx)가 자본주의 경제체계를 체계적으로 분석하지 못한 것처럼 국가에 대한 분석도 한계를 갖는다고 한다 (Miliband 1990, 15).

12) 마니교(Manichaeism)는 초기 기독교 조로아스터교 및 불교를 절충하여 만든 종교이다. 마니교는 간명한 교의와 예배 양식 엄격한 도덕계율이 있다.

(석영중 1991, 6). 그러한 비평가들은 마르크스주의가 지속적으로 장수하고 있는 것을 어떻게 설명할 것인가에서, 사르트르(Sartre)는 마르크시즘은 이 시대의 철학으로 남아 있다. 우리는 그것을 능가할 수 없다. 왜냐하면 우리는 그것을 야기한 상황을 아직 능가하지 못했기 때문이라고 한다(Sartre 1967, 30).

마르크스주의는 정치적·지적 힘으로 남아 있다는 사실만큼은 변함이 없다. 특히 지난 수십 년 동안 네오마르크스주의자들은 정치경제의 문제로서 국가를 재발견하려고 했다. 국가이론은 제자리 찾기에 그 역점을 두고 있다. 예컨대 스카치폴(Skocpol 1985, 3-37)은 국가로 돌아가자(Bringing the State Back in)에서 제솝(Jessop 1990, 338-369)의 국가를 원래의 자리(Putting State in their Place)로 일련의 움직임이 보이고 있다. 제솝(Jessop 1990, 339)은 국가이론에 가장 기본적인 문제는 국가란 실존하는 것인가 아니면 이론적 탐구의 대상에 불과한 것인가 하는 문제의 논쟁에서 국가를 사회적 관계로 바라볼 때 확연히 질문에 대한 해답을 찾을 것으로 보았다.

마르크스는 정치와 국가론의 지적 통찰력을 시기별 사건에 따라 구체적으로 전개해 나아갔다. 먼저 마르크스의 『헤겔법철학 비판』에서 국가는 인간의 사회적 본질을 부정하고 공적인 사회로 진정한 참여로부터 인간을 소외시키는 비합리적 추상적 정치 지배체계이며 국가엘리트는 사적 이해관계의 대표자라고 말한다. 나아가 국가 엘리트는 사적 이해관계의 대표자이고 관료집단은 사실상 그 자신의 이익을 위해서 국가권력을 사유화할 뿐이라고 주장한다.[13]

---

13) 마르크스는 『헤겔 법철학 비판』(Contribution to the Critique of Hegel's Philosophy of law(1843), 『유태인 문제에 대해서』(On the Jewish Question (1843). 『헤겔 법철학 비판 서문』(Contribution to the Critique of Hegel' Philosophy of Law: Introduction(1844)에서 자신의 정치나 국가에 대한 지적 발전과정을 인식론적 전제들과 철학적 반영을 이끌어 낸다.

다음으로 마르크스는 독일이데올로기나 정치경제학 비판 서문14)을 통해 국가에 대한 논리를 전개하기 시작한다. 즉 국가는 경제적 토대의 반영이며 국가의 제 개입은 경제의 필요성 내지 경제적인 계급세력들의 균형의 반영이라고 한다. 다음 독일이데올로기와 공산당선언15)에서 국가는 지배계급의 구성원들이 그들의 공통이익을 내세우는 형태라고 한다. 또한 "근대국가의 행정부는 부르주아지의 공동사무를 관리하기 위한 하나의 위원회"에 불과하다고 주장한다.

마지막으로 마르크스가 자본주의 국가를 관료와 의회주의 형태의 봉건주의와 경찰국가로 묘사하고 제도적 총체로써 국가개념의 규정을 내린다. 특히 『루이보나빠르뜨 브뤼메르 18일과 프랑스 내전 그리고 고타강령 비판16) 등을 겪으면서 국가에 대한 이론으로 체계화한다.

1. 마르크스 정치철학과 국가관

마르크스의 국가론은 1842년부터 1848년에 이르는 수년간 저술된 저서들에서 논의되었다. 마르크스의 국가에 대한 지적 통찰과 분석의 근원은 몇 가지의 방법론을 통하여 접근할 수 있다. 이 시기에 그의 논의의 초점은 헤겔(Hegel) 철학과 그것을 토대로 삼고 있는 헤겔 국가론에 두었다. 마르크스는 청년 헤겔파로서 헤겔의 철학체

---

14) 『독일이데올로기(The German Ideology: 1845−1846)와 "정치경제학 비판 서문(Introduction to a Contribution to the Critique of Political Economy: 1857)".
15) 『공산당 선언』(Manifesto of the Communist Party: 1848).
16) 루이보나빠르뜨 브뤼메르 18일(The Eighteenth Brumaire of Louis Bonaparte: 1852)』와 『프랑스 내전(The Civil War in France: 1871)』 그리고 『고타강령 비판(Critique of Gotha Programme: 1875)』.

계를 어느 정도 수용하면서 그 근본적이고 체계적 비판 속에서 자신의 이론체계를 정립하려고 하였기 때문에 그의 비판은 당연히 헤겔 국가론에 집중되었다.[17]

헤겔에 대한 마르크스의 비판은 헤겔의 시민사회와 국가 간의 관계구조에 대한 부인에서 출발되었다.[18] 헤겔이 인륜의 통일성의 재정립 그리고 개체와 전체의 재통일로서 국가를 설명하면서 인류의 최고형태, 즉 이념의 실현으로서의 국가를 강조한 것에 대해서 마르크스는 비판을 가하였다.

마르크스는 국가를 사회와 분리시켜서 헤겔적 입장에 따르는 것을 인간의 공동체적 존재와 사인으로의 분화로도 이해하고 있는데 그리스의 폴리스적 전통에 인간 공동체의 이상을 두고 그러한 분화를 인간 소외의 일면으로 파악하고 있다. 마르크스는 헤겔에 동의하고 있는 근대성의 본질을 국가와 시민사회와의 분리라는 개념을 통하여 파악하고자 한 헤겔의 통찰력을 높이 평가한다(박상섭 1985, 32 – 33).

그러나 마르크스는 헤겔이 국가와 사회와의 간격을 각종의 정부제도(행정부, 입법부, 사법부)를 매개시켜 사회문제를 국가 내에서 해결하려고 하는 데는 동의하지 않는다. 마르크스는 국가의 각종 제도를 통해서 국가 내에서 사회문제를 해결하려는 것은 해결이 아니라 신비화(Mystification)라고 주장한다. 국가의 신비화는 정치적 소외의

---

17) 헤겔(Hegel)에 있어서 국가는 실체적 의지의 현 실태로서 이것을 보편적으로 고양된 특수한 자기의식을 갖으며 상대적으로 이성적인 것이다. 나아가 헤겔은 국가이념은 영원하고 절대적인 정신의 자연적 존재라고 한다. 개인들은 국가 없이 자신의 인격을 가질 수 없으며 국가에서만 구체적 자유를 실현할 수 있다고 보았다.

18) 헤겔(Hegel)은 지배계급의 경제적 이익만을 대변하는 시민사회에 대해서는 지극히 혐오하면서 다양한 욕구충족에 근거하는 시민사회의 여러 모순들을 제거하도록 하는 국가가 경제활동을 조정·통합하는 방향으로 나아가야 한다고 보았다(Hegel 1967, 233 – 234).

추상화된 산물이다. 왜냐하면 국가의 각종 제도들은 인간을 억압하는 힘을 발휘하기 때문이다. 그러므로 정치적 소외는 근대 부르주아 사회의 전형적인 특징이다(Miliband 1983, 7).

마르크스의 이러한 인식은 라인신문이 폐간된 후 1843년 봄과 여름에 집필한 헤겔 법철학 비판[19])에서 나타난다. 즉 민주정치가 아닌 모든 국가에서 국가, 법률, 체제는 지배적인 요소들이지만 정치적이지 않은 다른 영역들은 실제로 지배하지 못한다. 즉 물질적으로 침투하지 못한다는 것이다. 민주체제 내에서는 체제, 법률, 국가라는 그 자체가 오직 인민의 특정 내용일 뿐이다. 민주정치체제 내에서는 추상적인 국가가 지배적인 요소가 될 수 없다(Marx 1977a, 31). 또한 마르크스는 국가의 전형적인 제도 가운데 하나인 관료제를 헤겔 법철학 비판에서 신랄하게 비판하고 있다.

> 관료는 현실적인 국가와 나란히 하나의 상징적인 국가를 구성하는 국가의 신령주의(Spiritualism)이다. 따라서 모든 대상은 현실적인 의미와 관료적인 의미라는 이중의 의미를 가지며 지식도 이중적이며 의지도 마찬가지다. 그러나 실체는 그 관료적 본질, 그 타계적(Other-worldly), 정신적 본질에 따라서 취급한다. 관료는 국가의 본질, 사회의 신령적 본질을 소유하며 국가의 본질과 사회의 신령적 본질은 관료의 고유한 속성이다. 관료의 일반적 정신은 은밀하고 신비적이며 위계질서에 의해 안으로는 자기 방어적이고 밖으로는 폐쇄된 집단이라는 그 본성에 의하여 보호되고 있다(Marx 1977a, 31).

---

19) 마르크스의 헤겔 법철학의 비판은 1844년 2월 '독일연보'에 발표되었다. 이 논문 속에서 마르크스의 관념론에서 유물론으로서 이행과 혁명적 민주주의에서 공산주의로의 이행이 반영되어 있다. 마르크스는 헤겔의 관념론에 대한 비판을 완성하였고 부르조아 사회에 대한 이론적 비판이 프롤레타리아트의 사회적 정치적 투쟁들과 결합되어야 한다고 주장하였다.

이처럼 마르크스는 국가의 관료제도가 안으로는 자기 방어적이고 밖으로는 폐쇄적인 집단으로 나타나 인간으로부터 유린된 채 인간의 자유를 속박하고 억압한다고 보았다. 이러한 국가 내에서 인간의 자유는 실현될 수 없다고 보았다. 결국 헤겔이 국가 내에서 제도를 통해 인간을 소외로부터 해방시키고 각종의 모순을 해결하려고 한 것은 추상적인 환상에 지나지 않고 오히려 국가는 인간의 소외현상을 더욱 심화시킨다고 마르크스는 지적한다.

그러면 마르크스가 생각하는 진정한 인간해방은 어떤 것일까. 마르크스는 국가와 사회를 분리시켜 논의하는 것이 아니라 국가를 사회 속에 끌어들여 인간적 사회, 즉 사회화된 인간을 실현하는 것으로 보았다. 따라서 모든 인간해방은 인간의 세계, 그리고 인간의 자기 자신에 대하여 가지는 관계를 회복하는 일이며, 한편으로는 하나의 시민, 즉 도덕적 인격으로 환원시키는 것이다. 현실적으로 개인은 추상적인 시민을 자기 자신으로 회복시켜야 하고 현실 속에 살아 움직이며 경험인을 뜻하는 종적관계로 환원되어야 한다. 인간은 자신의 힘을 사회적인 힘으로 인식해야 하고 이 힘을 조직함으로써 이제 더 이상 사회적 힘의 형태로 자신에게 분리시키지 말아야 한다. 이러한 일이 달성될 때 비로소 인간적 해방은 완성될 것이라고 보았다(Marx 1977a, 57).

이상과 같이 마르크스는 국가를 소외개념으로 보았는데 지금까지의 내용을 요약하면, 마르크스는 헤겔과는 반대로 근대생활의 이중성의 문제는 국가가 아니라 시민사회에서 해결되어야 한다고 주장하는 것이고 국가영역이 인간생활의 실체에서 분리되어 독자성을 갖는 것은 시민사회의 모순을 은폐하기 위한 것임에 국가라는 관념주의 문제는 자동적으로 해소될 것으로 보았다.

2. 마르크스주의 국가자율성과 이론형성

마르크스의 국가 및 국가권력의 개념은 경제적 토대[20] 위에 있는 상부구조[21]로써 파악하고 있다. 경제적 토대와 상부구조의 모델에 비추어 볼 때 국가의 형태는 사회의 경제적 토대의 반영이며, 국가의 개입은 경제의 필요성이나 경제적인 제 계급세력들의 반영이다. 사회경제적 토대와 상부구조의 모형의 측면에서 본 국가에 대한 해석은 독일 이데올로기 철학의 빈곤 정치경제학 서문 엥겔스의 반듀링론 2부에서 분명하게 나타나고 있다.

1) 시민사회로부터 국가자율성

마르크스의 최초의 국가이론의 주요 관심사는 헤겔 법철학 비판에서 국가에 관한 헤겔의 논의를 비판하면서 형성된다(노승우 1985, 262). 헤겔에 있어서 국가는 보편적이며 시민사회는 특수라는 관점에서, 시민사회의 특수한 이익이 보편적 이익으로, 필연적 단계로 나아갈 때만이 실현된다고 본다.

헤겔에 있어서 근대국가의 역사적 특징은 시민사회와 분리되어 있는 존재양식에서 이해되며 이러한 분화를 인간의 공동체적 존재와

---

20) 마르크스의 경제적 토대는 토대결정론(경제결정론)으로 인간의 의식 관념, 세계관 등은 이러한 물질적 토대에 의해 결정된다는 이론이다. 마르크스는 가장 영향력 있는 설명체계에서 물질적 토대를 구성하는 핵심요소는 경제적 생산양식이다.

21) 마르크스의 상부구조는 우선 생산관계를 유지시켜 주는 국가기구 법체계 이데올로기 규범체계 종교 등을 포함하고 있다. 마르크스의 상부구조는 하부구조의 구별에 결정인자로 어떻게 작용하느냐에 대한 판단에 기초한다. 마르크스의 구조주의 결정인자는 물질적 재생산 양식에 있는 것이며 이것은 생산력과 생산관계로 구분된다. 마르크스는 역사란 생산력과 생산관계의 변증법적 운동법칙에서 찾아야 한다고 주장한다.

私人, 즉 시민과 부르주아로서의 분화이다. 마르크스는 헤겔에 따라 이러한 분화를 인간소외의 일면으로 파악하고 있다. 즉 헤겔은 시민사회를 국가의 보편성에 의해 능가될 사회적 세력들의 충돌로 묘사함으로써 현대사회의 시민사회 / 국가라는 분명한 두 개의 영역분리를 전개하였다. 그런데 이러한 구분은 근대국가에서도 적용할 수 있는 것이다(Marx 1972, 72).

마르크스는 헤겔의 국가개념을 비판하면서 이를 부르주아 국가의 본질과 형태의 문제로 바꾸어 놓았다. 헤겔에 의하면, 가족과 시민사회는 국가의 계기들이며 국가는 무한적 실체라는 개념이다. 또한 국가는 관료제의 중립성을 홉스적인 시민사회의 이해의 대립과 착종을 넘어서 보편적 이성을 구현하는 실질적 존재라고 한다(김홍명 1984, 6). 그러나 마르크스는 국가에 대하여 헤겔에 대한 논의가 기존의 사회조직을 합리화하는 동시에 인간관계의 사회적 맥락을 무시하고 있음을 지적한다. 헤겔의 이론에 있어서 국가는 국가를 조직화되는 개인들의 역할을 동시에 거론하지 않고도 논의될 수 있는 것처럼 묘사되어 있다. 따라서 헤겔은 마치 국가와 개인이 양자 사이의 괴리를 좁히기 위해서 국가와 개인을 중재해야만 한다고 지적하고 있다(Avineri 1971, 17; 이은경 1984).

헤겔은 가족－시민사회－국가라는 트리아트(Triad)로서 시민사회와 국가와의 관련을 파악하고 있다. 마르크스는 국가에 의한 시민사회의 이해와 조정이 시민사회의 주체적인 이해 대립 그 자체에 대한 것은 아니고 국가는 어디까지나 국가로써 조정하고 국가를 시민사회로부터 상대적으로 독립한 것으로 설정하였고, 국가를 시민사회의 경제과정에 대한 조직적 통합의 기능에서 파악한다.

마르크스는 근대성의 본질이 국가와 시민사회의 분열이라는 개념을 통하여 파악하고 있으나, 근대사회 문제를 국가영역, 특히 관료 및 신분의회에서 찾고자 한 헤겔의 노력을 정면 비판한다(박상섭 1990, 23). 오히려 마르크스는 신분의회로 대표되는 헤겔의 국가 관념은 환상 또는 법적 허구에 불과하다고 보았다. 왜냐하면 신분의회란 시민사회의 이기성을 대표한 사적 이익 집단이기 때문에 공공영역을 대표할 수 없다고 보았다. 이러한 뜻에서 그는 국가라는 관념주의 완성은 시민사회의 물질주의 완성이었다(박상섭 1990, 33). 따라서 근대사회에서는 두 개의 분리된 영역이 있으며 시민사회는 이기주의 내지는 사리사욕의 영역이라는 점에 대하여 헤겔에 동의하고 있기는 하지만 그는 이러한 분리가 내재적이거나 불가피한 것이며 국가가 만인에 대한 만인의 투쟁을 초월해서 모든 시민들이 공동이익을 보호한다는 것을 부정한다. 마르크스는 국가의 제도적 분리가 보편적 이데아의 자기 특수화를 위한 논리적 보완물이라는 주장에 반대하고 주로 상업과 토지 재산에 있어서 교환의 자유라는 측면에서 그 자신이 규명한 일정한 역사적 상황에서만 국가가 충분히 분화하게 된다고 주장한다(Jessop 1982, 4; 이양구 외 1985). 또한 헤겔이 근대국가에 있어서 관료제란 보편적 계급이며 객관적이며 필수불가결한 기능은 보편적 이익을 실현하는 것이라고 주장하는 반면 마르크스는 시민사회의 이기주의라는 것은 보편적 이익에 관한 어떠한 개념도 순수한 추상화일 수밖에 없음을 뜻한다고 주장한다(Jessop 1982, 4).

마르크스는 국가가 시민사회와는 독립적인 물질적 형태를 취한다는 동의된 사실이 국가가 시민사회의 일반화된 특수주의를 초월할 수 있다는 것을 뜻하는 것도 아니다. 오히려 국가 그 자체가 조야한 물질주의로 가득 차게 되며 다른 것과 마찬가지로 단순한 하나의 특수이익이 된다는 것이다.

마르크스는 근대국가가 모든 시민들 간의 형식적 평등의 제도를 통해서 종교, 가문, 지위, 교육, 직업 등의 정치적 중요성을 폐기시켰지만, 실질적인 불평등의 재생산에 있어서 불평등을 지니고 있는 사회적 중요성은 폐기시킬 수 없다고 주장한다. 따라서 근대국가와 시민사회가 구조적으로 구분되지만 정치적 활동을 형태 짓는 것은 시민사회의 이기주의라는 것이다(Jessop 1982, 6). 마르크스는 국가와 시민사회와의 관계가 주로 보편적-특수적, 실재적-추상적 등의 대립 측면에서 분석되기 때문이다.

2) 계급지배의 도구로서 국가

마르크스의 국가론에 주요 핵심은 정치적 투쟁이 벌어지는 하나의 도구로서 국가를 국가의 제도적 형태뿐만 아니라 국가권력의 쟁취를 위해 정치적 세력들 간의 균형도 결정한다는 것이다. 즉 마르크스는 국가를 계급지배의 도구로 보고, 어떤 계급이나 사회세력에 의해 동등한 용이성과 효용성으로 이용되는 가정에 있다. 이러한 도구주의적 접근방법은 국가가 독립적이고 자주적인 경제적 주체가 아니라 단지 그것을 점유하기만 하면 어떠한 세력에 의해서도 여러 가지의 목적을 위해서 사용될 수 있는 강제와 행정도구라는 주장을 의미한다(Jessop 1982, 12).

특정 계급이 국가기구를 통제하고 이러한 통제력을 자기들의 경제적·정치적 지배를 유지하기 위해서 사용한다는 도구주의적 견해를 주장한 사람은 엥겔스이다. 이러한 견해는 독일 이데올로기와 공산당 선언에서 한층 더 발전되고 있다. 독일 이데올로기에서 마르크스와 엥겔스는 국가라는 것은 지배계급의 구성원들이 그들의 공통된 이익을 내세우는 형태라고 한다. 국가란 소유계급이 비소유계급에 대항해서 자신을 보호하기 위해 만든 조직이다(Engels 1972, 231). 마르크스는 공산당 선언에서 부르주아 계급은 마침내 근대적 산업과 세계시장의 수립 이래, 근대 대의제 국가에 있어 배타적인 정치적 지배권을 확립하였다고 하며, '근대국가의 행정부는 전체 부르주아 계급의 공동사무를 다루는 위원회'에 불과하다(Marx 1977a, 223)고 한다. 레닌도 국가와 혁명에서 국가는 한 계급이 다른 한 계급을 지배하기 위한 기관으로 그것의 목적은 계급 간의 충돌을 조절함으로써 이러한 억압을 합법화하고 영속화시키기 위한 질서를 만들어 내는 것이다(Lenin 1972, 527)라고 한다.

이와 같이 마르크스와 엥겔스는 근대국가가 자본에 의한 노동의 착취와 정치적 영역에 있어서 계급지배를 위한 도구로써 사용되고 있다고 보았다. 또한 그들은 국가기구의 통제력을 쟁취하기 위한 투쟁 속에서 계급적 이익을 대표하는데 정치적 정당들이 수행하는 역할을 검토하고, 이것을 보나파르티즘(Bonapartism)[22] 및 다른 정부의 지배형태들의 역할과 비교한다. 즉 정치적 계급투쟁에 관한 마르크스와 엥겔스의 분석들이 국가권력의 복합성을 드러내 주는 동시에, 국가기구의 통제력을 확보하고 그것의 운용을 형태 지움에 있어서 계급투쟁이 중요한 역할을 수행하고 있음을 확인해 주고 있다. 이때 지배계급의 도구로서 국가가 사용하고 있는 방식은 전형적으로 강제력에 의거하고 있다(이용필 외 1991, 50).

한 국가는 국가 엘리트를 사적인 이해관계의 대표자로 보고 있으며 사실상 관료집단은 그 자신의 이익을 위해서 국가권력을 사유화하려고 애쓴다고 주장한다(Jessop 1982, 7-8). 마르크스는 국가가 부르주아의 억압적 무기라는 점에서 계급 적대감을 억제하기 위한 억압적 기구라고 한다. 국가출현은 계급적 본질뿐만 아니라 자본주

---

22) 보나파르티즘은 외형상 민주정치의 모습을 갖추고 있지만 실제에는 모든 권한이 독재권력에 집중되는 기형적 정치체계이다. 국가의 거대장치는 시민사회를 지배하는 모습으로 나타나며 마르크스는 이러한 보나파르티즘을 처음으로 분석하면서 부르주아와 프롤레타리아의 양 계급의 조정자처럼 가장한 절대 독재주의적 정치체제를 비판하였다.

의하의 지배계급인 부르주아지에 봉사하는 억압적 기능을 표현하는 것으로 본다(Carnoy 1984, 50; 이재석 외 1990). 따라서 마르크스주의자들의 국가가 계급도구로 간주되어야 하는 이유를 다음과 같이 말하고 있다.

첫째, 국가조직의 담당자(즉 행정부, 사법부 그리고 억압기구 등의 최상의 위에 있는 사람)는 시민사회를 지배하는 동일한 계급 또는 제 계급에 속하는 경향이 있다. 둘째, 자본가 계급은 그들의 전반적 경제력을 통하여 자본주의 사회에 있어서 다른 집단들이 경제적, 정치적으로 발전할 수 없도록 국가정책에 영향을 미친다. 여기서 지배계급이 지닌 강력한 경제도구는 투자 중지(Investment Strike)인데 자본가들은 자본을 장악함으로써 경제(또는 국가)를 지배한다. 셋째, 국가는 지배계급의 도구라는 것이다. 자본주의 생산양식에 있어서 국가라는 것은 그 외에 아무것도 아니다. 국가라는 성격은 생산양식의 성격과 요구조건들에 의하여 결정된다(Carnoy 1984, 50-51). 이러한 도구주의적 접근방법은 국가의 계급적 성격을 정치적 엘리트들이 계급귀속(Class Affiliation)이라는 사회학적 문제 내지 정부의 결정과 비결정에 의해서 직접적으로 증가되는 특수한 경제적 이익이라는 정치학적 문제로 환원시키는 제 분석에서 분명하게 드러난다(Jessop 1982, 14).

또한 도구주의적 견해는 다른 방식으로 해석되어 사회주의 운동의 개량주의 기반이 되기도 한다. 사회민주주의 운동은 자유주의적 의회주의 체제의 국가기구를 모든 정치세력들이 똑같이 쉽고 효과적으로 이용할 수 있는 독립적이고 중립적인 도구로 보는 경향이 있다. 또 다른 변형으로서 도구주의는 자유주의적이고 다원주의적인 입장들과 이론적 투쟁에 참여한 마르크스주의적인 사회학자와 정치학자 사이에서도 역시 공통적인 것이다. 그러나 마르크스와 엥겔스의 도구주의 접근방법의 정식화에는 상당한 정도의 불확실성이 있다는 주장이다.

첫째로 이는 국가에 대한 광범위하고 구체적인 분석들에서 그것을 정식화한 것이 아니라 일반적으로 경구와 은유의 例示들로 국가와 단순한 도구성을 논술하고 있기 때문이다. 둘째, 도구주의적 접근방법은 국가가 갖는 통제력을 쟁취하기보다는 오히려 국가기구를 와해시키거나 혹은 변혁시키는 것이 왜 필요한지를 설명하기 어렵게 한다. 셋째, 단순한 도구주의적 견해는 국가기구가 그 구성원들과 정향에 있어서 비당파적이고 수동적이라는 것을 의미하는 반면, 마르크스는 1848년의 헤겔 법철학 비판에 앞서 이미 경쟁적인 사적 이익들의 국가기구에 침투를 논의했었다. 넷째로 만일 국가가 계급지배의 단순한 도구라면 경제적으로 지배적인 계급이 국가체제에 있어서의 핵심적인 지위를 점유하지 않을 때, 지배적인 생산양식이 어떻게 성공적으로 재생산되고 있는가를 설명하는 것이 필요하게 된다(Jessop 1982, 15). 마르크스와 엥겔스는 19세기 영국에 있어서 자본을 대신하는 토지 귀족의 정치적 지배와 관련하여 이러한 상황을 기술하고 있다. 이와 동일한 문제는 계급투쟁에 있어서의 일시적인 균형으로 인해 국가기구가 지배계급으로부터 상당한 정도의 독자성을 획득할 때도 제기된다(Jessop 1982, 15−168).

도구주의적 명제는 지배계급이 국가체제를 직접적이고 전반적으로 통제하고 있다는 것을 시사해 주고 있는 것 같지만 마르크스와 엥겔스의 많은 정치적 연구는 사실상 부르주아가 어떠한 자본주의 사회에 있어서도 이러한 지위를 거의 점유하고 있지 않다는 점이다. 또한 부르주아가 내적인 분열과 분파작용에 취약하기 때문에 그 자체의 이름으로 혹은 그 자체의 장기적인 이익을 위해서 지배할 수 있는 정치적 능력이 결여되어 있다는 것은 분명하다. 이러한 견해들이 마르크스와 엥겔스에 의해 씌어진 여러 가지의 시사적인 글들에서 나타나기 때문에, 국가에 관한 두 개의 마르크스주의적 이론 도구주의적 설명과 사회 위에 서있는 하나의 독립적인 세력으로서 국가에 관한 설명이 존재하고 있다(Jessop 1982, 16). 이것은 마르크스주의적 국가이론에 관한 도구주의적 해석과 국가이론의 발전을 철저하게 재평가할 필요성이 있음을 말해 준다.

3) 마르크스의 국가 자율성 및 독립성

일반적으로 마르크스 국가관은 부수현상(epiphenomenon), 즉 생산관계와 경제적 계급투쟁을 반영하는 단순한 표면적 반영이라고 한다(박상섭 1990, 34). 그러한 관점은 1859년의 공산당선언 서문에서 마르크스 자신이 행하는 정치와 법에 대한 논의에서 분명히 드러나고 있다. 즉 그는 정치와 법이 경제적 하부구조를 반영하는 상부구조에 불과한 것이라고 지적한다. 이 말은 사회과학으로 풀이하면 국가란 본질적으로 지배적 사회계급의 이익에 봉사하는 기구라는 뜻이다(박상섭 1990, 34−35).

그러나 국가에 관한 마르크스의 생각 속에는 또 다른 요소, 즉 국가는 특정사회의 사회계급들에 대하여 어느 정도 자율성을 갖는다는 사고의 단편을 찾을 수 있다. 이러한 국가의 자율성에 관한 사고는 주로 루이 나폴레옹의 국가에 대한 그의 묘사, 즉 시민사회에 기생하는 기구에 불과하다는 표현에서 잘 드러나고 있다. 마르크스는 루이 나폴레옹 국가를 프랑스 사회의 전신을 그물처럼 둘러싼 모든 숨구멍을 막아 버리는 무시무시한 기생적 존재로 묘사하면서 국가의 독자적 역할의 극단적 표현이 권위적인 일인 통치에서 발견될 수 있다고 주장한다(박상섭 1990, 35). 여기서 관심의 대상이 되는 것은 기생적이라는 표현 그 자체에 있는 것이 아니라 보다 중요한 부분은 국가가 어떠한 경우에는 단순히 지배계급 도구를 넘어설 수 있다는 자율성의 가능성을 마르크스 자신도 보고 있다는 점이다.

마르크스는 루이 보나파르트 브뤼메르 18일에서 국가를 거대하고, 군사적, 조직체를 지닌 행정력으로 언급하고 나아가 그것의 대표 형태들과 국가의 변화를 논의하고 있다(Marx 1852, 185). 마찬가지로 프랑스 내전(The War in France)이라는 연구에서 그는 프랑스 국가를 상비군, 경찰, 관료제, 교회, 재판소 등의 기관들을 도처에 두고 있는 중앙집권화된 국가권력으로 규정하고 있다(Marx 1973, 217). 또한 고타강령비판(Critique of the Gotha Programme)에서 마르크스는 프러시아 국가를 관료제로 짜인 의회제적인 형태로 구성하고 있으며 봉건주의 혼합물로 위장된 군사적 전제와 경찰국가에 지나지 않는 국가로 논술하고 있다(Marx 1973a, 356).

마르크스의 견해에 의하면, 프러시아의 관료화된 국가가 사회로부터 독립적이었던 것과 마찬가지로 프랑스에서도 부르주아 사회에 대하여 전제는 그 지위를 공고히 하였으며 보나파르트 제2 제정하에서는 완전히 독립적이라고 말한다. 마르크스는 이 점을 매우 중요하다고 믿었기 때문에 여러 번 반복해서 말한다. 즉 보나파르트는 그 자체를 독립적인 권력을 행사했던 행정적 권위라고 생각하였다. 이 부분에 대한 마르크스의 분석은 특정한 역사적 상황 아래서 국가가 충분히 분화된 내부구조를 발전시킴으로써 그 자신을 시민사회와 실질적으로 분리시킬 수 있다는 그의 초기 생각에 계속 따르고 있다는 것을 보여주고 있다.

또한 프랑스 보나파르트 체제가 착취적이며 또한 독립적이며, 정치권력의 실제라는 것을 검토한다. 관료제들의 크기와 범위에서 사회적 장치를 조절할 뿐만 아니라 자본을 구속하기 위한 권력을 부여한다고 이해한다. 관료제 메커니즘과 절차들은 정치적 결정과 결과에 대해서 영향을 행사하고 있다(이용필 1989, 92-93).

그러나 마르크스는 보나파르트 주의에서 묘사된 정치제도들의 상대적 자율성, 즉 어느 한 계급의 정치적 지배를 방해하고 있는 계급 세력들의 균형이나 일시적 평형의 결과로써 나타난 상대적 자율성이 예외적인 것인지 또는 자본주의 민주주의의 일반적인 특징인지는 분명치 않다는 것이다. 국가의 집행부에 의해 유지되고 있는 자율성의 수준은 세계경제의 위치에서 국가 간의 제국주의 및 군사적 경쟁에서의 성공, 생산력의 내부차원 그리고 한 사회에서의 계급세력의 균형과 같은 요소들에 따라 다양하다 할지라도 국가집행부는 세력균형을 유지하는 데 그들 자체의 독특한 이해관계를 갖고 있다.

헬드(Held 1983, 28)는 마르크스가 국가들의 상대적 자율성을 논의했을 때조차 마르크스 초점은 국가를 불가결하게 보수 세력으로 간주한다고 보며 다음과 같이 말하고 있다. 즉 보나파르트가 부르주아지의 의회에서 정치권력을 빼앗았다고 할지라도 그는 부르주아지의 물질적인 권력(그 자체로 차관과 세입의 한 생성한 원칙)을 보호했다. 따라서 보나파르트는 장기적인 부르주아 경제이익을 유지시키지 않을 수 없으며, 중앙집권 중에 그 밖에 그가 바라던 것이 어떤 것이든 간에 미래에 부르주아지의 정치권력을 재생시키기 위한 기초를 발견할 수 있었다고 한다.

나폴레옹 보나파르트 이래에 비로소 국가는 자율화된 것같이 보였다. 국가기구는 시민사회에 대항하여 자기의 발 디딤을 확고하게 만들었다는 것이다. 그래서 시민사회와 국가의 분리를 전제로 한 것 이외에도 국가의 시민사회에 대한 우위 및 국가기구 내에 있어서 의회에 대한 행정의 우위, 국가의 시민사회로부터 자율화 및 대항화라고 하는 양자의 상관관계를 명확히 하고 있다. 이에 엥겔스는 다음과 같이 지적하고 있다. 적대하는 계급들도 그 세력에 있어서 매우 비슷한 상황에 있기 때문에 명백한 중재자인 국가권력이 잠시 동안 양자 사이의 관계에서 확실한 독립성을 갖게 되는 예외적 기간 혹은 시민사회에 대한 지배계급의 패권 장악이 잠정적으로 상실되는 결과로써 설명될 수 있다는 것이다(Engels 1942, 157).

이들 두 가지 설명은 국가 독립성을 설명하기 위하여 강제적 토대에 중요성을 두고 있는데, 이 경우 독립성은 항상 잠정적인 국가업무 이상으로 간주되지 않고 있다. 국가는 그 자체가 현실적인 권력으로 형성된 것이며 그 자체가 곧 자신의 물질적인 내용이 된다. 그 외에도 엥겔스는 국가의 속성들을 조직 전문화된 강제기구 혹은 힘, 조세, 행정관료 그리고 재산을 토대로 해서 등급화된 정치적 관리들이라고 규정한다(Engels 1884, 155－156).

마르크스에서 발견되고 있는 국가의 독립성에 관한 또 다른 논의는 그의 계급이론과 밀접하게 연결되어 전개되고 있다. 즉 마르크스는 시민사회 내의 주요 계급 사이에 어느 정도 유사한 힘의 배분이 이루어질 경우 국가는 지배적 사회계급에 대하여 상당한 정도의 독립성을 향유하고 있다고 말한다(박상섭 1990, 37). 이러한 점은 독일 이데올로기에서 다음과 같이 말하고 있다.

> 국가의 독립성은……오늘날 사회의 부분이 다른 부분에 대하여 지배적 지위를 확보하지 못할 때에만 발견된다. 이것은 특히 독일에서 그러하다(Mark 1968, 79).

독립적 또는 자율적 국가 관념은 소위 아시아적 생산양식에 관한 그의 논의에서도 발견된다(Marx 1968, 79). 아시아적 생산양식에 기반한 국가형태로서의 동양 전제국가(Oriental Despotic State)의 역사적 성격에 관해서는 마르크스는 양립하기 어려운 두 가지 이론적 경향을 보이고 있다. 먼저 국가독점이라는 유럽의 전통적 논의와 그 궤적을 같이하고 있다. 이 견해에 따르면 분산된 인구, 중앙정부에 의한 관개, 토지 사유재산의 부재 등이 동양사회의 특징이 된다. 그는 또한 아시아적 상황에서는 국가가 실제의 지주였음을 말함으로써 동양사회의 제 특징과 중앙정부의 중심적 역할을 관련시키고 있다(Marx 1968, 121-124).

마르크스는 동양을 규정하는 것은 곧 국가의 최고성이다. 그러나 경제학 비판 요강에서 마르크스는 이와 전혀 다른 견해를 보이고 있다. 즉 국가재산이라는 공식적 장막에 가려 있기는 하지만, 그 뒤에는 자급자족적 촌락에 의한 토지의 공동적 소유권이 확립되었다고 그는 말하고 있다(Marx 1973, 471-514). 이와 같이 아시아적 생산양식에 관한 그의 논의들 속에서 수미일관된 결론을 추출하기는 어렵다. 그러나 그중에서도 공통된 요소로서는 전제적 국가기구로서의 동양적 국가에 대한 그의 논의에서 특정 사회계급(들)에 대한 국가의 독립성이라는 그의 관념을 다시 발견할 수 있다(박상섭 1990, 37-38).

4) 계급관계의 장으로서 국가

마르크스와 엥겔스는 국가의 기원을 계급의 발생과 결부시키고 있다. 국가는 사회적 계급과 더불어 발생하는 것이다. 국가의 독립성에 대한 마르크스의 계급이론적 설명은 보나파르트 브뤼메르 18일보다 이전의 저술된 글 속에서 찾아볼 수 있다. 마르크스는 우선 당면한 프랑스 제정(帝政)의 권력의 성격을 구체적으로 분석하면서 파리코뮌[23] 권력의 성격을 분석하고 그 위에서 계급국가론을 전개하였다. 그는 노동자 계급이 기존의 국가기구를 장악하여, 그것을 그대로 자

---

23) 파리코뮌은 1870년 프로이센과 프랑스 전쟁으로 프랑스가 1871년 3월 28일 파리 시민과 노동자들의 봉기에 의해 수립된 혁명자치정부이다. 마르크스는 파리코뮌을 계기로 프랑스 내전(The Civil War in France)을 쓰게 된 계기가 된다.

기 자신의 목적을 위해 행사할 수 있었다고 한다. 결국 현재의 부르주아 국가가 어떠한 경우에서나 보잘것없는 성질의 것이기 때문에 해체되어야 한다고 주장한다.

이러한 주장의 전제에는 부르주아 국가의 성격자체가 노동자 계급을 억압하는 계급국가이고, 지배계급을 위한 폭력적 장치에 불과하다는 인식에 있는 것이다. 부르주아 지배는 국가와 지배계급 및 피지배계급 사이에 이루어지는 국가와 각 계급의 개별적 분파들의 여러 가지 성격의 연계를 통해 실현된다.

다시 말하면 국가의 구체적인 지도적 형태와 활동방식은, 부르주아적 계급지배의 기능적 조건들에 의해 결정되는 계급관계의 구조와 계급투쟁을 통해 관철되는 세력관계에 의해 규정된다는 것이다(남구현 1985, 17). 따라서 국가의 제도들과 개별적이고, 구체적인 국가기능들을 규명하기 위해서는 이러한 계급관계의 장을 보다 명확히 규정하는 것으로부터 출발해야 한다.

마르크스는 부르주아 국가의 성격이 노동에 대한 자본의 전국적 권력, 계급전체의 도구, 본래의 억압적 성격이라는 형태로서의 계급국가 그 자체로써 이해되고 있는 것이 명백하다. 예컨대 근대적 국가권력은 단순히 부르주아 계급 전체의 공동의 사무를 처리하는 위원회라는 말속에 계급지배의 폭력의 장으로서 계급국가 또는 정치적 국가론이 이론적으로 정식화되기에 이르렀던 것이다.

마르크스는 보나파르트 브뤼메르 18일에서 자유적 국가개념을 생생하게 나타내지만, 그는 다음과 같이 말함으로써 그러한 표현에 한계를 긋는다. 그러나 국가권력은 공중에 떠다니는 것은 아니다. 보나파르트는 한 계급, 프랑스 사회 내에서 최다수의 계급인 소규모 자작농을 대표하는 것이다(Marx 1950, 302). 마르크스는 자신의 이름으로 인하여 서로 결속하지 못하기 때문에 그들은 결국 그들 자신의 이름으로 계급이익을 밀고 나아갈 수 없다(Marx 1950, 303). 따라서 비록 그들 자신이 스스로 이익을 대변할 수 없어도 그들의 이익은 반드시 대변되어야 한다.

엥겔스는 국가라는 것은 결코 외부로부터 사회에 강요된 권력이 아니라 일정한 발전단계에 있는 사회의 산물이다. 국가는 사회가 해결할 수 없는 자기모순에 빠져 있으며, 자기 힘으로 벗어날 수 없는 불상용적인 대립으로 분열하는 것(Engels 저 김대웅 1989, 191)이라 한다. 그런데 이 대립이 경제적으로 서로 모순되는 이해관계를 가진 계급들이 무익한 투쟁에서 자신과 사회를 파멸시키지 못하도록 하려면 외관상 사회 위에 서있는 권력, 즉 충돌을 완화시켜 사회질서의 한계에서 유지시킬 권력이 필요하게 되었다. 그러나 사회로부터 발생되나 사회 위에서 사회와는 더욱 더 멀어져가는 권력이 바로 국가(Engels 저 김대웅 역 1989, 193)라고 주장한다.

이렇게 볼 때 마르크스와 엥겔스에서 국가는 상이한 경제적 이해, 즉 계급 간의 분열과 대립으로 인한 사회적 투쟁을 통제할 필요성에서 생겨난다. 그런데 이 국가의 통제는 언제나 그 사회에서 경제적으로 가장 세력 있는 계급, 즉 경제적인 지배계급에 의해 수행되며 그와 같은 지배계급은 현재의 질서를 최대한 유지시키고자 한다.

따라서 국가는 계급 간의 대립을 억제할 필요에 의해서 발생하였기 때문에 국가는 가장 유력한 경제적 수단으로 지배한다. 이 계급은 국가의 힘을 빌려 정치적으로 지배하는 계급이 된다. 그리하여 국가는 피지배계급을 억압하고 착취하기 위한 새로운 수단을 획득하게 된다(Engels 저 김대웅 1989, 191). 고대국가는 무엇보다도 먼저 노예소유자들이 노예를 억압하기 위한 국가였으며 봉건국가는 농노와 예농을 억압하기 위한 귀족들의 기관이었다. 현재 대의제 국가는 자본이 임금을 착취하기 위한 귀족기관이었다. 또한, 현재 대의제 국가는 자본이 임금을 착취하기 위한 도구라고 한다(Engels 저 김대웅 1989, 191). 따라서 마르크스와 엥겔스는 자본주의 사회에서의 계급의 관계를 다음과 같이 설명하고 있다.

> 봉건사회의 폐허로부터 싹튼 현대 부르주아지 사회는 계급적대를 제거하지는 못했다. 단지 낡은 것들 대신 새로운 계급, 새로운 억압의 조건, 새로운 투쟁 형태들을 만들어 냈을 뿐이다. 즉 계급적대를 단순화시킨 것이다. 전체 사회는 부르주아지와 프롤레타리아라는 양대 적대적 진영으로 서로 직면하고 있는 양대 계급으로 더욱더 분열되고 있다 (Marx & Engels 1973, 68).

이것은 역사상 자본주의 시기만큼 계급구분이 뚜렷하고 그만큼 계급 간의 적대감이 격화된 시기는 없었다는 것을 의미한다. 즉 부르주아지 이전시대의 생산양식이었던 봉건제 대신에 자신들의 부를 보호하고 증식시킬 수 있는 자본주의적 생산양식으로 대체시키고 급속한 생산력 발전을 이루고 과거의 다양한 질서, 서열, 등급 및 복잡한 계급관계를 일소하였다.

Ⅱ. 레닌의 프롤레타리아 혁명과 국가

1. 레닌의 자본주의 국가의 인식과 혁명

레닌의 국가에 대한 인식은 혁명적·실천적 요구에 철저히 부흥해

가는 형태로 나타난다. 즉 자본주의 국가는 자본주의가 경쟁자본주의 단계에서 제국주의로 이행하면서 나타나는 변화를 반영한 것이다. 레닌은 실제로 혁명투쟁을 주도적으로 조직하고 사회주의 혁명을 현실화시켰던 실천적 혁명가로서 모든 혁명에서 가장 중요한 문제는 의심할 나위 없이 국가권력의 문제라고 지적한다.

마르크스와 엥겔스는 국가를 계급적 관점에서 파악하고 예외로 독립성과 자율성을 가진 국가로 논술했었다. 그런데 레닌은 마르크스에 이러한 논지를 그대로 수용하면서 오직 국가의 계급성만을 강조한 것이 특색이다. 즉 그는 국가를 계급탄압을 위한 억압기구요 착취, 폭력기구라고 일방적으로 규정하고 있다. 이러한 논리는 레닌이 저술한 『국가와 혁명』(The State and Revolution)[24]이라는 저서를 통해서 그의 국가이론을 살펴볼 필요성이 있다.

레닌은 먼저 국가의 구성요소로서 교도소 및 군인의 특수집단들을 들고 이러한 요소들은 마음대로 사용할 수 있기 때문에 국가라는 것은 폭력적 탄압장치에 지나지 않는다고 한다. 즉 국가의 뚜렷한 특징은 스스로 무장 세력으로 조직하는 인민들과는 직접적으로 상충하는 공권력(Public Power)의 확립이다. 이 특수한 공권력은 인민들의 자동적인 무력조직이 계급들로 분열된 이후 불가능해졌기 때문에 필수적인 것이다. 이러한 공권력은 모든 국가에 존재한다. 그러한 공권력은 군인뿐만 아니라 교도소 및 온갖 종류의 강제제도로 이어져 있다. 현재의 군대와 경찰은 국가권력의 주요수단이라고 한다(Lenin 1972, 12).

---

24) 레닌은 부하린의 반마르크스주의적 입장을 비판하면서 『국가와 혁명』을 1916년에 구상하였다. 레닌은 국가와 혁명을 부르주아 국가의 타도와 새로운 소비에트 사회주의 국가의 수립이라는 역사적 당면과제를 안고 있던 러시아 프롤레타리아에게 수정주의자와 기회주의자로부터 마르크스주의 국가론을 옹호하고 발전시킨 저서를 출간한다.

레닌은 사회생활의 복잡성과 기능의 분화가 경찰과 군인의 특수집단을 필요로 하게 되며, 문명사회가 화해할 수 없는 정도로 적대적인 계급으로 양분되고 그 계급들의 자연스러운 무장행위는 계급들 간의 무력 투쟁을 초래할 것이기 때문에 원시적인 조직체는 불가능하다는 것이다. 또한 국가는 특수권력의 창조, 즉 군인이라는 특수집단을 만들어 내어 지배계급으로서 국가자신에게 봉사하도록 강요하고 있다고 한다. 즉 레닌은 국가란 특수 권력인 군인이라는 특수집단을 만들어 내어 지배계급의 이익에 봉사토록 하는 폭력적 억압기구로 보고 있음을 알 수 있다.

이처럼 레닌은 국가를 피억압계급을 착취하는 억압, 폭력기구라고 보고 있다. 그런데 레닌은 이러한 국가개념을 러시아혁명에 적용시키고 있다(Bertsch 1976, 13). 먼저 러시아 전제하에 그는 권력을 사용하고 엄격한 통제와 규율이 효과적인 성과를 낳는다는 것을 배웠고, 둘째로 레닌은 자본주의가 저절로 붕괴할 것이라고 믿지 않았으며, 셋째로 빈곤과 사회적 재난이 공산주의 운동을 일으키는 원인이 된다고 보지 않았기 때문이다(Hook 1955, 77). 그러므로 레닌은 무장한 인민들이 정부기구를 무너뜨리고 정권을 장악하도록 이론을 합리화시키고 있는 것이다(Carree 1982, 67 – 68).

2. 프롤레타리아 독재와 국가 소멸론

레닌은 국가문제를 취급함에 있어서 앞에서 살펴본 바와 같이 철저하게 부정적인 시각에 입각해 있다. 그러므로 마르크스나 엥겔스의 국가개념에서 주로 국가의 부정적인 측면, 즉 국가는 피착취계급의 억압(폭력)의 도구라는 의미로만 파악하였다. 특히 국가소멸문제에서는 마르크스의 국가관을 수용하면서 자기 나름대로의 해석에 따라 혁명과 결부시키고 있다.

따라서 레닌의 진정한 의도는 자본주의국가를 혁명으로 전복시키고 프롤레타리아 독재 국가를 세우는 데 있음을 알게 된다. 레닌은 부르주아 국가를 철폐시키는 것이 바로 프롤레타리아 혁명이라고 말하고 국가소멸이 바로 사회주의 혁명 후 프롤레타리아 국가의 잔존 상태를 의미하는 것이다. 따라서 프롤레타리아 혁명으로 도래하는 국가는 즉각 쇠퇴하기 시작하며 그것은 진정한 의미에서 더 이상 국가가 아니다. 레닌은 프롤레타리아 독재국가를 준(準)국가(semi-state)[25]라고 부르고 그를 모델로 삼았다.

레닌은 파리 코뮌에 주목하면서 그것은 대다수 민중이 아니라 소수착취자를 억압하는 것이기 때문에 더 이상 국가가 아니라고 하였다. 레닌이 인용한 마지막 구절은 레닌이 내린 프롤레타리아 독재의 정의와 일치함으로 승리를 쟁취한 혁명은 정치제도도 아니고 이미 부분적으로는 국가 제도도 아닌 최초의 새로운 상황을 낳는다는 레닌의 관점을 엿볼 수 있다. 여기에서 애매모호하지만 분명히 자의적이고 무정부적인 경향을 읽을 수 있다.

레닌은 다른 마르크스주의자들과 마찬가지로 국가란 피억압계급을 위한 도구라고 인식하였다. 그는 국가란 계급 적대감을 막기 위한 필요성으로 생겨났지만 동시에 계급갈등 가운데서 발생하였기 때문에 일반적으로 가장 강력하고 또한 경제적으로 지배적인 계급, 즉 국가의 매개를 통하여 동시에 정치적으로 지배적인 계급이 되어 피억압계급을 정치적으로 또한 경제적으로 억누르고 착취할 수 있는 새로운 수단을 얻게 되는 계급국가가 된다(Lenin 1977, 16).

---

25) 레닌은 프롤레타리아 독재 국가를 국가로서 국가가 아니라 과도기적 형태로써 '반(半)국가' 혹은 '준(準)국가'라고 하였다.

이와 같은 레닌은 계급 국가론의 입장에서 국가가 계급억압의 수단이라고 강조하면서도 반대로 계급대립이 없는 사회가 도래한다면 국가의 존립근거도 상실하게 된다는 것이다. 여기에서 레닌은 국가 소멸 문제를 폭력혁명과 결부시켜, 부르주아 국가를 폭력혁명으로 타도하고 완전한 민주주의 국가라는 프롤레타리아 독재국가로 대체시키려는 의도가 있음을 알 수 있다. 그리고 레닌이 말하는 국가소멸 문제는 폭력혁명을 통해서만 해결될 수 있는 것으로 해석됨으로써 그가 국가소멸 문제보다는 폭력혁명에 관심이 있으며 결국 그의 국가소멸은 자신의 이데올로기적 합리화에 불과한 것임을 잘 알 수 있다.

부르주아 국가는 소멸의 과정을 통해서 프롤레타리아 국가에 의하여 대체될 수 없고, 일반적으로 폭력혁명을 통해서만 대체될 수 있다. 부르주아 국가가 프롤레타리아 국가에 의하여 대체되는 것은 폭력 혁명 없이는 불가능하다. 프롤레타리아 국가, 즉 보편적인 국가의 철폐는 국가소멸의 과정을 통하지 않고는 불가능하다(Lenin 1977, 23).

이상과 같이 레닌은 국가소멸문제를 결국 폭력혁명과 결부시킴으로써 마르크스나 엥겔스에게서는 볼 수 없는 뚜렷한 특징을 나타낸다.

3. 계급해방과 프롤레타리아 독재론

레닌은 프롤레타리아 독재가 필요한 이유를 다음과 같이 말하고 있다. 첫째, 레닌은 착취계급인 부르주아를 억압하기 위하여 프롤레타리아 독재가 필요하며 또 강화시켜야 할 필요성이 있다는 것이다(Lenin 1920, 40). 그러면 어째서 억압이 이토록 필요한 것일까. 여기에 레닌은 두 가지 이유를 드는데 첫째로, 공산주의로 향한 발전은 프롤레타리아 독재를 통해서 진행된다. 그 외에는 다른 방법이 없다. 왜냐하면 프롤레타리아 이외에는 착취계급인 자본가들의 저항을 분쇄시킬 수 있는 계급이 없으며 그 외에는 다른 방도가 없기 때문이다. 자본주의에서 공산주의에로 과도하는 동안 억압은 여전히 상존한다. 특별수단, 즉 억압을 위한 특별기구인 국가는 필요하다. 그러나 이것은 현재 과도기의 국가이며 그 용어의 일반적인 의미로 볼 때는 더 이상 국가가 아닌 것이다(Lenin 1972, 84-86).

레닌은 이어서 두 번째 억압의 이유에서 첫 번째의 큰 패배를 하고 난 후 타도된 착취자들은 전보다 10배의 힘을 가지고 분노가 극에 달한 채 전에는 즐거운 생활을 찾으려고 할 것이다. 그래서 이 자본가 착취자들은 쁘띠부르주아 대열에 반드시 합류할 것이다. 이와 같이 레닌은 억압의 이유로써 두 가지, 즉 첫 번째의 대항에서 부르주아지 저항, 패배하고 난 후 더 거세어진 부르주아지 저항을 들면서 이 착취계급인 부르주아지를 힘으로 억압하기 위해서는 프롤레타리아 독재를 강화시켜야 한다는 점이다.

결국 프롤레타리아 독재의 목적은 사회주의를 건설하여 사회의 계급구분을 종식시키고 모든 사회구성원들을 노동자로 만들며 인간이 인간을 착취하는 행위를 영원히 불가능하게 만드는 것으로 보았다. 그러나 이러한 목적은 한 번에 달성할 수 없으며 생산의 재조직은 어려운 문제이다. 따라서 모든 부서들을 급진적으로 변혁시키는 데 시간이 절대적으로 필요하다고 보았다(Stalin 1929, 27). 레닌의 이 같은 견해를 트로츠키(Trotsky)와 스탈린(Stalin)이 잘 대변해 주고 있다.

먼저 트로츠키는 사회주의에 이르는 국가의 원칙을 최고도로 강화시키는 기간을 통해서 달성된다. 국가는 사라지기 전에 가장 무자비한 국가형태, 즉 프롤레타리아 독재국가를 띠게 된다(Trotsky 1922,

20). 그는 레닌의 프롤레타리아 독재국가의 강화입장을 공공연히 논증하고 있음을 알 수 있다. 레닌보다 더욱 국가 강화론자인 스탈린도 다음 세 가지를 들면서 프롤레타리아 독재국가를 강화할 것을 주장한다.

프롤레타리아 권력의 사용목적은 착취자들을 분쇄시키고 조국을 수호하고 타국 프롤레타리아들과 유대를 강화시키며 세계의 모든 국가에서 혁명을 지지하기 위한 것이다. 프롤레타리아의 권력사용의 목적은 피착취 대중을 일단 부르주아로부터 떼어 놓고 프롤레타리아들 간의 동맹을 강화시키며 또한 이러한 대중들을 사회주의 건설작업에 투입시키고 국가 내에서 프롤레타리아가 이들 대중들의 지도적 기능을 담당하는 것을 강화시키기 위한 것이다.

프롤레타리아 권력사용 목적은 사회주의를 조직하고 계급을 철폐시키며 계급과 국가 없는 사회를 건설하기 위함이다(Stalin 1929, 27-28). 이러한 스탈린의 말에 비추어 볼 때, 레닌은 물론이고 트로츠키 스탈린 등은 비록 결국에 국가 없는 사회라는 말을 사용하고 있지만, 실제적으로 프롤레타리아 독재국가의 무자비한 강화에 그 강조점을 두고 있다. 그러면서 프롤레타리아 독재국가를 강화하기 위해서는 강력한 중앙집권적 기구가 필요한데 피라미드 체계로 코뮌, 즉 노동자 대표위원회가 그것이다. 이 위원회가 대표기관인 한 그것은 민주주의이다. 보다 큰 권력은 상급위원회에서 나오고 그러면서도 국가의 일체감을 깨뜨리지 않는 의미에서 집중제이다. 레닌은 집중제를 설명하면서 만약 프롤레타리아와 가장 가난한 농민들이 국가권력을 장악하여 자신들이 대단히 자유롭게 코뮌을 조직하고 또한 수도에서 파업을 전개할 목적으로 자본가들의 저항을 분쇄시킬 목적으로 모든 코뮌을 조직하고 행동을 상호 조정한다면, 그것은 가장 일관성 있는 민주집중제가 아니겠는가, 그리고 그 점에서 프롤레타리아 집중제가 아니겠는가(Lenin 1972, 52-53)라고 반문한다. 이러한 민주집중제는 오늘날 공산주의의 공통된 원리 중의 하나이다. 이것은 통치원리로써뿐만 아니라 당 조직 원리로써 적용되고 있다. 레닌은 위와 같은 민주집중제라는 조직 원리를 성립시켜 국가를 강화하였다.

Ⅲ. 마르크스주의 국가론의 논쟁

1. 마르크스 국가에 대한 보비오 논쟁

마르크스주의 국가론에 큰 반향을 불러온 계기는 보비오의 논쟁에서 출발한다. 보비오는 당시 이탈리아 마르크스주의 세력, 즉 공산당 세력들은 현존 사회주의 위기와 모순에 대해 우유부단한 태도를 보였다고 한다. 이러한 우유부단함이 바로 마르크스주의의 국가논의 자체의 한계에서 기인한다고 비판하였다. 또한 보비오(Bobbio 1987; 구갑우 외 1992)의 논쟁은 이탈리아 마르크스주의 위기만을 보여주는 것이 아니라 마르크스주의자라면 반드시 짚고 넘어가야 할 중요한 쟁점들이 망라되어 있다고 할 수 있다.

보비오가 제기하고 있는 핵심적 문제점은 무엇보다도 부르주아국가에 민주주의의 대안이 될 사회주의의 국가, 즉 사회주의적 민주주의에 대한 이론이 존재하지 않는다는 것이다. 보비오(Bobbio 1987)는 마르크스주의 국가론의 부재 혹은 결핍이라고 하는 이와 같은 현상의 원인을 다음 세 가지로 들고 있다.

첫째, 사회주의 이론가들의 관심은 당면과제인 권력 장악이라는 문제에만 집중되어 권력 장악 이후 통치방식의 문제는 등한시했다는 점이다. 권력획득이라는 목표를 추구하는 데 필요한 자원을 확보하고 조직화하는 기능을 담당하는 당과 관련된 문제에 모든 관심이 집중되는 것은 이런 문제의식의 필연적 소산이며, 실제로 마르크스주의가 정치학에 공헌한바 있다면 그것은 당(黨)이론이지 국가이론이 아니라고 보비오는 지적한다.

둘째, 일단 권력을 장악하고 나면 국가는 곧 사멸할 이행기적 현상이 된다고 보는 관점이다. 보비오는 권력의 행사방식이야말로 국가론 본래의 영역이라고 보고 있다. 그러나 국가사멸의 환상 정치의 종언이라는 사고에서 비롯된 문제점은 이행기에 필요한 국가형태는 독재라는 논리이다. 보비오는 전통적 독재개념의 공통적 특징은 정세의 예외성과 존속기관의 일치성이라는 점에 있으나 프롤레타리아 독재는 이런 규정에 어긋난다고 주장한다. 마르크스주의 국가론은 모든 국가를 독재, 즉 내부에서 폭발하는 계급 간의 투쟁을 억누르고 조절하기 위해 정치권력을 필요로 하는 사회의 항상적 조건으로 보고 있는바, 이는 전제(despotism)에 다를 바 없다는 것이다. 현실사회주의 국가에서 민주주의의 질식은 이와 같은 프롤레타리아 독재론과 결코 무관하지 않다.

셋째, 권위 있는 원전의 남용경향이다. 마르크스주의자들은 현실에서 발생하는 문제들을 구체적 분석을 통해 규명하고 처방하기보다는 원전을 읽고 또 읽어 거기에 주석을 닮으로써 해결한다는 것이다. 원전이 현실 판단의 근거가 됨으로써 비롯되는 현실변화에 둔감하고, 한동안의 시간적 지체를 겪고 나서야 남들이 모두 아는 것을 발견하고 자신의 위대한 발견에 흥분하는 것처럼, 마르크스와의 거리를 어떤 이론에 대한 평가의 잣대로 삼아 균형감각을 상실한 채 공격하는 것 등이 편향된 결과들이라고 한다(구갑우 외 1992, 10-11).

마르크스주의 국가론의 공백에 대한 이와 같은 보비오의 문제 제기가 단지 이론적 차원에 국한된 것만은 아니다. 그는 현실 사회주의에서 나타난 이론적 민주주의의 부재를 올바른 이론이 잘못 적용된 사례로 보는 것이 아니라, 이런 이론적 공백과 긴밀히 연결된 마르크스주의 자체의 한계로 보고 있다.

보비오는 마르크스주의자들이 직접민주주의의 실현가능성 그것의 구성요소, 대의제 민주주의와의 관련성 등에 대한 진지한 고찰 없이, 역사적 에피소드에 불과한 파리코뮌을 모델로 그것을 물신화시켜 버렸다고 비판한다. 또한 보비오가 보기에 사회주의 나라에서 민주주의의 실패와 관료주의적 당(黨)독재는 이러한 이론적 대안의 취약성 그리고 전제의 논리에 불과한 프롤레타리아 독재론의 결과이며 민주주의와 사회주의는 결코 평화롭게 양립할 수 없다고 보았다. 더구나 사회주의의 핵심인 사회화-보비오는 이를 생산수단의 소유를 개인으로부터 국가로 이전하는 것＝국유화＝정치권력뿐만 아니라 경제권력까지 장악하는 가공할 힘을 지닌 국가의 출현으로 이해하고 있다-는 민주주의의 치명적 장애물이 된다.

따라서 보비오에 있어 대안이란 사회주의 없는 민주주의냐 민주주의 없는 사회주의냐의 문제로 귀결되며, 여기서 그는 단호하게 전자를 선택한다. 그리고 대의제 민주주의 외에 다른 대안이 없다고 선언한다.

2. 사유재산의 기본적 비판

마르크스주의자들은 사회주의 사상의 출발을 자유주의 사상과 대립의 개념으로 보았다. 자유주의와 사회주의의 논점에 가장 핵심은 사유재산 제도에 대한 기본적 태도이다. 사유재산은 경제적 자유에 대한 것이었다. 지난 19세기 동안에 많은 다양한 정의가 사회주의를 위해서 주어졌음에도 불구하고 다른 사상이나 주의와 사회주의를 결정적으로 구별지어주는 하나의 기준이 있다. 그것은 인간들 사이의 각종 불평등의 가장 중요한 원인으로써 사유재산 제도에 대한 비판이다. 사회주의의 관점은 사유재산제도의 전면적인 혹은 부분적인 제거가 미래 사회의 목표인 것이다. 대부분의 사회주의 사상가들과 그들이 추구하여 온 대부분의 사회주의 운동은 자유주의를 경제적 자유의 옹호에 열심인 것으로 파악하였으며, 따라서 그 경제적 자유를 위한 유일한 보장책이 개인들의 사유재산인 것으로 받아들이고 있는 것으로 보았다. 자유주의자들은 이 개인들의 재산이야말로 어떤 다른 형태의 번성을 위해 필수적인 자유의 한 형태인 것으로 간주하고 있다고 사회주의자들은 보고 있다(황주홍 1992, 87-88).

이와 같이 자유주의와 사회주의의 관계는 확실한 대립 명제적인 것이었다. 그렇지만 사회주의 민주주의의 관계가 그러했던 것과 흡사한 것이다. 비록 사회주의와 민주주의는 양립 불가능한 관계로 판정되지만, 사회주의와 민주주의는 조금씩 상호 부합 가능한 것으로 생각되어 왔다. 보비오는 사회주의와 민주주의 사이는 양립적인, 심지어는 상호 보완적인 위치라는 생각을 지원해 주는 두 가지 논변들이 제시되어 왔다. 첫째는 민주주의로의 진행이 이루어지게 되면 필연적으로 사회주의 사회의 도래를 맞게 되거나, 아니라면 사회주의 사회의 도래를 용이하게 할 것이라는 주장이 제기되었다. 민주주의의 진행은 사유재산 제도의 변혁을 가져오게 되며 중요한 생산수단의 집단 소유화를 가져오게 될 것이 아니냐는 전망에 기초하는 논변이었다. 둘째로 사회주의의 실현을 통해서만이 정치적인 생활로의 참여가 강화되고 확대될 수 있을 뿐이며 그럴 때에 민주주의는 완전히 실현될 수 있는 것이라는 주장이 제기되었다.

무엇보다도 그와 같은 민주주의가 제시하였던 약속들 중에서 평등한 배분의 약속은 정치적 권력만의 평등한 배분이 아니라 경제적 힘까지의 평등한 배분의 약속이었으며, 이 같은 약속은 단순한 자유민주주의로서 결코 수용해서 제시해 볼 수 없는 그런 약속이라고 한다. 이상의 두 가지의 주제는 민주주의와 사회주의가 분리될 수 없게끔 결합되어 있다는 주장의 논거가 되었다(황주홍 1992, 87-88). 이와 같이 민주주의와 사회주의는 상호 모순적인 관계 속에서 서로가 서로를 강화시켜 주었음이 분명하다. 그런데 이 순환관계의 어느 지점으로부터 변화를 이끌어내도록 시도하여야 할 것인가. 이와 같은 심각한 문제 제기의 증폭에 따라서 19세기 후반 이래로 사상사의 운동사를 풍미하는 논쟁거리는 더 이상 자유주의와 민주주의 간의 갈등문제가 아니라 사회주의와 민주주의 간의 갈등문제로 새롭게 압축되었다.

사회민주주의가 자유민주주의보다 우월하다는 이러한 입장을 지원하기 위해서 마련된 논변들에는 적어도 세 가지 종류가 있음을 우리는 지난 세기의 광범위한 연구문헌을 통해 알 수 있다. 첫째, 자유민주주의 또는 자유주의적 민주주의나 부르주아 민주주의는 선거에 의해서 선출된 대표자들이 어떠한 권위에 의해서도 억제되지 않는 대의민주주의의 형태로써 정착되어 있는 반면, 사회민주주의 또는 계급적인 관점인 프롤레타리아 민주주의는 대표자 없이 모든 인민들에 의한 민주주의를 시행하거나 혹은 대표자가 아닌 인민소환의 대상이 되는 지위만을 누리는 위임된 대리자들에 의한 민주주의를 시행하는 형태의 직접민주주의로써 정착되었다. 둘째, 부르주아 민주주의는 중앙정부 차원에서와 지방정부 차원에서 모든 남자와 여자가 투표권을 행사할 수 있는 보편적인 참정권을 확대하여 인민이 정치권력에 참가할 수 있도록 배려한다. 그러나 사회민주주의는 경제적인 문제의 결정과정에 있어서도 그들의 참여의 길을 개방한다. 이것은 사회민주주의하에서만이 허용해 놓은 길이다. 자본주의의 사회에서 경제적 문제에 대한 결정은 독자적으로 이루어진다. 이러한 의미에서 사회민주주의는 보다 적극적인 참여, 그것만을 대변하고 있는 것이 아니라 나아가서 참여의 질곡인 확대를 대변한다. 참여의 질곡인 확대는 바로 그 인민 주권(Popular Sovereignty)이 행사되는 새로운 공간을 열어둠으로써 가능해진다는 것이다. 그리고 이것이야말로 민주주의가 참인 것이다. 마지막으로 그 무엇보다도 중요한 것으로 자유민주주의는 정치적 문제의 결정과정에 직접적인 또는 간접적인 참여의 권리를 부여한다. 그러나 이 같은 참여가 경제력의 배분상의 평등을 증진시키는 쪽으로 연결되지 못한다. 그렇기 때문에 정치적인 투표라는 게 하나의 신기루에 지나지 않게 되기도 한다. 이와 대조적으로 사회민주주의에서는 경제력이 보다 균등한 분배를 모색하는 변화목표들 중에서 중요한 것으로 강조한다. 그것은 경제 제도상의 새로운 질서를 꿈꾸는 것으로 형식적인 참여만의 권력을 실제적이고 본질적인 권력에로 변혁시키는 것이다. 동시에 그것은 민주주의 그 자체를 그 이상적인 실현의 수준, 모든 사람들이 보다 평등해지는 수준으로 이끄는 작업이다(황주홍 1992, 91-92).

이러한 논의에서 민주주의 이상은 자유주의 운동과는 대치되는 사회주의 운동 양자 모두에 의해서 수용되어 왔음을 알게 되었다. 그 결과로써 우리는 실존하는 자유민주주의의 국가(Liberal-Democratic Government)와 사회민주주의의 국가(Socialist-Democratic Government)를 가지고 있진 못한 것이 사실이다. 민주적이면서 사회주의적인 국가는 아직껏 보지 못하고 있는 것이다. 지난 두 세기 동안 경제적으로나 정치적으로 발달해 온 나라들이 개발해 온 모든 정치체제들 사이의 공통분모로써 민주주의가 작용해 왔다.

3. 국가이론에 대한 대안

보비오는 마르크스주의의 연구에 대해서 마르크스의 정치학에 부재를 강조하고 있다. 그는 부르주아 국가와 민주주의에 대한 대안적 이론을 사회주의 국가론 혹은 민주주의의 이론을 들고 있다. 마르크스의 국가이론의 결핍은 마르크스주의의 정치이론에 일부인 파리코뮌에서 찾아볼 수 있다. 보비오는 마르크스가 파리코뮌에서 국가의 새로운 형태를 발견해 냈고 레닌이 마르크스의 사상을 이어 받아 국가와 혁명뿐만 아니라 혁명가의 모든 저작에서 그 점을 깊이 주지시켰다고 한다. 정치이론에 대한 마르크스주의자의 관심은 매우 엄격하게 파리코뮌으로 되돌아갔고 그것을 영감과 창의의 원천으로 인용했다고 보비오는 말하고 있다(구갑우 외 1992, 25-26).

또한 1871년의 파리코뮌과 레닌의 혁명적 독재에 의해 행사되는 권력을 대안적 사회주의 국가이론을 위한 그리고 오늘날 사회주의 국가의 현실을 파악해 내기 위한 지침으로써 거의 아무런 소용없다는 의구심을 떨쳐 버리기 어렵다. 마르크스주의 이론가들은 엘리트 이론과 자본주의 국가에서 그것이 적용되는 것에 대한 비판에 있어 스스로가 매우 유능한 것처럼 생각해 왔지만-미첼스 저작에 대한 루카치와 그람시의 비판으로부터 밀즈(Mills)에 대한 스위니(Sweeny)의 비판에 이르기까지-사회주의 국가에서의 엘리트 현상에 대한 연구에서는 관심을 기울이지 않았다. 예컨대 우리는 그들의 용어법에 따르면 자본주의 국가에서 권력을 쥐고 있는 것은 엘리트가 아니라 지배계급이라는 것을 알 수 있다. 그들은 사회주의 국가에서 권력을 갖고 있는 것이 엘리트인지 지배계급인지 혹은 그와 다른 어떤 것인지 대해서는 알고 있지 못하다. 자본주의 국가나 부르주아 민주주의에 대한 마르크스주의자들이 생산해 냈거나 혹은 마르크스주의적 원칙이 적용된 견고하고 풍부한 학문적 성과에 비교해 볼 때 더 이상 자본주의가 아니거나 부르주아 민주주의와는 잠재적으로 상이한 사회에 국가에 대한 연구는 러시아 혁명이래로 아무런 진전이 없다고 한다.

보비오는 마르크스주의 정치학이 비현실화한 다른 하나의 이유는 국가가 사멸할 운명에 있다는 마르크스주의 이론의 전 역사를 통해 되풀이되는 고집에서 찾고 있다. 만일 국가가 사멸할 운명이라면, 파괴된 부르주아국가의 잔재로부터 세워지는 새로운 국가는 이행기적인 것이 될 수 있을 뿐이다. 만일 새로운 국가가 이행기적인 것이라면 따라서 일시적인 현상이라면 그것의 기능은 부차적인 주제가 되는 것이다. 국가사멸의 이상이 정치와 경제를 최소화하고자 하는 사상의 결과, 즉 정치의 종언이라는 사상은 부하린의 공산주의의 구절에서도 나타난다.

부하린의 공산주의는 매일매일 생산과 그에 필요한 모든 것들이 계산된 것이고 어느 곳으로 노동자들이 보내지고 받아들여지며 필수적이며 모든 것들이 사전에 정렬된 계획에 따라 행해진다. 사회질서가 마치 기름이 잘 칠해진 기계와 같을 때 인생이 좀 더 쉬워진다는 것을 이해하고 있다. 때문에 어릴 때부터 모든 사람들이 사회적 노동에 익숙해지는 만큼 모든 것들은 통계청의 규율에 따라 작동할 것이다. 그곳에서는 경찰과 감옥, 법률과 포고 그 밖의 어떤 것들에 대해서도 국가의 특수한 관료가 존재할 필요는 없다(Paul 1966, 74).

이러한 생각은 판네쾨크(Pannekoek 1970)의 다음 문장에서도 역시 동일하게 나타난다. 정치와 경제는 더 이상 분리되지 않을 것이고, 한편으로는 공동이익에 의해 다른 한편으로는 광범한 생산자 대중에 의해 대표될 것이다. 사회조직은 생산력과 통합될 것이고, 통일된 생산자들 모두로 구성될 것이므로 정치와 경제는 하나가 될 것이다(Pannekoek 1970, 54). 어떤 의미에서의 정치는 더 이상 존재하지 않을 것이며 그것은 사회적 경제(Socialeconomics)에 종속될 것이다(Pannekoek 1970, 33-34).

보비오는 사회주의 국가론의 부재는 역사적·사상적으로 유효하지 않거나 정당하지 않을 수도 있다고 한다. 즉 사회주의 세계는 일시적인 방편을 계속 고집해 왔고 지금도 역시 그러하기 때문에 사회주의 국가이론에 대한 문제(제기)가 다시금 극도로 타당해졌다. 자본주의의 국가에서 민주주의의 위기가 어느 정도 대중적으로 자각되거나 예전의 사회민주주의와 사회주의의 관계를 재정식화할 필요성이 자각된 곳에서 사회주의적 국가이론에 대한 토론이 다시 벌어지고 있다. 그것은 오랫동안 지속되어 온 문제이다. 사회주의는 적어도 이론상으로는 결코 민주주의를 부인하지는 않았다. 그러나 사회주의는 언제나 민주주의가 완성된 형태, 혹은 더 이상 형식적이지 않은 실체적인 것이다. 사회주의는 정치뿐만 아니라 경제적으로도 소유자들 모든 생산자들에 의해 구성된다. 또한 대표나 대리인에 의해서가 아니라 직접적인 의회가 아닌 평의회에 기초한 민주주의 형태 속에서 스스로 민주주의적 이상의 역사적 완성으로 표현되어 왔다(구갑우 외 1992, 35-37). 이와 같은 문제가 매우 열성적으로 현재의 정치적 논쟁을 지배하고 있다는 사실은, 국가문제에 대한 사회주의 이론가들의 무관심의 근거가 역사적·사상적 준거점을 상실했다고 본다.

참고문헌

구갑우·김영순 엮음. (1992). 『마르크스주의 국가이론은 존재하는가』 (서울: 의암출판.

김홍명. (1984). "마르크시즘과 국가이론" 『한국정치학회보』 제18집, 1984.

남구현 편저. (1985). 『자본주의 국가와 계급문제』 서울: 한울.

황주홍 옮김. (1992). 『자유주의와 민주주의』 서울: 문학과 지성사

노승우. (1985). 『마르크스 사상의 이론구조』 서울: 진예원.

로저 킹 저, 이용필 역. (1989). 『국가와 사회』 서울: 형설출판사.

박상섭. (1985). 『자본주의 국가론』 서울: 한울. 초판인쇄

박상섭. (1990). 『자본주의 국가론』 서울: 한울.

석영중. (1991). 『마르크스 이후』 서울: 서원.

이양구·이선용(옮김). (1985). 『자본주의와 국가』 서울: 돌베개.

이용필 외 공저. (1991). 『마르크스의 국가론과 정치경제학』 서울: 박영사.

이은경. (1984). 『마르크스의 사회 정치사상』 서울: 홍성사. 1984.

이재석·김태일·한기범. (1990). 『국가와 정치이론』 서울: 한울.

Avineri, S. (1971). *The Social & Political Thought Karl Marx*(Cambridge: Cambridge Univ. Press.

Bertsch, G. K. (1976). *Comparative Communism* San Francisco: W. H. Free Man and Company.

Bobbio, Norberto. et al., (1987). *Which Socialism?: Marxism, Socialism and Democracy*. Oxford: Polity Press.

Bukharin, N. & Preobrzhensky, E. (1966). the ABC of Communism (1922) tr. E.C.Paul(Michigan: University of Michigan Press.

Carnoy, M. (1984). *The State and Political Theory* Princeton: Princeton Univ. Press.

Carree, H. (1982). *d' Encausse*, Tr. by Valence Tonescu, Lenin; Revolution and Pwer(London and New York.: Longman. 8.

Engels, F. (1942). *Three Origin of The Family Private and the State* New York: International Publishers.

Engels, F. (1972). *The Origins of the Family, Private Property and State* London: Lawrence and Wihart.

Engels, F. (1884). *On the Origins of the Family, Private Property and the State*, M. E. S. W.

Engels, E. 저 김대웅역. (1989). 『가족의 사유재산 및 국가의 기원』 (서울: 아침.

Hegel, G. W. F. (1967). Realphilosophie Ⅱ, Hamburg.

Held, D. ed., (1983). *States and Society* London: Martin Robertson.

Hook, S. (1955). *Marx and the Marxists* New York: Van Nostrand Reinhold Company.

Jessop, Bob(1982). *The Capitalist State* New York: New York Univ. Press.

Jessop, B. (1990). *State Theory* London: Cambridge Polity Press.

Lenin, V. I (1920). *the Proletarian Revolution and Kautsky The Renegade* (1918). Contemporary Public Association.

Lenin, V. I. (1972). "State and Revolution", *K. Marx, F. Engels V. Lenin: On Historical Materialism* Moscow: Progress, Publishers.

Lenin, V. I. (1977). *The state and Revolution* peking: Foreign Language Press.

Marx, K. "Critique of hegel's Doctrine of the state", in the Karl Marx: early writings.

Marx, K. (1977). "Critique of hegel's Philosophy of Law", K. marx: Selected writings, D. Mclellan ed., (Oxford: Oxford Univ. Press.

Marx, K. (1977). The Communist Manifesto, *K. Marx: Selected Writings David Mclennan* London: Oxford Univ. Press.

Marx, K. (1972). *Critique of Hegel's Philosophy of Right* Joseph O' M− alley ed., (Cambridge: Cambridge Univ. Press.

Marx, K. *The Eighteen Brumare of Louis Bonaparte*(1852). M. E. C. W. 11.

Marx, K. (1973). *The Civil War in France*(1871) D. Fernback eds., K. Marx: the First International and After, (Harmonds Worth Penguin.

Marx, K. (1973). *Critique of the Gotha Programme*(1875) D. Fernbach eds., K. Marx: the First Internation and After, (Harmonds Sworth: Penguin.

Marx, K. (1968). *The German Ideology*(London: Lawrence & Wisart.

Marx, K. (1968). *Karl Marx on Colonialism and Modernization*, ed. by Avineri, S. Garden City, New York: Double day.

Marx, K. (1973). *Grundrisse* New York: Vintage.

Marx, K. (1950). *Selected Works* 1. Moscow: Foreign Language Publishing House.

Marx, K. &. Engels, F. (1973). *Manifesto of the Communist party* Fernbac, D. ed., the Revolution of 1848(New York: Randon House.

Miliband, R. (1983). *Class power & State power*, London: Verso.

Miliband, R. (1990). "Marx and the State," Karl Marx's Social and Political Thought ed. by Bob Jessop with Charlie Malcolm—Brown vol.Ⅱ(London and New York: Routledge.

Pannekoek, A. (1970). "Orgenizzazione Rivoluzionaria e consigli operai Milan: Feltrinelli.

Sartre Jean Pari, (1967). *Search For a Method*, (Trans.) by Hazel Barnes, New York: Knopf.

Skocpol, T. (1985). *Bringing the State Back in*(England: Cambridge Univ. Press.

Stalin, J. (1929). *Leninism*, (Tr.) by eden and cedar paul, New York. International Publisher.

Trotsky, L. (1922). *Dictatorship*, V. S. Democracy(1920) New York The Worker's Party.

제 4 장
네오마르크스주의 국가론과 국가 자율성

Ⅰ. 그람시의 헤게모니이론과 국가론

1. 그람시의 시민사회와 국가

그람시의 이론이 주목받기 시작한 것은 1970년대 이후 일이었지만, 마르크스주의자들이 그람시의 이론에 관심을 갖게 된 이유는 자본주의체제의 견고성과 계급적 변혁운동의 침체를 들 수 있다. 이 같은 현실은 서구 마르크스주의자들에게 커다란 문제의식을 불러일으켰으며 이는 반마르크스·레닌주의 및 반경제주의 경향으로 발전하였다. 반마르크스·레닌주의는 서구 마르크스주의에서 대체적으로 나타나는 경향이었으며 반경제주의는 알튀세를 비롯한 구조주의 마르크스주의에 의해 강력히 제기되었으며, 70년대 중반부터 광범한 호응을 얻게 되었다.

그람시는 마르크스-레닌주의 정통노선에 이 모든 경향을 공히 수정주의 노선이라 비판했다. 그러나 그람시의 문제제기는 정통 마르크스주의에 타격을 가할 수 있는 비판의 무기나 담화(경제주의나 계급 환원론 비판)를 개발하는 데 있지 않았다. 다만 그람시는 달라진 서구적 상황여건 속에서 어떻게 사회주의 혁명을 성사시킬 것이냐에 있었다. 그는 마르크스나 레닌의 이론과 실천전략을 20세기 서구에 합당한 방식으로 수정·적용시키려 했으며, 이 과정에서 그가 착안해 낸 것은 시민사회라는 구조와 이를 통한 헤게모니적 지배계급의 메커니즘이었다. 마르크스적 의미의 시민사회 또는 부르주아 사회란 역사적으로 특수한 생산형태라는 뜻을 중심으로 한 생산관계의 총화 또는 물적 토대를 가리키는 말인 데 비해, 그람시의 것은 상부구조의 층에 해당한다. 그람시와 마르크스주의 시민사회 개념은 이처럼 판이하지만, 이들의 시민사회론에는 여러 가지 공통점이 있는데 그 중 하나는 이들이 모두 시민사회를 국가에 대비되는 개념으로 사용했다는 점이다.

시민사회에 대비되는 국가란 마르크스와 그람시 모두에게 좁은 의미의 국가에 해당한다. 마르크스는 국가를 좁은 의미에서 계급적 정치적 권력기구로 따라서 계급사회와 계급정치가 붕괴와 함께 소멸되는 것으로 보았다. 이 같은 정치권력의 기반이 물질적 생산관계와 경제관계에 있는 것으로 파악하여 시민사회를 좁은 의미의 국가의 물적 토대로 대비시켰던 것이다. 그러나 그람시는 그것의 상부구조 내에 시민사회라는 직접적 기반을 가지고 있다고 파악하고 국가와 대비시켰던 것이다. 그러나 그람시는 넓은 의미의 국가로써 정치사회와 시민사회까지 포괄하는 통합국가로 이해했다. 이러한 상황하에서 그람시 이론은 실천적으로는 유로 커뮤니즘 노선과 형태로 이론적으로는 구조주의 마르크스주의 형태로 발전하게 되었다.

2. 헤게모니 이론과 그 구조

헤게모니(hegemony)란 용어는 본래 1890년 러시아에서 플레하노프 등에 의해 쓰이기 시작하여 레닌 등에게 이어져 광범위하게 쓰였고, 그 후 코민테른에서 공식적으로 명료화하게 되었다. 그람시는 마르크스 이론가 중에서도 헤게모니 개념에 대하여 상당히 많은 논의를 펼친 사람 중의 한 사람이다.

헤게모니 개념이 그람시 저작 속에서 최초로 나타난 것은 1926년 남부문제의 제 주제(Notes on the Southern Question)[26]에서이다.

여기서 그람시는 튜린 지역의 노동자들과 남부의 농민들과의 동맹의 필요성을 역설하면서 헤게모니 개념을 체계화한다. 그러나 이 단계는 아직도 농민에 대한 프롤레타리아의 지도력으로 파악되는 레닌주의적 헤게모니 개념의 단계를 벗어나지 못하고 있었다(권유철 1984, 94). 그러나 그는 옥중수고에서 초기의 레닌주의적 의미의 헤게모니 개념 외에 자본가 계급이 지배를 유지하는 방법으로 그 의미를 확산시키고, 또한 전체사회에 동의의 획득에 의한 지배라는 새로운 의미를 추가시킴으로써 그의 독창적인 헤게모니 개념을 형성했다. 헤게모니가 형성되는 것은 다음의 3단계를 경과한다고 보고 있다.

첫째, 경제적 조합적(economic-corporate) 단계: 가장 초기의 단계로써 자기 그룹 내의 연대성을 느끼지만 계급 내의 다른 그룹과의 연대의 필요성을 느끼지 못하는 단계이다. 둘째, 계급인식 단계: 사회계급의 구성원 간에 이익의 연대성이 형성되지만, 이것이 경제적 영역에만 한정된 단계이다. 셋째, 헤게모니 단계: 가장 최고의 단계로서 자기 계급의 경제적, 조합적 이익을 느끼지만 이를 초월하여 다른 집단의 이해도 반영하고 경제적, 정치적, 도덕적 통일성을 획득하는 단계이다.

서구 자본주의사회는 자본가의 헤게모니가 관철되는 사회이며 노동계급이 이에 대항하여 헤게모니를 장악하기 위해서는 계급의 이익을 위한 계급투쟁과 밀접한 대중적, 민주적 투쟁을 결합시켰다. 계급투쟁은 민족적, 대중적 집단의지(national-popular collective will)를 형성함으로써 노동자 계급의 역사적 불럭을 형성할 필요가 있다고

---

26) 그람시의 '남부문제'는 1926년 그람시가 체포될 당시 썼던 초고이다. 이후 이 글은 「옥중수고」에서 집중적으로 논의되는데 역사적 불럭과 헤게모니의 문제는 지식인의 역할 국민적-민중적 정치의 중요성 등에 대한 사고가 이전의 평의회 운동과 이탈리아 공산당의 경험을 기반으로 나타나고 있다고 본다.

그람시는 역설한다. 레닌에게 있어서 헤게모니는 주로 계급이나 계급분파들의 동맹이라는 견지에서 인식되었다. 그람시는 매우 중요한 민족 민중적이라는 새로운 차원을 추가시켰다. 즉 한 계급이 자기계급의 이익에만 집착한다면 민족적 지도권을 획득하거나 헤게모니를 지닐 수 없다. 그러므로 그 계급은 완전히 계급적 성격만을 갖지 않는ㅡ직접적으로 생산관계에서 나오는 것이 아닌ㅡ인민들의 민중적·민주적 요구와 투쟁을 고려해야만 하는 것이다. 그람시 헤게모니 개념의 출발점은 한 계급과 그 대표집단이 강제와 설득이라는 수단으로 종속계급들에 대해 권력을 행사한다는 것이다(김주환, 1985, 65). 헤게모니는 강제 수단에 의한 지배관계가 아니라 정치적 이데올로기적 지도권에 의한 동의관계이다.

그람시는 강제와 힘에 의한 모든 지배가 정치 이데올로기적 지도력의 '수단'에 의한 지배가 아니고 '동의'에 의한 지배관계를 의미한다. 즉 그의 헤게모니 개념은 한 계급이 자신의 세계관을 확산하고 대중화함으로써 동의를 획득하고 이것(동의)을 통해 전체사회에서 그들이 영향력을 행사하고 지도력을 장악한다(이영내 1985, 42).

그리하여 그람시는 헤게모니를 하나의 전략으로부터 마르크스주의 생산력과 생산관계, 계급, 국가라는 개념과 마찬가지로 사회를 변화시키기 위해서 사회를 이해하는 도구로 변형시켰다. 또한 그는 국가권력을 장악하여 자신의 헤게모니 개념으로 전환시키는 조건으로 지도권과 그것의 행사라는 개념을 발전시키고, 헤게모니는 계급과 다른 세력 사이의 관계라는 것이다. 헤게모니 계급 혹은 한 계급의 헤게모니를 쥔 세력은 정치적 이데올로기적 투쟁을 통해서 동맹체제를 형성하고 유지함으로써 다른 계급과 사회세력의 동의를 얻어내는 계급이다. 헤게모니 개념은 그것과 관련된 여러 가지 개념들의 보조를 통하여 구성된다.

또한 지배를 받고 있거나 종속되어 있는 사회계급은 지배계급에 이데올로기 기능의 여러 가지 통로를 통하여 종속계급인 노동자 계급과 농민계급에 전달되는 것이다. 지배계급은 스스로가 갖고 있는 사상적인 영향력이나 집단의 전체적인 의식을 형성할 수 있는 능력, 즉 자기 스스로 헤게모니를 학교, 교회를 통해서 형성시켜 가는 것으로 보았다. 따라서 종속계급은 교회를 통해서 접하고 여러 이데올로기에 의해 지배되고 있다(최광렬 1986, 89-90). 그람시는 어떠한 지배적인 세계관이라 할지라도 그것을 분명히 일정한 이데올로기에 의해서 접합되고 통일된 사회 불럭 전체 속에서 이데올로기적인 통일을 보전해야 할 의무를 띠고 있다고 한다(Hoare & Nowell 1971, 328). 즉 여러 가지 심각한 계급적인 모순을 다 갖고 있는 비등질적인 사회 불럭을 이데올로기 방법으로써 통일시키고 그 일체성을 지킬 수 있는 능력을 말하는 것이다.

그람시는 서구자본주의 사회는 자본가와 노동자의 두 계급으로 구성된 것이 아니라 다양한 사회세력을 포함하는 복잡한 관계로 자본가 계급은 이러한 다양한 사회세력 중 전체 사회의 헤게모니를 장악하고 있다고 주장한다. 이러한 그람시의 헤게모니의 개념에 대해서 카노이(Carnoy 1984)는 그람시의 헤게모니 개념이 갖는 두 가지의 중요한 의미를 다음과 같이 밝히고 있다(Carnoy 1984, 69-70). 첫째, 그람시의 헤게모니 개념은 시민사회에 지배계급의 한 분파가 자신의 이데올로기를 강요하지 않고도 도덕적·지적·교육적·정치적 리더십을 통하여 다른 집단들을 지배해 가는 과정을 설명해 줄 수 있다. 둘째, 이것을 지배계급이 그들의 정치적·도덕적·지적·지배력을 사용하여 피지배 집단들에게 자신의 세계관을 포괄적이며 보편적인 것으로 확립하고 아울러 피지배 집단의 이익과 욕구를 구체화해 가는 시도들이 내포되어 있다고 하겠다.

따라서 헤게모니 개념은 더 이상 단순한 동맹의 문제를 의미하는 것이 아니라 지적, 도덕적 통일을 결정할 때 이데올로기의 매개를 통하여 집단과 그 동맹집단들이 성취한 경제적, 지적, 도덕적 목적들의 완전한 융합의 문제로 나타나고 있다(권유철 1984, 97).

3. 헤게모니와 시민사회 그리고 국가

그람시가 발전시킨 중요한 명제로서 국가는 시민사회(Civil Society)에 대한 철저한 이해 없이는 이해할 수 없다. 그람시는 그의 헤게모니를 제시하는 데 있어 상부구조의 두 영역을 국가와 시민사회로 구분하고 그 성격을 구분한다.

여기서 시민사회는 사적인(Private) 것이라고 불리는 유기체의 집합이고, 다른 하나는 정치사회(Political Society) 또는 국가인 것이다. 여기서 중요한 상부구조의 두 층은 한편으로는 지배적인 집단이 사회를 통하여 행사하는 헤게모니의 기능들에 해당하며 또 한편으로는 국가와 사법부를 통하여 행사되는 직접적인 지배에 해당한다(Hoare & Nowell 1971, 56).

그리고 그람시는 시민사회는 교회·노동조합·학교 등과 같은 소위 사적인 조직체들로 구성되며 지식인들이 특별히 활동하는 곳이 바로 시민사회라고 말하고 있다. 여기서 시민사회를 구성하는 조직체들은 노동과 자본이라는 두 기본적인 계급 간의 투쟁을 포함하여 일련의 복합적인 사회생활과 사회관계의 결과이다(김주환 1985, 117). 또한 시민사회는 자본가와 노동자들이 정치적 경제적 투쟁에 참여하고 정당, 노동조합, 종교단체 그리고 다양한 조직들이 출현하는 영역이다. 시민사회는 계급투쟁의 영역일 뿐만 아니라 국민들의 성별, 인종, 세대, 지역공동체, 종교, 민족 등에 의하여 집단화되는 방식으로부터 나오는 모든 민중·민주적 투쟁의 영역이기도 하다. 그래서 두 주요 계급인 노동계급과 자본계급 간의 헤게모니 투쟁이 발생하는 영역은 바로 시민사회이다(김주환 1985, 117).

그람시는 정치사회라는 말을 사용하여 강제력이 동원되는 관계를 설명하고 있다. 강제력은 국가의 여러 제도들을 통하여 사용되는데 그것들은 군대, 경찰, 재판소, 감옥, 세무서, 금융기관 등으로 국가정책의 효율성을 높이기 위해 국가가 독점하고 있는 강제력에 의해서 할 수가 있다. 물론 국가의 활동이 강제력 이상의 것이라는 사실과 국가기구가 동의를 형성하는 데 중요한 역할을 알고, 이러한 역할을 국가의 교육적인 훈련의 역할이라고 말한다(Hoare & Nowell 1971, 246). 여기서 정치사회라는 말은 국가라는 말과 대체될 수 있는 것이 아니라 단지 국가기구 내에서 실현되는 강제적인 관계만을 말하는 것이다.

국가는 독재 또는 강권적 기구를 통하여 일반대중에게 자본주의 생산과 경제에 합당한 정향을 갖도록 하는 정치사회와 교회, 학교, 사회집단, 가족 등 사회화의 기능을 통하여 특정 지배그룹이 전(全) 국가사회에 헤게모니를 행사하는 시민사회 사이의 균형으로써 이해된다(최장집 1986, 38). 이와 같이 그람시의 시민사회와 국가의 구분은 헤겔이나 마르크스와 다른 특징을 갖는다.

그람시는 하나의 완전한 국가론을 정립하려고 했던 것은 아니다. 그는 명백히 국가를 마르크스나 레닌과는 다르게 보았다. 그람시에 있어서 상부구조로서 국가는 자본주의 사회를 이해하는 이차변수라기보다는 일차변수가 된다.

그람시는 정부기구(정치사회)뿐만 아니라 헤게모니의 사적기구(시민사회)들도 국가로 이해한다(Hoare & Nowell 1971, 261). 국가란 지배계급이 자기의 지배를 유지할 뿐만 아니라 자기들이 지배하는 사람들의 동의를 얻어내는 총체적인 실천적·이론적 복합체라고 한다(Hoare & Nowell 1971, 244). 또한 그람시는 우리는 여전히 국가와 정부를 동일시하는 영역에 머물고 있다고 본다. 이러한 동일시는 경제주의(조합주의) 형태, 즉 시민사회와 정치사회를 혼동하는 것의 정확한 표현이다. 일반적인 국가개념이 시민사회라는 개념에 돌려져야 할 요소들까지 포함한다. 이러한 견해는 (국가＝시민사회＋정치사회)라고 말할 수 있다(Hoare & Nowell 1971, 262). 즉 국가는 강제력에 의해 보호되는 헤게모니라는 의미를 갖는다.

그람시는 이것을 일반적 의미에서의 국가와는 다른 통합국가(Integral state)라고 부르고 있으며 평상적 의미의 국가를 정부로서의 국가(state as government) 혹은 정치사회(political society)라고 부른다.

그람시가 시민사회(헤게모니 영역)와 국가(강제의 영역)를 애써 구분하면서도 그것들을 통합국가라는 말로 결합시키는 이유는 무엇일까. 그러나 이러한 어려움은 그람시의 독특한 용어사용 때문에 나오는 것이다. 그람시는 국가라는 용어를 평상적 의미에서 쓰기도 하고 권력이라는 의미에서 사용하기도 한다. 그가 제시하고자 하는 것 중에 시민사회의 사회적 관계는－국가의 강제적 관계가 권력관계이듯, 방식은 다르지만－권력관계이다. 이러한 국가 내의 헤게모니 계급은 우월성을 통하여 행사하는 국가권력뿐만 아니라 시민사회에서 종속계급에 대한 권력도 행사하는 것이다(김주환 1985, 119－120).

앤더슨은 그람시가 국가의 의미를 이중적으로 파악한 것에 대해 그의 이론이 일관성이 결여하고 있다고 비판하지만[27] 그람시의 확장

---

27) 앤더슨은 「옥중수고」에서 헤게모니와 국가의 위치에 관한 여러 가지 정의가 나타난다고 한다. 첫째, 국가와 시민사회에 반대되는 관계가 있다. 즉 헤게모니는 시민사회에 속하고 강압은 국가에 속한다는 것이다. 지배계급은 전체사회에서의 헤게모니를 통하여 그들의 사회적 지배에

된 국가개념에서 국가는 통치기구일 뿐 헤게모니의 사적 기구가 되고 여기서 국가는 강제력에 의한 지배의 역할과 헤게모니를 행사하는 복합체로 이해된다. 즉 국가는 지배계급이 그 지배를 정당화하고 유지할 뿐만 아니라 그들이 통치하는 하위계급의 능동적 동의를 확보하는 실천적 및 이론적 복합체라는 것이다(Hoare and Nowell 1971, 244). 그래서 그람시의 국가론은 크게 보아서 두 가지 태도를 갖고 있다고 볼 수 있다. 그 첫 번째 태도가 국가와 시민사회의 대립을 강조한다는 것이다. 이때의 국가(정치사회)는 억압, 폭력으로 비유되고 시민사회는 헤게모니 동의와 다르다. 두 번째 태도는 국가와 시민사회를 균형관계로 보면서 이 두 개가 결합되어 이데올로기의 통제로 나타난다고 하는 것이다. 이때의 헤게모니는 강제와 동의가 결합된 것으로 본다. 문제는 이 두 가지가 통일되지 못하는 것에 있다. 물론 사회계급이 전체사회를 지배할 때 그 지배가 단순히 강제의 측면만을 갖는 것이 아니라 동의를 획득하는 내적 메커니즘을 갖는다는 것을 밝힌 것은 그람시 국가론의 중요한 의의 중의 하나이다.

그람시의 국가에 대한 분석 중에서 간과해서는 안 될 것은 상부구조가 생산관계에 밀접하게 연결되어 있다는 것을 부정하지 않는다는 것이다. 비록 헤게모니가 윤리적－정치적인 것이라 해도 그것은 반드시 경제적이어야 하며 경제생활의 결정적 핵심에 있는 지도적 집단에 의해 발휘되는 결정기능에 기초해야 한다(Hoare and Nowell

---

관한 동의를 획득하지만 국가의 강압기구를 통제함으로써 지배를 행사한다. 둘째, 국가에 시민사회가 포함된다(국가＝정치사회＋시민사회). 헤게모니는 더 이상 시민사회에만 한정하는 것이 아니라 시민적 헤게모니와는 대조되는 정치적 헤게모니로써 국가 내에 자리 잡는 것이다. 셋째, 국가와 시민사회가 동일하다. 따라서 동의와 강압이 국가에 공존하게 되고 헤게모니는 국가기구 자체로부터 분리될 수 없다(Anderson 저, 이재덕 1985, 90~91).

1971, 161). 그람시가 강조한 것은 하부구조와 상부구조의 분리가 아니라 그들 간의 변증법적 관계이다. 헤게모니와 국가의 헤게모니 기능은 이데올로기적으로 모든 것을 포괄하는 계급적인 부르주아지의 성격과 자본주의 사회의 경제 권력에서 그들이 차지하는 각별한 위치 모두에서 발산되어 나오는 것이다.

4. 그람시의 국가론의 재평가

러시아 혁명 이전의 마르크스주의에 내재하는 대부분의 반정치적 편향은 전략적인 마르크스주의를 발전시키고자 하는 노력이 미약했었다. 당시 정치에 대한 혐오감이 너무 커서 코쉬, 루카치, 마르쿠제 그리고 프랑크푸르트 학파의 다른 이론가들, 그리고 싸르트르와 같은 마르크스주의적 휴먼이스트 등 정통마르크스주의로부터 벗어나서 새로운 지적 통로를 탐험하려고 한 이론가들조차 상부구조의 철학적 측면에 과도하게 집착함으로써 궁극적으로는 정치적 영위를 그들 스스로가 거부했던 것이다. 여기에 유일하게 단 한 사람의 마르크스주의자만이 레닌의 사회주의 혁명 전략을 확장하고 민주주의적으로 만들며 또한 그것을 풍부하게 하기 위해서 이러한 이론적 난관에 집착했다는 사실이다. 그가 바로 무솔리니의 감옥에서 생애의 마지막 10년을 보낸 뒤 1937년에 사망한 이탈리아의 공산주의자 안토니오 그람시이다.

그람시는 마르크스, 레닌처럼 보다 발전된 서구자본주의 사회에서 성공적인 혁명을 위한 제 기반으로 보지 않고, 오히려 자본주의 체제의 구조에 있어서 어떤 구조적 취약성으로 인해 기존의 구조가 노동자계급과 그것의 동맹자들에 의한 공격에 대항할 수 없게 되는 상황에서 나타날 수 있다고 보았다. 마찬가지로 경제적 위기들이 국가를 동요시키거나 또는 객관적으로 국가를 약화시킬 수 있더라도 경제적 위기 그 자체가 혁명적 위기들을 창출하거나 또는 위대한 역사적 사건들을 산출해 낼 수 있는 것은 아니라고 보았다. 또한 국가를 단순히 도구적이거나 부수현상으로 보는 견해를 배척하고 있다. 왜냐하면 그는 국가가 지배계급을 조직함에 있어서 부르주아지의 통합뿐만이 아니라 그들의 장기적인 이익들을 확보함에 있어서 피지배계급들에게 양보를 촉구하고 의회민주주의 경우에는 피통치자들의 능동적 동의를 확보하고 있다고 보았기 때문이다.

따라서 노동자계급은 그들 자신의 정치적 통합 및 국가권력을 위한 기관들(처음에는 공장평의회, 나중에는 혁명적 당)을 구축하지 않으면 안 된다고 보았다. 당의 목표는 노동자 계급을 조직화하고 대중들과 유기적 연계를 형성하여 통치자의 동의 속에 있는 부르주아지 국가민주주의 토대를 와해시키고 대중들에 대한 제 기능들을 마비시키고 나아가 적극적인 활동으로 옮겨가서 가장 효과적인 형태의 계급 독재를 확립하는 것이다.

즉 자본주의체제가 제공하는 공간과 수단을 최대한 활용하면서 그 근본구조를 분쇄한다는 명제에 바탕을 둔 헤게모니 이론을 내세우고 있는 것이다. 부르주아지 기구 특히 의회에 참여할 것인가 아니면 포기할 것인가의 문제 그리고 민주주의 방식이 가능할 것인가 아니면 현실적으로 프롤레타리아 독재의 길을 피할 수 없는 상황의 현실적인 선택인가의 문제이다. 이러한 그람시의 국가론은 구조주의의 기반이 되는 것으로 알튀세와 풀란차스에게 영향을 미쳤다. 그람시는 우리들에게 마르크스주의 정치이론에 대한 관심을 야기해 주었다. 권력을 행사하는 어떤 사회집단이나 계급의 헤게모니와 지배를 강조하였다.

　여기에 하나의 전략이론으로써 이해되는 헤게모니 이론은 자본주의 국가체제가 제공하는 수단을 이용하는 측면에서 현실적으로 지나치게 강조할 때는 개량주의에 빠질 위험이 있고, 자본주의 국가체제를 근본구조로 분쇄한다는 측면을 주장하면 원칙적이고 교조적인 도그마틱한 비타협주의로 혹은 비현실주의 질곡이 가시화될 수 있다. 여기에 그람시는 국가를 중재자로써 보는 자유주의적 관점이나 국가를 단순히 계급의 도구로 보는 정통 마르크시즘의 도구주의적 국가관을 극복하고 서구자본주의 사회에서 국가의 지배계급으로부터의 자율성과 국가능력의 확대를 파악함으로써 국가의 성격에 대한 재평가를 하였다는 데 큰 의미를 둔다.

Ⅱ. 알튀세의 구조주의 국가론

1. 구조주의적 국가 자율성

　알튀세(Althusser & Balibar 1970)는 구조주의 입장에서 마르크스의 국가론을 이론적으로 재구성하고자 하였다. 알튀세는 사회를 여러 요소들이 구조적으로 관련하여 규제와 모순관계로 존재한다고 보았다. 국가에 대한 구조주의적 해석은 알튀세의 핵심적 논의로서 사회구조가 그 중심부에 창조적 주체를 보유하고 있는 것은 아니다. 알튀세의 구조주의는 사회구성체를 주체들과 무관한 객관적 과정의 체계로 보았다. 또한 마르크스의 경제적 결정론을 배격하고 대신에 경제적 토대로부터의 정치와 이데올로기의 상대적 자율성을 주장한다.

알튀세의 해석에 따르면 마르크스의 자본론은 구조화된 총체개념을 내포하고 있다. 국가나 이데올로기와 같은 상부구조적 현상들은 경제의 표출만을 간주하는 마르크스주의 환원론적 경향을 헤겔적인 표출적 총체성의 개념으로부터 기인하는 것으로 보았다(Althusser & Balibar 1970, 186).

알튀세는 이러한 통일체를 구조화된 총체성이라고 부르고 있다. 이것은 서로 구분되고 상대적으로 자율적이며 또한 복합적인 구조적 통일체 안에서 공존하면서 특정 결정방식에 따라 서로 결합되어 있다. 국가이데올로기는 경제의 층위에 의해 규정되는 수준(Level) 또는 층위에 포함되어 총체성을 이룬다. 또한 이 총체성은 비대칭적이며 그 총체성의 요소들 중의 하나에 의해 지배될 수 있다. 이것을 알튀세는 지배 내의 구조라고 부른다(정수복 1990, 147).

구조화된 총체성은 비대칭적이고 상대적으로 자율적인 요소들이며 특정의 복합국면을 이루게 된다. 이 복합국면은 궁극적으로 경제적 수준에 의해 결정되지만 다른 모순들에 의해 중첩적으로 결정된다. 따라서 이 구조화된 총체성의 구조는 단일한 중립을 갖지 않는 분산적 구조라고 한다. 이로써 알튀세는 상부구조의 상대적 자율성을 지니며 특정 국면의 결정에서 역으로 토대에 영향을 미치는 능동적 요소로 부각시킬 수 있었다(정수복 1990, 166-167).

이러한 알튀세의 구조주의적 국가론을 카노이(Carnoy 1984, 89-90)는 두 가지의 핵심적인 문제와 관련하여 다음과 같이 지적한다. 첫째, 구조주의자로서 알튀세는 사회구조가 그 중심부에 창조적 주체를 보유하고 있는 것이 아니라고 주장한다. 오히려 사회구성체는 주체들과 무관하게 객관적 과정의 체계이다. 따라서 알튀세는 역사의 주체 혹은 대행자로서 인간이라는 개념을 거부하고 대신에 개인은 그들이 위치하게 되는 구조적 관계의 지지자 혹은 운반자라고 주장한다. 둘째, 알튀세의 구조주의적 개념은 마르크스 이론과는 전혀 다른 경제적 결정론을 배격하고 대신에 경제적 토대로부터 정치와 이데올로기의 상대적 자율성을 주장한다.

알튀세는 마르크스의 생산양식 개념이 서로 다른 또는 실천인 경제, 정치, 이데올로기 이론으로 구성되어 있다고 본다. 이들 중 사적 유물론에 대한 이론이나 과학이론(이론적 실천)은 세 가지의 다른 위치에 서며 사회구성체로부터 분리된다. 이런 방식으로 보면, 네 가지 실천은 구별될 수 있다. 즉 세 가지 이론적 실천(경제, 정치, 이데올로기)은 사회구성체 내에서 존재하지만 네 번째의 것(이론적 실천)은 사회구성체 밖에서 이루어진다(정수복 1990, 166-167). 알튀세는 사회구성체 내에서 결합되어 생산양식의 형태를 구성하는 세 가지 이론적 실천이 명백히 접합된 구조, 즉 경제·정치 그리고 이데올로기의 세 가지 중 어떠한 것이든 특정 생산양식에 있어 지배적 구조가 될 수 있다고 보았다. 그러므로 주어진 사회구성체에서 경제·정치 혹은 이데올로기가 모두 지배적인 구조가 될 수 있으나 이들 중 어느 것이 지배적인 것이 될 것인지는 항상 경제구조가 결정해 준다는 것이다(Althusser & Balibar 1970, 216-218). 알튀세는 경제·정치 그리고 이데올로기적 구조에 대한 자신의 생각을 국가에 적응시켰고 풀란차스는 국가론을 발전시키기 위해서 알튀세의 구조주의적 요소들을 사용했음을 알 수 있다.

2. 이데올로기적 국가기구

알튀세는 그의 저서 『이데올로기와 이데올로기적 국가기구(Ideology

and Ideological State Apparatus)』에서 국가개념을 도출한다. 알튀세의 이데올로기론은 무엇인가라는 문제에 대하여 이데올로기는 역사를 갖고 있지 않다고 주장한다. 이데올로기는 사회구성체의 어떠한 역사도 초월하는 구조로써 존재한다는 것이다. 즉 특정 사회구성체에 의존하지 않고 오히려 시간범주와 독점적으로 존재한다. 이데올로기의 특수성은 이데올로기를 비역사적 실제가 되도록 만들어 주는 구조와 기능을 부여받는다는 점이다. 즉 그러한 구조와 기능은 불변적이며 소위 역사 전체를 통해서 동일한 형태로 존재한다는 면에서 그리고 공산당선언에서 역사를 계급투쟁의 역사, 다시 말해서 계급사회의 역사로 규정하고 있다는 면에서 全 역사적 실체라고 한다(Althusser & Balibar 1970, 151 - 152).

이러한 알튀세의 이데올로기가 지배 이데올로기가 되는 것은 이데올로기적 국가기구의 확립에 의해서 이루어지지 결코 국가권력만을 장악한다고 해서 지배 이데올로기가 되는 것은 아니다. 이데올로기가 지배이데올로기로 되는 것은 이데올로기적 국가기구의 확립에 의해서이다(Althusser & Balibar 1970, 185). 이데올로기적 국가기구의 확립은 다시 계급투쟁에 있어서의 이해관계와 관련되어 있다. 지배계급의 이데올로기를 국가기구 내에 확립하도록 허용하는 것은 이데올로기적 국가기구 내에서의 지배계급의 승리를 통해서 가능하다.

이데올로기가 설정되면 우리는 이데올로기 일반의 속성을 띠는 것이라고 한 이유를 알게 된다. 그와 같은 의미에서 본다면 행위하고 있는 개인은 더 이상 사회의 기능을 이해하는 준거점이 아니라 오히려 이데올로기적 기구와 이 기능들의 실천에 의해 제한된 주체인 것이다(Carnoy 1984, 92 - 93). 여기서 알튀세의 국가론은 본질적으로 마르크스의 개념으로 되돌아간다. 국가를 프롤레타리아에 대항하여 부르주아지와 그 동맹에 의해 수행되는 계급투쟁에 있어서, 지배계급의 이해관계를 위한 억압적 집행과 개인의 한 세력으로 정의하는 국가기구는 명백히 국가이며 또한 국가의 기본적 기능을 규정해 준다(Althusser & Balibar 1970, 137). 알튀세는 국가권력과 국가기구를 구분하는 마르크스의 국가개념을 옳다고 주장하며 국가기구는 국가권력에 있어서의 변화, 예컨대 국가권력을 장악하고 있는 계급에 있어서의 변화에도 불구하고 국가기구는 생존할 수 있다고 보았다. 따라서 계급투쟁의 목표 또한 국가권력과 계급의 제 목표들을 실현하기 위한 국가기구의 활용에 관련되어 있다.

마르크스와 레닌주의의 전통적 국가론에서 프롤레타리아는 국가기구를 파괴시키기 위해서 국가권력을 잡아야 하며 부르주아지 국가기구를 프롤레타리아의 국가기구로 대치시키고 나서 국가를 파괴시켜야 한다는 국가소멸론을 주장하였다. 여기서 국가소멸은 국가권력은 물론 국가기구와 함께 소멸된다.

이러한 전통적 개념에 알튀세는 이데올로기적 국가기구는 그람시의 국가이론을 추가시키고 있다. 억압적 국가기구는 정부, 행정부, 군대, 경찰, 법정, 감옥 등을 포함하며 이들은 모두 적어도 궁극적으로는 폭력에 의해 기능한다. 이데올로기적 국가기구들은 종교단체 학교, 가족, 정당, 노동조합, 커뮤니케이션 등으로 정의한다(Althusser & Balibar 1970, 143). 이데올로기적인 국가기구와 억압적 기구의 차이는 억압적 기구의 단일성과 이데올로기적인 국가기구들의 다원성에 따라 나타난다. 억압적 기구는 전적으로 공적이며 단일화되어 있는 반면에 대부분 이데올로기적 국가기구는 사적이다(Carnoy 1984, 95－96). 그렇다면 사적인 이데올로기적 기구는 국가와 어떤 관계를 가지고 있는가. 여기서 알튀세는 지배계급에 봉사하는 국가는 공적인 것도 아니며 단지 국가는 공적인 것과 사적인 것을 구분하기 위한 전제조건이다. 그러나 이데올로기적 국가기구들이 공적이거나 사적이라는 것은 별로 중요하지 않으며 단지 문제가 되는 것은 이러한 기구들의 기능인 것이다. 다시 말해서 이 기구들이 무엇을 하며 누구를 위해 기능하는가가 중요하다(Carnoy 1984, 96). 억압적 국가기구와 이데올로기적 국가기구들이 모두 억압적이고 이데올로기적인 요소들을 포함하고 있다 하더라도 억압적인 국가기구는 일차적으로는 이데올로기에 의해 기능하지만 대개 지배적으로는 억압에 의해 기능한다. 즉 이데올로기적 국가기구들은 일차적으로는 이데올로기에 의해 이차적으로는 억압에 의해 기능한다. 이데올로기적 국가기구들의 다양성은 지배이데올로기하에서 통합되며 이데올로기적 국가기구들을 능가해서 패권을 행사하지 않고서는 어떠한 계급도 국가권력을 장악할 수 없다. 그러나 이러한 이데올로기적 국가들에 대한 통제는 계급이 권력을 장악하는 데 필요할 뿐만 아니라 계급투쟁의 장소로 이데올로기적 국가기구 앞에서도 필요하다(Carnoy 1984, 96).

그람시가 지적하듯이 지배계급에 의해 통제되는 상부구조(헤게모니기구)는 대항 헤게모니를 야기한다고 말하고 있으며 알튀세는 다음과 같이 말하고 있다. 권력을 쥔 계급(혹은 계급동맹)은 억압적 국가기구에서 할 수 있는 것만큼 손쉽게 이데올로기적 국가기구에 있어서도 법을 버릴 수는 없다. 이전의 지배계급이 장기간 그곳에서 강력한 위치에 남아 있을 수 있기 때문이 아니라, 착취당하는 계급의 저항이 그들의 모순을 이용하거나 투쟁에 있어서 기구들 내에서 전투적 위치를 정함으로써 스스로 표현할 수단과 계기를 발견할 수 있기 때문이다(Althusser & Balibar 1970, 147).

그러므로 국가기구의 통제는 국가기구가 권력을 쥔 계급으로 하여금 법(현재 존재하고 있거나 권력을 쥔 계급의 필요성에 부응하도록 변경되는 법의 골자)을 강화하기 위해 억압적 기구를 사용하도록 허용해 주는 한 그리고 이데올로기적 국가기구들을 통해 권력을 장악한 계급이 헤게모니를 행사할 수 있는 한, 권력을 장악한 계급을 위해 유용한 것이다. 알튀세는 헤게모니를 가지고 있지 않는 국가기구는 심지어 국가기구를 장악한 자들이 억압적 기구마저 통제할지라도 장기적 권력을 확보하지 못한 국가를 의미한다는 그람시의 견해에 전적으로 동의한다(Carnoy 1984, 96-97). 이러한 의미에서 알튀세는 그람시와 마찬가지로 폭력에 기초한 대항세력과 억압적 국가기구의 경쟁을 통해서가 아니라 대항 이데올로기적 헤게모니를 통해서 지배집단들이 장기간 통치하지 못하도록 만든다는 것이다. 즉 이데올로기의 발전을 통한 국가권력에 대한 항쟁 가능성을 말하고 있다.

Ⅲ. 밀리반드의 도구주의 국가론

1. 자본주의의 지배계급과 국가기구

일반적으로 밀리반드의 국가론은 자유주의 국가의 과대한 역할을 우려하여 국가권력의 다양한 근원 중의 개념화된 자유주의 국가이론을 논박하면서부터 주목받기 시작한다. 그는 국가란 불가피하게 한 사회에서 지배계급의 경제적 이익의 수호자라는 전통적 마르크스주의 관점을 견지한다는 점에서 그의 노력들은 여전히 마르크스주의적이라고 한다. 특히 그는 자본주의 사회의 지배계급은 생산수단을 소유하고 통제하며, 따라서 그것에 부여된 경제력에 의하여 국가를 사회의 도구로 이용하는 계급이라고 주장한다(Miliband 1969, 22).

밀리반드는 자본주의 사회의 경제적 정치적 생활은 우선적으로 자본주의의 생산양식에 의해서 결정된다. 자본주의 생산양식의 구조는 하나는 통제와 조정하는 계급과 다른 하나는 노동계급에서 기인된 관계에서 결정된다. 여기에서 이러한 대립은 대단히 강력한 선진자본주의의 사회풍토와 정치체제의 구체적인 내용을 규정하게 된 사회세력이 나타나게 된다고 한다(Miliband 1969, 16).

밀리반드는 국가의 본질에 관한 마르크스 및 엥겔스의 유명한 진술, '전체 부르주아의 공동사무를 관리하기 위한 집행위원회'라는 명제에서 이해한다. 자본주의의 국가는 부르주아 자본가 계급의 이질적 성격에 의해서 국가가 발생하게 된다는 사실을 암묵적으로 말한다. 왜냐하면 국가의 중요한 기능 중의 하나가 자본가 계급 내의 다양한 경쟁 집단들에 대한 중재와 조정에서 발견되어 있기 때문이다(박상섭 1990, 63). 이러한 논점은 밀리반드가 1969년에 내놓은 그의 저서 『자본주의의 사회에서 국가(The State in Capitalist Society)』에서 국가구성원들과 지배계급 간의 관계를 상세히 분석하였다. 이러한 밀리반드의 기본적 관심은 마르크스주의 국가이론을 발전시키는 데 있기보다는 지배계급의 다원성을 강조하는 다원주의 비판에 그 초점을 두고 있다.

밀리반드는 다원주의적 엘리트 비판에서 서구유형 사회와 국가의 지배적인 다원주의 견해가 사회질서나 정치체제 측면에서 비판적 태도가 결여되었음을 분명히 밝히고 있다(Miliband 1969, 4). 실상 권력엘리트 이론은 지금까지 다원주의의 시각에서 가장 중요한 대안은 마르크스주의였다. 다원적 민주주의 정치사회의 빠른 발전이 보다 전통적 정치학 분야에서 마르크시즘의 도전을 받게 되었다.

다원주의에 의하면 서구사회는 서로 상호간의 경쟁적인 정치적 및 기타 엘리트들 간의 다원성으로 인해 응집력 및 공동 목표를 달성하려는 힘이 부족하여 유일하고 동질적인 지배계급은 형성될 수 없으며 그 대신 다변화된 또는 다원적인 엘리트들이 존재하고 이들 각각은 정부의 정책에 대한 극히 제한된 권력을 행사할 뿐이라고 주장한다(한상진 1984, 98).

밀리반드가 보았던 이러한 다원주의는 현대자본주의 사회의 계급지배적 성격을 은폐하는 것에 불과하며 경제적 엘리트의 다원성에도 불구하고 이들은 각자의 특수한 상이점 및 불일치를 초월하는 공통의 이익 및 목표와 더불어 고도의 응집력과 연대성을 가진 경제적 지배계급으로 간주되어야만 한다고 다원주의를 논박한다(Miliband 1969, 49). 그에 의하면 다원주의 오류는 국가의 정책에 대한 경쟁이라는 사실의 주장에 있는 것이 아니라 이러한 사회에서 다수의 조직화된 이익들이 어느 정도 평등하게 경쟁하고 따라서 그들 중 어느 누구도 경쟁의 과정에서 결정적이고 항구적인 이익을 취할 수 없다고 주장하는 데 있으며 지배계급은 그들의 목표를 추구하는 데 있어서 체제내부에서 거대한 우위를 향유하고 있다는 것이다(Miliband 1969, 146).

밀리반드는 자본가 계급이 국가기구에 직접적으로 참여하며 정치적 엘리트들과 경제적 엘리트들 간의 개인적인 차원에서 인적 유대 및 엘리트들의 사회적 구성, 개인적 성향 등을 계량적으로 검증하고 있다. 밀리반드가 주로 경험주의적인 방법에 자본주의체제 전반을 유지하는 기능을 설명하는 데 몇 가지 한계를 드러내지만, 그에 국가론은 주로 경영자주의 또는 경제엘리트와 정부 관료들의 공통된 사회적 배경의 문제 등과 같은 구체적인 경우에 집중되고 있다(박상섭 1990, 70). 국가엘리트의 출신가정의 성격, 사회화, 경험, 교육, 사회적 연계 등에 맞추고 있어서 국가자율성의 실현통로가 일차적으로 국가기구보다는 국가엘리트라고 보았다.

  자본주의 사회에 있어서 국가를 장악하고 있는 국가엘리트들은 출신배경이 자본가 계급이거나 또는 인적·학적 연대와 교통을 통하여 자본가 계급과 밀접한 관계를 맺고 있다. 이러한 국가엘리트들은 자연스럽게 자본가 계급의 이익을 보호하는 편향된 정책을 수립하여 집행한다(서규선 1990, 79). 그는 국가엘리트의 계급적 성격을 행태적 관점에서 고찰함으로써 국가의 계급적 성격을 설명하고 있다. 이처럼 국가의 계급적 성격을 행태적 범위 내에서 규정하는 일은 계급투쟁의 역사적 성격을 선명하게 파악할 수 있다는 장점이 있다.

  밀리반드의 국가론은 계급분파들 사이의 관계 계급연합의 정치적 역할, 국가를 장악하고 있는 계급과 경제적인 지배계급 사이의 관계 및 지배계급의 역량을 구체적으로 파악할 수 있다는 점이다. 그의 국가론의 정치적 계급투쟁과 관련된 국가권력의 복합성을 조명함으로써 정책결정과 그것의 집행과정에서 계급투쟁이 차지하고 있는 중요성을 확인하고 있다(서규선 1990, 79-80).

  지배계급 도구로서 국가의 본질에 대한 경험적 설명은 밀리반드의 전체논의의 큰 부분을 차지한다. 밀리반드는 국가가 자본주의 체제의 재생산 또는 유지의 기능을 수행한다고 하는 주장에는 국가가 주체적으로 행하는 행위, 즉 어느 정도 자율성을 내포하고 있다고 본다. 반면에 국가는 자본주의 체제 전체의 이해와 자신들의 개별적 이해가 국가의 자율적 측면을 마르크스의 보나파르트 체제에 대한 논의에서부터 논리적으로 도출해 내고 있는 풀란차스의 방법에 반대한다.

2. 국가 자율성과 지배 이데올로기

  밀리반드는 국가의 자율성이란 이미 '공산당 선언(Communist Manifesto)'에서 현대국가는 전체 부르주아지의 공동사무를 관리하기 위한 집행위원회에 불과하다고 한 마르크스 주장에 이미 내포되어 있다고 주장한다. 밀리반드에 따르면 이 주장은 부르주아 계급 내부에 있어서 다원적 특수이익들의 존재를 이미 전제하고 있으며 따라서 국가는 지배계급의 명령에 의해서가 아니라 지배계급을 대신하여 행동한다는 사실을 내포한다는 것이다(박상섭 1990, 70−71).

밀리반드의 국가자율성 논의는 국가체제의 유지와 역할에 관한 논의에서 살펴볼 수 있다. 밀리반드에 있어서 자본주의 체제유지라는 명제는 국가의 주요기능으로서 자본가 계급의 정치·경제적 지배의 영속화라고 하는 관점에서 제기되고 있다(박상섭 1990, 71).

밀리반드는 국가의 자본가 계급이 지배관계를 유지하기 위해서 수행하고 있는 여러 가지 기능 중에서 이데올로기적 지배, 즉 그람시의 헤게모니 개념에 그 결정적 중요성을 부여하고 있다. 그에 따르면 자본가들이 보유하는 강제와 억압의 도구로써의 국가는 마르크스주의의 전통적 관점에서 자본주의적 정권이 지속되는 이유를 설명해 줄 수 없기 때문에 이러한 특징이 강조되어야만 한다는 것이다. 달리 말하면 자본주의 국가들이 민주적 원리를 신봉하고 있기 때문에 부르주아적 민주주의 국가에서의 억압의 성공여부는 국가와 정당성의 정도에 달려 있으며, 또한 자본가 계급의 지배는 국가의 이데올로기와 문화적 또는 설득적 기능과도 연관되어 있다는 것이다(박상섭 1990, 72).

밀리반드는 그의 이데올로기적 기능에 대한 논의가 그람시의 헤게모니 개념에 기반을 둔 것이라고 주장하고 있음에도 불구하고 실제로는 정의상 헤게모니 기구를 포함하고 있는 총체적 국가(integral state)[28]라고 하는 그람시의 개념과는 차이를 보이고 있다. 밀리반드

---

28) 밀리반드의 총체적 국가(integral state)는 그람시의 헤게모니 개념에 기

에 따르면 부르주아적 민주주의 국가들에서 정당화 기능은 주로 국가에 의해 수행되는 것이 아니라 시민사회의 부분을 이루고 있는 다양한 기관들에 의해 수행되고 있다고 본다. 따라서 자유주의적 다원론의 개념에 대항하여 사회화 과정이란 자본주의적 질서 및 그 가치의 수용, 그 요구의 적응, 그에 대한 거부 등을 조정하고자 의도된 것이라는 사실을 입증하는 것이다(Miliband 1969, 182).

따라서 밀리반드가 그람시의 관점을 채택하였다고 주장하는 다른 마르크스주의자들, 알튀세 및 풀란차스 간의 실제적인 차이를 발견하게 된다. 알튀세와 풀란차스는 밀리반드와 대조적으로 가정, 교회, 학교, 정당 등 다양한 사회화 기관들이 기성체제의 정당화 기능을 담당한다는 점에서 그들을 국가의 일부라고 볼 뿐만 아니라 나아가서 전통적 마르크스주의자들에 의해 국가 본래의 모습으로 여겨지고 있는 억압적 국가기구와 병행시켜 이데올로기적 국가기구라고 부르기도 한다. 밀리반드는 이러한 개념화에 반대하여 그것은 국가라기보다는 사회화 과정의 기관들이 소속되어 있는 정치체계(Political System)라고 부르는 것이 적절하다고 주장한다(Miliband 1972, 261-262).

이러한 상이한 개념화는 그 나름대로의 장단점이 있는 것이지만 정당화 기능에 대한 밀리반드의 논의는 약간의 자기모순점을 발견하게 된다. 그는 정당화를 자본주의 체제의 유지를 위하여 중요한 국가기능으로 말하면서도 동시에 이 기능은 국가에 의해서 주로 수행되는 것은 아니라고 한다(Miliband 1972, 262).

반을 둔 통합적 국가(시민사회＋정치사회)를 의미한다. 밀리반드는 그람시의 헤게모니 개념을 '정당화 개념(concept of legitimation)'으로 평면화하는 측면이 강하다. 밀리반드의 정당화 개념은 자유주의 정치학에서 '정치 사회화'라는 개념과 동일시한다(Buci-Glucksmann 1980, 57).

3. 자본주의 국가 개념의 모호성

밀리반드의 자본주의 국가개념의 비판에서 밀리반드의 국가론에 관한 가장 큰 문제점은 국가에 대한 그의 다소 모호한 개념화에서 발견된다. 그는 국가가 강제적 기능만으로는 국가를 개념화시키기에 충분치 않으며, 국가는 지배계급의 단순한 도구 이상의 것을 의미한다고 주장한다. 따라서 마르크스주의 국가이론은 국가에 대한 이데올로기적 또는 정당화의 기능을 포함해야만 한다고 주장하는 것이다. 따라서 그가 국가의 강제적 및 이데올로기적 기능이라는 관점에서 보다 포괄적인 국가이론을 제공하고 있다. 그러나 그는 정당화 기능이 국가 이외의 다른 기관들에 의해 주로 수행된다고 주장함으로써 이러한 관점에서 국가의 개념을 회피하고 있다(박상섭 1990, 74).

밀리반드는 그람시가 헤게모니 개념을 바탕으로 국가의 이데올로기적 역할을 정교화하려는 순간에 국가에 대한 논의를 중단하고 말았다. 대신 정치사회화 이론이 그 자리를 이어받게 되는데, 그의 해석에 따르면, 그람시는 이데올로기적 헤게모니의 확립 및 지속을, 지배계급 및 그들이 통제하는 문화 기관들의 일차적인 과제로 보았다고 말할 뿐이다(Miliband 1969, 183).

밀리반드는 자신의 명제를 입증하기 위해 그람시의 권위에 의탁하고 있지만 그람시의 국가개념에 대한 그의 협의적 해석이 전적으로 옳은 것처럼 보이지는 않는다. 주지하다시피 그람시는 자신의 저술 속에 정치사회와 시민사회를 결합시키는 확대된 국가개념(총체적 국가)을 분명히 제시하고 있다.

밀리반드에 있어서 문제의 핵심은 가시적 제도를 중심으로 하여 국가에 대한 경험적 개념 규정을 고집하고 나아가서는 국가 그 자체의 존재마저 부정하는 결과를 낳는다는 점이다. 예를 들면, 그가 국가의 자율성에 관해 논의할 때, 그것은 행정부가 국가정책을 결정하는 데 있어서 갖게 되는 자유의 정도를 언급하고 있는 것이다(박상섭 1990, 76). 이렇게 어떤 개념이 사용될 때 반드시 실제하는 경험적 대상이 존재해야만 하는 밀리반드의 주장 때문에 국가라는 주제에 관한 이론적 정교화 작업의 진척이 불가능하게 된다.

또한 밀리반드가 헤게모니라는 현상을 단순히 상부 구조적 현상이 아닌 이데올로기적 지배로 봄으로써 전통적 마르크스주의로부터 어느 정도의 거리를 두고 있다는 점을 부인할 수 없는 사실이다(Miliband 1969, 182). 그러나 스스로 이데올로기적 성향이라고 부르는 바를 단순히 각 문제영역에서 엘리트들이 갖는 공통적, 사회적 배경에서 유래하는 것이라고 함으로써, 여전히 경제적 토대와 상부구조라는 마르크스의 공식에 대한 전통적인 기계론적 해석을 따르고 있다.

밀리반드가 위의 마르크스 공식을 배격하는 것은 그 공식이 사회 내의 지배적인 이데올로기적 태도가 공통의 사회적 배경에 의하여 자동적으로 반영되고 생성된다는 것을 의미한다는 식으로 좁게 해석되는 경우에만 한정되는 것이다. 비록 그는 반영(reflection)을 자동적 과정으로 보고 있지는 않지만 이데올로기적 성향을 오로지 공통의 사회적 배경에서만 기인하는 것으로 여기고 있는 듯이 보인다.

이러한 평가가 옳은 것이라면 밀리반드 역시 토대와 상부구조의 공식에 대한 기계적 해석을 스스로 부인함에도 불구하고 기계론적 해석을 받아들이고 있다고 말할 수 있다. 따라서 그는 이데올로기적 성향이 한편으로는 역사적 전통의 산물이고 이것이 다시 신념체계 또는 문화로써 사회의 하부구조에 깊이 침투하여 일반대중뿐 아니라 지배계급의 사고를 구속한다는 점을 간과하고 있다.

Ⅳ. 풀란차스의 구조주의 국가론

1. 구조주의적 국가 자율성

풀란차스의 자본주의 국가론은 마르크스주의 국가론의 한계성에서 출발한다. 풀란차스는 자본주의 국가론이 갖는 경제적 환원론과 계급 도구관을 비판하고 탈경제적인 입장에서 자본주의 국가론을 파악하려는 알튀세의 국가론에 기반을 둔다. 풀란차스는 알튀세처럼 국가론에 있어서 정치의 고유성을 증명하기 위해서 구조주의적 관점에서 보았다. 따라서 국가는 제도적으로 고유성을 갖기 때문에 특정계급의 이해를 직접적으로 반영하는 단순 계급구도가 아니라고 주장한다(Jessop 1982, 154). 그는 "국가는 특정계급의 헤게모니하에서 파워블럭을 형성할 수 있다"는 그람시의 일반이론을 수용한다(Gramcsci 1971, 161). 그러면서 알튀세의 사회구성체의 이질적 생산양식의 관계를 설명하기 위해서 제시하는 중첩결정(over determination)의 개념을 원용하여 각 층위 간의 관계와 정치층위의 관계를 설명한다. 풀란차스는 국가개념을 국가의 자율성에서 파악하고 있다. 그의 국가의 자율성은 계급사회로써의 체제유지라는 점에서 기능적으로 파악하고 있다(Poulantzas 1973, 263-268).

풀란차스는 지배계급의 이익과 지배계급의 내부에 존재하는 특정한 권력소유 집단들의 이익이 반드시 일치하지 않을 수도 있음을 강조하고 있다(박상섭 1990, 81). 풀란차스는 밀리반드의 견해와는 달리 국가의 구조적 자율성 측면에서 국가개념을 도출해 내고 있다.

풀란차스에게 있어 국가자율성 문제는 지배계급 중에서 통치 권력을 장악한 분파가 서로 분리되어 있다는 사실의 인식에서 출발한다. 자본주의 국가는 부르주아 계급 내의 상이한 제 분파에 대해 자율성을 가지고 지배계급에 봉사하고 있다고 말하는 것은 실제로 자본주의의 국가가 노동계급들에 대항하여 부르주아 계급 내의 분열적인 집단들의 통일체를 제공하고 있다는 사실을 의미한다(박상섭 1990, 82-83). 이러한 통일체의 제공이 결국 자본주의 국가의 계급적 성격의 핵심을 이루고 있다. 이러한 의미에서 국가를 계급지배의 도구로써 이해하는 전통적 마르크스 국가관을 비판한다.

풀란차스에 의하면 도구주의 개념의 난점은 그것이 국가에 제한적이지만 독립적인 역할에 대해서는 적절한 설명을 해줄 수 없는 경제환원론으로부터 유래하는 것이라는 사실이다. 풀란차스에 의하면 국가는 지배계급들이 자신의 이익을 위하여 이용할 수 있는 대상에 불과한 것이라면, 노동계급조차 일단 국가권력을 장악하면 기존의 생산양식에 상관없이 자신들의 이익을 위하여 국가를 이용할 수 있다는 추론이 가능해진다. 그러나 그에 따르면 그것은 명백한 오류인 것이다(Poulantzas 1973, 257).

2. 사회적 응집인자로서 국가

풀란차스의 표현에 따르면 국가는 사회구성체의 응집인자(The Factor of Cohesion of a social Formation)이며 또는 마르크스를 따라 모순의 응축(Cohesion of Contradiction)이라고 한다. 풀란차스는 국가가 특수한 제도들에 의해서 규정되는 것이라기보다는 계급분할적인 사회구성체에 있어서 응집(Cohesion)이나 통일 인자로서 일반적 기능에 의해서 규정되는 것이며, 따라서 국가의 정확한 위치, 특수한 형태, 지도적 구조 그리고 그것의 경제는 생산양식과 사회구성체의 본질 여하에 달려 있다고 논하고 있다.

또한 풀란차스는 국가란 특정 사회구성체의 생산양식에 의해 결정된다는 것이다.29) 먼저 생산양식의 개념은 다양한 구조 및 실천들의 특정한 결합으로 규정한다(Poulantzas 1973, 13). 다음으로 사회구성체는 자체 내에 하나의 통일체를 구성하고 있는데, 그 속에서는 일정한 생산양식이 동일하게 그 통일체를 구성하고 있는 다른 생산양식을 지배하고 있다(Poulantzas 1973, 15). 풀란차스는 생산양식을 일반적으로 경제적인 것으로 구분되는 어떤 것으로 (즉 엄격한 의미에서 생산관계)를 지칭하는 것이 아니라 결합에 있어 동일한 수의 층위나 수준, 즉 그 양식의 동일한 수의 부문구조로써 나타나는 제 구조 및 실천의 특유한 결합이다(Poulantzas 1973, 13).

따라서 생산양식을 성격짓는 통일성의 유형은 종국적으로 경제에 의해 지배되는 복합적 전체(Complex whole)의 한 유형이다(Poulantzas 1973, 13). 그러나 전체구조가 종국적으로 경제에 의해서 결정된다고 하는 사실이 경제가 항상 구조상 지배적인 역할을 의미하는 것이 아니다. 생산양식의 하나인 지배적 수준 또는 층위를 지니는 것을 암시한다(Poulantzas 1973, 14-15). 또한 풀란차스의 생산양식은 다른 층위 또는 수준, 즉 경제, 정치, 이데올로기 그리고 이론적 층위와 그것(생산양식)과 관련된 실천으로 구성된다는 엥겔스의 말을 인용하고 있다. 그러나 풀란차스에게 있어 생산양식은 경제, 정치, 이데올로기의 세 가지 층위로 구성되어 있다(Poulantzas 1973, 11).

이러한 사회의 세 가지 층위는 추상화된 불변요소이며, 이 모든

---

29) 풀란차스에게 있어 생산양식이란 무엇인가. 그리고 이 개념의 이론적 기능은 어떠한가 하는 문제에 있어서 풀란차스는 생산양식이 하나의 구성(Construct)이며 기술적인(Technical) 용어이라고 설명한다.

층위들이 결합하여 생산양식을 구성한다. 풀란차스는 생산양식을 특징짓는 결합의 최후단계는 경제에 의해 지배된다. 그러나 경제가 최후단계에서 생산양식을 지배한다 하더라도 각각의 구조적 위치 또는 구성요소는 기본적인 사회변화를 야기하는 모순을 나타낼 정도까지 상대적 자율성을 유지한다(Poulantzas 1973, 14-15). 이런 방식으로 사회의 구조적 구성요소인 국가는 전통적인 마르크스주의를 토대로 자유롭게 되고 그들의 영향으로부터 자유롭게 된다.

한편, 생산양식하에서 경제는 어떠한 기능을 할 수 있는가. 여기서 경제의 특별한 기능은 경제가 또한 불변적인 요소, 즉 노동자, 생산수단과 비생산노동자로 구성되어 있기 때문이다. 생산양식에서 층위들(경제, 정치, 이데올로기) 접합방식은 경제의 세 가지 요소들이 관련되는 방식과 관련된다.

경제의 세 가지 요소 사이의 두 가지 종류의 관계는 생산양식의 특성에 영향을 미친다. 첫 번째 관계는 실질적 전유이다. 두 번째 관계는 소유관계이다. 이 두 가지 중심적 관계(실질적 전유와 소유)가 다른 방식으로 결합할 때 그 영향은 생산양식의 층위에 퍼지게 되고, 그리하여 각 층위들이 접합되는 방식을 결정한다(Poulantzas 1973, 28). 따라서 자본주의적 생산양식에서는 경제와 정치가 자율성에 의해 그 특유성을 지니게 된다.

풀란차스는 자본주의의 생산양식하에 정치적 실천으로써 계급투쟁이 경제개혁과 같은 사회경제적 목표와는 뚜렷이 구분되는 고유한 자신의 목표를 가지고 있는 한 정치적 영역의 고유성이 개념적으로 확립된 정치영역의 특유성에 두고 있다. 풀란차스의 이와 같은 개념은 알튀세에 기반을 둔다.

알튀세는 마르크스주의적 총체성은 상당한 정도의 복합성에 의해 구성되는데, 이러한 통일체를 구조화된 총체성이라고 부르고 있다(정수복 1990, 147). 이것은 서로 구분되고 상대적으로 자율적이며 또한 이러한 복합적인 구조적 통일체 안에서 공존하면서 특정 결정방식에 따라 서로 결합되어 있으면서 궁극적으로는 경제의 층위에 의해 규정되는 수준(Level) 또는 층위에 포함하고 있다. 또한 이 총체성은 비대칭적이며 그 총체성의 요소들 중 하나에 의해 지배될 수 있다. 이것을 알튀세는 지배 내의 구조라고 부른다(정수복 1990, 147).

풀란차스는 알튀세의 구조주의의 인식론을 기반으로 국가를 분석한다. 그는 사적 유물론을 그 대상으로써 각종의 생산양식 및 사회구성체 그것들의 구조와 기능 그리고 한 사회구성체로부터 다른 사회구성체로 이행되는 형태 등에 관한 연구를 통하여 획득되는 역사 개념이라고 밝히고 있다.

여기에 풀란차스는 정치현상의 고유성을 증명하면서 알튀세와 소위 구조적 마르크스주의를 원용한다. 그는 구조적 마르크스주의를 자신의 일반사회이론으로 삼고 알튀세의 독특한 문제의 틀을 정치고유성의 출발점으로 삼는다. 알튀세의 구조주의 이론적 특징은 그것이 전통적 마르크시즘의 상·하부 구조론과 여기에서 도출되는 경제우위론을 비판하고 정치, 경제, 이데올로기의 세 가지 층위의 관계를 수평적으로 보는 데 있다. 풀란차스는 바로 이러한 점을 착안하여 정치의 부분이론을 시도한다. 풀란차스는 알튀세에 머무르지 않고 알튀세가 단일 사회구성체 안에 공존하는 몇 개의 이질적 생산양식들의 관계를 설명하기 위해 제시하는 중첩결과의 개념을 원용하여 각 층위 간의 관계에 있어서 정치적 층위의 중요성을 설명하고자 한다. 즉 경제와 이데올로기 층위에서 나타나는 갈등들은 결국 정치적 갈등으로 표시되며 이러한 갈등은 억제하는 것이 정치의 제도적 표현인 국가라는 것이다.

3. 정치영역의 독자성

풀란차스는 구조화된 총체성의 인식론에서 상대적 자율성을 가진 상부구조의 이론적 근거를 마련하고 자본주의적 생산양식의 한 부분으로서 정치(The Political)에 관한 연구를 자신의 과제로 설정한다. 이는 곧 마르크스 일반이론의 사적 유물론에 대한 정치부분이론 정립을 의미한다(Poulantzas 1973, 11).

풀란차스는 정치영역의 고유성을 전통마르크시즘의 경제 결정론적 해석에 대한 반발로 새롭게 구성된다.[30] 풀란차스의 국가이론은 정치주의적 시각에서 마르크스주의 전통인 경제적 결정론을 극복하고 정치영역의 독자성을 회복시켰다는 점에서 그의 이론이 특이성으로 평가되고 있다. 이미 알튀세가 사회적 총체란 정치, 경제, 이데올로기의 부분층위로 구성된 구조적 총체라 파악한 것을 근거로 풀란차스는 정치부분의 독자성을 도출하므로 국가와 정치의 본질에 역점을 둔 정치이론을 구조주의 마르크시즘에 구하고 있다.

풀란차스의 논의에 있어 정치의 중심적 의미는 계급투쟁과 관련되어 있다. 이런 맥락에서 계급에 기초한 사회를 구상하고 국가를 응집인자로써 파악하고 정치(Politics)를 중추 결정된 구조를 변화시키는 결정점(model point)으로 파악함으로써 정치영역을 부각시키고 있다(Poulantzas 1973, 44-45). 그에 정치이론(theory of the political)은 여러 가지 구조들 중의 하나인 정치적 구조(상부구조)에 대한 이론이 되는 것이다. 그에 의하면 주어진 생산양식 및 사회구성체에서 정치구조는 국가라고 하는 제도적 권력으로 구성되기 때문에 그의

---

30) 제솝은 풀란차스의 국가이론을 정치국가의 맥락에서 해석하고 있으며 그 이론의 한계점은 정치영역 외의 영향을 무시한 채 정치만을 강조하고 있다고 주장한다(Jessop 1982, 72).

정치부분이론은 곧 국가이론이기도 하다.

풀란차스는 국가이론을 전개할 때 구조주의적 관점에서 보고 있다. 국가는 그 기능의 관점에서 국가를 정치구조의 제도화로 보고 있기 때문에 국가의 기능에 대한 묘사는 정치에 대한 구조주의적 설명으로부터 시작한다. 그에 설명에 따르면 정치(The Political)는 사회구성체의 구조 내의 어떤 한 개의 특정수준(층위)으로써 놓여 있는 것만은 아니라고 한다. 더 나아가 그것은 사회구성체의 여러 층위들 사이의 모순, 즉 불균등 발전 및 탈구 상태가 반영되고 응집되는 층위라는 것이다. 풀란차스는 정치를 실천(Practice)의 관점에서 규정하고 있는데 실천이란 일정 대상들을 새로운 어떤 것으로 변형시키는 것을 말한다.

풀란차스는 정치적 실천목표가 정치구조의 수준에 위치한다고 주장함으로써 정치적 실천과 정치적 구조의 설명을 연결시키고 있다. 그는 정치적 구조가 국가라고 하는 제도화된 권력으로 보기 때문에 정치적 실천은 국가라고 하는 정치적 구조를 자신의 영향력의 초점이자 특수한 전략적 목표로써 갖게 되는 것이다(Poulantzas 1973, 43). 풀란차스는 국가의 일반적 기능은 일차적 사회의 전반적 균형의 조절인자로써 보았다. 그리고 사회구성체의 통일성을 유지시키고 일정단계 또는 국면의 통일성을 유지시키며 기존의 사회관계를 재생산한다고 본다.

즉 국가가 한 사회구성체의 통일성의 응집인자이기도 하지만 그 구성체의 다양한 수준의 제 모순이 응축되어 있는 구조이기도 하다. 따라서 국가는 한 사회구성체 내지는 그것의 어느 한 단계 또는 어느 한 국면을 성격 짓는 지배와 중첩결정의 지표의 장이다. 국가는 또한 한 사회구성체의 구조의 통일성과 접합을 독해해 낼 수 있는 장이다(Poulantzas 1973, 43).

　풀란차스가 구조와 계급실천의 영역 그리고 관계분석에서 국가와 복합국면은 계급구조와 계급실천의 영역과 관계를 분석해 낼 때 더욱 명확해진다. 사회구성체의 통일성에 응집인자로서 국가와 각 층위들의 다양한 모순이 응축되어 있는 장으로써 국가는 정치의 구조인데 이것은 사회구성체의 특수한 수준이며 변형이 일어나는 장인 것이다. 한 구성체의 통일성의 응집인자라고 하는 국가의 기능이 제 층위의 모순에 응축된 장으로서의 국가의 존재를 가능하게 하는 것이지만 다른 한편으로는 이러한 국가의 기능은 역사적으로 결정된 사회구성체가 여러 생산양식의 중첩으로써 성격 지어지는 점을 고려할 때 보다 명확해진다(Poulantzas 1973, 43).

　이와 같이 복합적으로 중첩된 다양한 생산양식의 응집인자로서 국가의 역할은 결정적인 것이다. 국가와 사회구성체를 특성화하는 접합 간의 관계는 바로 국가가 정치적 계급갈등(계급의 정치적 갈등)에 있어서 질서(물론 정치적 질서)의 기능 그리고 통일성의 응집인자로서 전체적 질서의 기능을 갖는다는 사실에서 유래한다고 본다. 국가는 계급의 정치적 갈등이 구체적으로 통일성을 반영하고 있는 한 정치적 갈등이 밖으로 분출하는 것을 저지한다(Poulantzas 1973, 50).

　풀란차스는 자본주의 사회에 있어서 정치와 경제는 각각의 상대적 자율성이 있다는 점을 강조하면서 경제는 정치적 영역의 직접적인 영향으로부터 자유롭고 시장력에 의해 움직여지는 데 반해, 국가는 무력으로 독립할 수 있고 합법화할 수 있기 때문에 사회적 응집의 유지에 전반적인 정치적 기능을 국가자체의 고유한 것으로 만들 수 있다고 보았다(Jessop 1985, 61－62). 풀란차스의 경제와 정치의 구분은 경제영역과 정치영역이 각각 분리돼 있고 자율성도 있다고 함으로써 자본주의 국가를 논의하는 데 있어 정치적 요소 이외의 다른 인자들을 배제시켜 준다. 뿐만 아니라 자본주의 국가가 파워 불럭을 형성하고 있는 다양한 계급이나 분파들의 즉각적인 경제이익보다 파워블럭 전반의 정치적 이익을 대표해 주기 때문에 자본축적 등의 경제범주보다 정치적 개념으로부터 분석을 먼저 시작해야 한다고 강조한다. 이렇게 볼 때 경제와 정치의 자율성은 자본주의적 생산양식의 제 심급에 대한 부분이론, 따라서 정치에 대한 부분이론 구성의 존재 이론적 근거를 마련해 주고 있다.

4. 풀란차스의 국가 권력론

풀란차스에게 있어서 권력은 어느 한 사회계급이 자신의 특정한 객관적 이익을 실현할 수 있는 능력을 말한다(Poulantzas 1973, 19-22). 그의 권력의 특징은 몇 가지로 구분하여 볼 수 있다. 첫째로 계급실천 및 계급실천의 제 관계의 영역, 즉 계급투쟁의 영역과 밀접하게 관련된다. 즉 권력개념은 갈등 및 투쟁에 의해 성격 지어지는 사회관계 유형과 관련된다. 둘째, 권력의 개념은 특유한 객관적 이익을 실현시킬 수 있는 한 계급의 능력과 관련된다. 셋째, 여기서 계급이익과 객관적 이익의 문제가 대두되는데 계급이익은 실천의 영역, 즉 계급투쟁의 영역에서 설정된다. 넷째, 권력의 개념은 계급이익의 특유성이라고 하는 요소이다. 국가권력은 일정한 계급이익에 상응하는 제한된 계급권력으로 본다(Poulantzas 1973, 104-113).

요컨대, 권력관계는 구조나 실천이 그러지 않는 것과 마찬가지로 단순한 표출적 총체를 만들어 내는 것이 아니라 권력은 복합적인 관계이며 종국적으로는 경제력에 의해서 결정된다는 것이다.

경제력에 의한 권력의 개념을 받아들인다면, 국가권력은 제도(institution)와는 상이한 차이가 있음을 강조한다. 국가제도들은 엄격히 말하면 아무런 권력도 갖고 있지 않다. 권력이란 관점에서 보면 제도란 단지 권력을 보유한 사회계급과 관련되어 있을 뿐만 아니라 사회계급의 권력은 그것이 행사될 때 권력중심인 특유한 제도 속에 조절된다. 이러한 맥락에서 국가는 정치권력의 행사의 중심이라고 본다. 하지만 이것이 권력중심, 즉 정치, 군사, 문화, 등 다양한 성격의 제도가 사회계급 권력의 단순한 도구나 기관 또는 부속물이라는 것을 의미하는 것은 아니다. 이러한 것들은 그 나름대로의 자율성과 구조적 특유성을 보유하고 있다. 이 자율성과 구조적 특유성은 그 자체가 권력의 관점에서 분석으로 직접 환원될 수 있는 것은 아니다(Poulantzas 1973, 115－116).

이러한 맥락에서 이 제도들은 그것들이 계급투쟁의 영역에서 미치는 영향(impact)을 준거하여 고찰되어야 한다. 왜냐하면 한 제도 속에 집중된 권력은 계급권력이기 때문이다. 사회계급과의 관계에 있어서 각종 제도(권력중심)의 상대적 자율성은 권력개념과는 구분되는 고유한 권력을 가진다는 의미가 아니고 제도의 제 구조와의 관계에 기인하는 것이다. 즉 제도는 권력기반을 구성하는 것이 아니라 오히려 권력중심을 구성한다는 것이다.

5. 지배계급과 사회 엘리트

구조주의적 국가론자인 풀란차스에 의하면 밀리반드는 자본주의의 사회엘리트들이 공통의 교육, 배경, 가족관계, 교우관계 등으로 굳게 결속되어 있음을 보여주는 데 너무 부심하고 있다고 비판한다. 지배계급 구성원들의 참여가 국가의 직접적인 국가행위를 설명해 주는 것이 아니라고 한다. 풀란차스는 계급, 국가, 권력의 관계 등 국가행위를 파악하기 위한 목적은 국가기구와 정부에 있어서 자본가 계급의 직접적인 참여나 지배계급과 국가기구 간의 형성된 인적 유대를 발생시키는 조건에 관심을 두었다.

풀란차스는 밀리반드가 부르주아계급과 자본가적 사회 사이에 본질적인 구조주의적인 연계를 소홀히 하였다는 이유를 들어 비판한다. 자본주의 생산양식에서 자본주의 국가를 만들어 내는 것은 국가기구 구성원들의 계급구성이 아니라 자본주의 생산양식 내에서 국가가 점유하는 위치인 것으로 본다. 즉 국가기구에 있어서 지배계급 구성원들의 직접적인 참여는 원인이 아니라 결과이며 더욱이 이러한 객관적인 일치는 우연한 결과라는 것이다(Poulanztas 1975, 102). 그러므로 자본주의 생산양식에서 국가는 오직 지배계급의 구성원들이 국가기구에 직접 참가하지 않을 때 자본가 계급의 이익에 가장 잘 봉사할 수 있다고 주장한다.

불럭(Block 1977, 6)은 국가와 지배계급과의 관계를 국가기구 구성원들의 출신배경과 이러한 계급구성원들에 대한 그들의 내적인 인간관계에 놓아둔다면 국가는 한구석에 놓이게 되어 이러한 계급에 대한 국가의 상대적 자율성은 설명할 수 없다고 본다. 그러나 대부분 마르크스주의 국가이론가들은 일반적으로 비록 풀란찬스의 구조주의적 입장이 많은 결함을 내포하고 있지만 국가구성원과 지배계급의 인적유대를 강조하며 국가를 지배계급의 단순한 도구로 보는 밀리반드의 도구주의적 국가론보다는 훨씬 더 세련된 것으로 보면서 국가의 상대적 자율성을 인정한다.

따라서 풀란차스에 있어 국가자율성 문제는 지배계급들과 지배계급 중에서 통치 권력을 장악한 분파가 서로 분리되어 있다고 본다. 풀란차스는 자본주의 국가가 부르주아계급의 상이한 제 분파에 대해 자율성을 가지고 지배계급에 봉사하고 있다고 말한다. 실제로 자본주의 국가는 노동계급에 대항하여 부르주아 계급 내의 분열적인 집단들의 통일체를 제공하고 있다. 이러한 통일체의 제공이 결국 자본주의 국가의 계급성격의 핵심을 이룬다. 따라서 풀란차스는 단지 국가를 계급지배의 도구로 이해하는 전통적 마르크스의 국가개념을 비판한다. 도구(Instrument)라는 단어는 계급에 의한 국가의 이용만을 언급할 뿐 국가의 계급적 성격(Class nature)을 나타내고 있지는 않기 때문이다(Poulantzas 1978, 13-14).

풀란차스에 의하면 자본주의 국가는 지배계급들이 자신의 이익을 위하여 기존의 생산양식에 상관없이 국가를 이용할 수 있다고 본다. 그러나 그것은 그에 의하면 명백한 오류라고 한다(Poulantzas 1973, 256-257). 풀란차스에 의하면 도구주의 개념의 난점은 그것이 비록 제한적이기는 하지만, 국가의 독립적인 역할에 대해서는 적절한 설명을 해줄 수 없는 경제 환원론으로부터 유래한다. 왜냐하면 도구주의는 자본주의 사회에서의 정치의 고유성을 인정하려 들지 않기 때문이다. 또한 풀란차스는 도구주의적 국가관을 극복하기 위해 지배계급 내의 갈등에 초점을 맞춤으로써 국가의 상대적 자율성을 이끌어내고 있다. 주지하다시피 전통적 마르크스주의에서는 국가와 지배계급을 단일한 것으로 파악했으나, 풀란차스는 지배계급 내에 여러 분파들이 분열상을 보이고 있어 서로 갈등 속에 불완전한 타협의 균형을 이루고 있다고 본다. 따라서 국가자체가 계급관계를 형성시키고 지배계급 내 헤게모니를 형성케 하는 독자적 영역이 있음을 부각시키면서 국가의 상대적 자율성을 도출하고 있다.

풀란차스의 국가 자율성은 특정 제도에 의해 규정되지 않고 사회 또는 생산양식에 따라 다양하게 표출된다. 또한 국가권력은 한정된 계급이익에 상응하는 한정된 계급권력으로 본다. 국가는 계급모순을 관리하고 사회적 응집을 확보하는 데 성공하기 위해 지배적 생산양식의 존속을 위한 정치적 전제조건이 유지되어야 한다. 국가의 일반적 기능은 응집을 유지하는 것과 투쟁하는 계급들 간의 균형을 관리하는 것이기 때문에 국가권력은 다른 계급들을 배제시킨 채 한 계급이나 분파에 의해 조작될 수 없다고 보았다. 결국 국가와 지배계급과의 관계를 국가기구 구성원들의 출신배경과 계급구성원들에 대한 그들의 내적인 인간관계에 놓아둔다면 국가는 한구석에 놓이게 되어 이러한 계급에 대한 국가의 상대적 자율성은 설명할 수 없다는 것이다(Poulantzas 1973, 118 - 119).

6. 정상국가와 예외국가

풀란차스는 역사적으로 나타난 자본주의 국가형태를 정상국가[31]와 예외국가[32]로 대별하여 보았다. 풀란차스는 국가권력이란 국가제도를 통하여 행사되는 제 사회계급과 세력들 간의 관계라고 보았다(Poulantzas 1973, 135). 따라서 정상국가란 계급사회에 내재하는 계급의 대립구조 속에서 국가가 효율적으로 기능함으로써 국가조직이 하나의 사회응집인자로 계급사회를 지속시키고 유기적으로 운영하는 제도화된 자본주의 국가를 의미한다(Poulanztas 1975, 99 - 102).

정상국가는 하위유형(sub type)으로 자유주의 국가(liberal state)와 개입주의국가(intervention state)로 분류된다. 이러한 분류의 기준은

---

31) 정상국가는 1) 경쟁 자본주의 단계에서 경제의 결정과 지배가 이루어지는 자유주의 국가 2) 독점자본주의의 이행국면으로 가는 단계에서 경제와 정치(국가) 간의 불안정한 균형을 이루는 국가 3) 독점자본주의 단계에서 국가의 중심적인 역할을 하는 개입주의 국가이다.
32) 예외국가는 1) 경쟁 자본주의 단계에서 국가가 지배적인 역할을 하는 보나파르트 국가와 2) 독점 자본주의 이행국면에서 국가의 지배적인 역할을 강화하는 군부독재국가 3) 독점자본주의 단계에서 국가의 지배적인 역할을 확립하는 파시즘 국가를 말한다.

입법부와 행정부의 관계유형과 국가의 경제적 기능수행의 유형으로 구분한다(Poulantzas 1973, 310).

풀란차스는 정상국가와 대조적으로 예외국가의 유형을 제시한다. 즉 예외국가는 자본주의 국가유형으로 정상국가와 같이 안정적 지배계급을 기반으로 유기적으로 계급지배를 운영하는 국가뿐만 아니라 헤게모니 위기가 나타나는 자본주의 사회구성체의 특정한 대결국면(conjuncture)에서 위기관리의 정치적 측면으로 예외적인 자본주의 국가형태를 제시하는 것이다. 즉 정치권력에 있어 지배계급과 피지배계급 간에 적용되는 제로 섬 게임(Zero-Sum game)적 권력상태에서 기존의 부르주아 계급의 헤게모니가 상실되면서 국면의 해결책으로 국가라는 새로운 제3의 사회세력이 대두되는 상황이 발생할 수 있을 뿐이다. 풀란차스는 정치적 위기라고 지칭하는 사회 내 헤게모니 계급의 부재국면으로 역사적 현실로써 보나파르트를 예를 들고 있다.

풀란차스가 말하는 예외국가의 특징은 7가지로 요약하고 있다. 1) 국가개입방식의 특이성, 2) 억압기구와 이념기구 간의 관계수정, 3) 국가기구의 전위, 4) 사법체계의 수정, 5) 선거원칙의 정치, 6) 관료의 자율성, 7) 중앙집권주의와 내적 대립 등으로 요약해 볼 수 있다. 정상국가는 권력집단 내에서의 계급대립과 권력순환은 다양한 기구들과 기관들의 영역에 의해 결정되므로 기구들 간의 상호 자율성에 바탕을 둔 문화를 통해 권력이 조직된다. 그러나 예외국가는 권력망(power network)과 매개체(transmission belt)가 제도화되지 않아 국가기구들 간의 관계가 불투명하며 국가기구나 국가기관 내에서도 첨예화된 대립이 야기된다. 국가기구들 간의 대립은 국가체계의 급격한 변화로 귀결되기도 한다(poulantzas 1974, 328-330).

풀란차스가 말하는 예외국가는 사회구성체에서 비자본재적(noncapitalist) 생산양식의 성격을 갖는다. 일반적 수준에서 자본주의 국가는 계급사회에서 동일한 기능을 수행한다. 따라서 사회 재 생산은 공통적인 국가의 역할이라는 기능적 측면에서 파악된다. 풀란차스의 예외국가는 자본주의 국가의 기본 틀에서 국가일반론이 갖는 보편성의 한계를 극복하고 경제가 얼마나 자기 규제적으로 움직이는가를 보아야 한다. 또는 예외국가에서 얼마나 경제가 국가의 개입에 좌우되는가를 자율성 측면에서 살펴봐야 한다.

풀란차스의 예외국가의 고도의 상대적 자율성을 정치부분 이론의 일부로 파악하기 위해서는 구조주의적 정치영역의 문제영역인 헤게모니에 대한 논의를 선행해야 한다. 풀란차스는 자본주의 구성체 내에서 지배계급의 헤게모니가 구성되는 과정을 한편으로는 지배계급에 의해서 다른 한편으로는 피지배계급을 포함한 구성체의 총체와 관계되는 정도에 따라 달라진다고 보았다(Poulantzas 1973, 137 - 141). 헤게모니의 이중적 기능은 자본주의 국가의 기능과 일치하며 헤게모니의 구체적 현상은 사회세력들의 대결국면(Conjuncture)에 의존하므로 정상적으로 선거대표제와 같은 제도화를 통해 권력집단 내에서 헤게모니 기능과 피지배계급에 대한 헤게모니 기능이 동일한 지배분파에 의해서 수행된다. 대표성 위기(representation crisis)와 같은 특수한 대결국면(예외국가)에서는 헤게모니가 지배계급과 상이한 계급내지 분파(구조적으로는 국가기구)에 의해서 담당되거나 분리된다. 풀란차스에 있어서 헤게모니의 위기는 예외국가의 일반적이고 본질적인 국가체계의 특성으로 파악하고 있다. 예외 국가에서의 헤게모니 위기는 정치적 위기로 인한 사회세력 간의 관계변화의 결과인 동시에 예외국가의 지배계급들과 분파들이 새로운 헤게모니와 권력집단을 재구성하는 집단이 된다(Jessop 1982, 168).

[표 1] 헤게모니 측면에서 본 정상국가와 예외국가

	정상국가	예외국가
동의방식	능동적, 직접적	수동적, 간접적
국가주의 성격	팽창적, 민주적	억압적, 관료적
중심사회	시민사회	국가 또는 정치사회
국가개념	동의의 조직자로서 국가	권력 장치로서 국가
국가 중심기능	서비스, 합의체	통제, 교직자
헤게모니	안정적(Stable)	위기(Crisis)

풀란찬스가 예시하는 정상국가와 예외국가의 기준은 헤게모니 위기관리에서 찾는다. 자본주의의 정상국가는 안정된 계급지배를 기반으로 유기적으로 계급지배를 계속·운영하는 국가뿐만 아니라 헤게모니의 위기가 노정되는 자본주의 사회구성체의 특정한 대결국면에서 위기관리의 정치적 측면에 예외적인 자본주의 국가형태를 제시한다.

V. 밀리반드와 풀란차스의 논쟁

풀란차스와 밀리반드의 국가론 논쟁의 발단은 밀리반드의 대표저서 『The State in Capitalist Socity 1969』에 대한 풀란차스의 비판으로 시작된다. 이 책에서 밀리반드는 선진자본주의 국가에 관한 다원론적 민주주의 사회관, 정치관 및 국가이론이 그 핵심에 있어 모두 잘못되었다는 점을 상세히 보여주는 것이었다(Miliband 1969, 5). 이러한 작업을 위하여 밀리반드는 다원론적 엘리트의 개념을 대체하는 개념으로써 지배계급(Ruling Class)의 개념을 제시한다. 그러나 풀란차스는 밀리반드가 자유주의 다원론의 신화를 폭로하는 데에는 성공하였으나 마르크스주의 국가이론 그 자체에 대한 기여로 볼 수 없다는 것이다. 풀란차스는 밀리반드가 부르주아 이론에 있어서 근본적인 다원주의적 엘리트에 대해 검토할 때 바로 그 엘리트라는 개념을 거부했어야 한다는 것이다(Carnoy 1984, 104-105).

　구체적으로 풀란차스는 엘리트 개념을 문제 삼고 있는데, 밀리반드가 엘리트 개념 그 자체를 부인하지 않으면서 그럼에도 단일 지배계급의 존재 가능성을 지적한다. 반면에 풀란차스는 마르크스주의 입장에서는 우선 엘리트 개념 자체에 대한 비판을 선행해야 할 것임을 강조한다. 말하자면 다원적 엘리트라는 개념 뒤에 숨어 있는 구체적 현실을 제대로 파악하기 위해서는 바로 그 엘리트 개념의 비판과 제거가 요구되는 것이다. 어떠한 개념도 반드시 특정의 문제의 틀 속에서만 그 의미를 갖는 것이기 때문에 문제의 틀 그 자체에 대한 고려 없이 이루어지는 논의 결과는 의도와는 전혀 다른 결과를 낳을 수 있다는 것이다(박상섭 1984, 43-44).

　예를 들어 풀란차스는 자유주의 사회이론의 인식론에 밀리반드가 무의식적으로 오염된 증거로 밀리반드의 계급 또는 국가의 개념을 지적한다. 즉 밀리반드는 계급 또는 국가를 인적관계로 환원시키는 경향이 있다고 말하면서 이것이 그러한 오염의 증거라고 지적한다. 이에 비해 풀란차스는 국가나 계급은 오히려 객관적 구조로 보아야 할 것이라고 강조한다(박상섭 1984, 43-44).

　풀란차스는 이러한 방법론적 실수가 사회 제 계급들과 국가를 객관적인 구조로 이해하고, 그들의 관계를 객관적인 규칙적 연관체계, 즉 하나의 구조 그리고 하나의 체계로 이해하는 데 있어서 밀리반드가 겪는 어려움 때문에 나타난다고 주장한다(Carnoy 1984, 105).

다음으로 관료기구 및 기타 국가기관에 관한 밀리반드의 논의에 대한 풀란차스의 비판에서 잘 나타난다. 이 문제에 관한 밀리반드의 논의는 역시 자유주의적 국가중립성의 관념을 비판하는 데 초점을 맞추고 있는 까닭으로 국가기구의 고위인사들 또는 관리들이 경제영역의 엘리트와 어떻게 하나의 단일한 엘리트들의 출신배경, 교육배경 등을 경험적으로 검토할 때 동일한 것이며 이에 따라 동일한 이데올로기적 성향을 갖는다는 점을 입증하는 것으로 일관한다. 결국 인적 중복이라는 명제를 바탕으로 국가중립성을 거부하는 데 역점을 둔다.

이에 풀란차스는 인적 결합의 사실은 그리 중요한 것이 아니며 부르주아 계급과 국가 사이의 관계는 객관적 관계라는 명제만 밝히면 충분하다고 지적한다(박상섭 1984, 45). 이러한 주장은 그의 주요 저서 『정치권력과 사회계급』에서의 기본 논지 중의 하나인 국가에 대한 그의 독특한 정의, 즉 국가는 사회구성체의 응집인자이고 또한 주어진 체계의 생산여건의 재생산의 요인이라는 규정에서 도출된다. 그에 따르면 이러한 국가의 본성자체가 이미 계급지배의 성격을 결정짓는 것이다. 더 나아가 풀란차스는 자본주의가 계급의 구성원들이 국가기관에 직접 참여하지 않을 때, 즉 지배계급(Ruling Class)이 정치적 지배계급(political governing class)이 아닐 때 자본주의국가는 자본가 계급의 이익에 가장 훌륭히 봉사할 수 있는 것이라고 한다(박상섭 1984, 45－46).

이러한 맥락에서 볼 때, 풀란차스에 의하면 국가기관의 엘리트와 경제엘리트 사이의 인적 결합을 강조하는 밀리반드의 논의는 마르크스주의 국가이론의 발전을 위한다는 점에서 큰 의미가 없다는 것이다. 이러한 풀란차스의 논지는 소위 국가의 상대적 자율성이라는 명제로 요약된다. 즉 국가가 지배계급에 대하여 상대적 자율성을 갖는다. 따라서 지배계급에 대하여 특수한 사회범주로써 관료층도 상대적 자율성을 갖는다는 잘 알려진 명제로부터 중요한 결론을 이끌어낼 수 있다.

마르크스주의 오랜 전통에서 국가는 단지 지배계급의 자의에 따라 조작되는 단순한 도구나 수단으로 인식되어 왔을 뿐이다. 따라서 국가가 계급투쟁과의 관계 속에서 맺고 있는 복합적인 메커니즘을 설명하는 것은 불가능하였다. 밀리반드가 이러한 굴레를 벗어나고 있지 못한다는 뜻은 아니라고 한다. 그러나 만일 국가와 지배계급과의 사적인 인적 관계를 국가기구의 구성원의 사회적 출신과 지배계급의 사적인 인적 관계 속에서 찾고자 한다면, 그리하여 부르주아가 국가기구를 거의 독점하고 있는 것으로 보게 된다면 이 계급과의 관계에서 국가가 지니는 상대적 자율성에 대한 설명도 불가능하게 된다고 지적한다(임영일 외 1988, 76).

풀란차스에 이러한 관심의 초점은 전통적 마르크스주의 국가이론이 경제주의 또는 경제적 환원론에 입각하여 국가 또는 정치영역의 독자성의 현상을 제대로 파악하지 못한 데 대한 비판이다. 끝으로 풀란차스가 제기하는 문제는 자본주의 체제의 유지를 위한 이데올로기의 역할과 그 역할의 담당기관에 관한 것이다. 밀리반드나 풀란차스는 공히 이 문제를 다룸에 있어 그람시의 헤게모니의 개념을 바탕으로 하고 이 헤게모니 확보에 있어서 국가역할을 다루고 있다(박상섭 1984, 46－47).

밀리반드의 경우 단일 주제로써는 그의 저서에서 가장 길게 다루고 있는 것이 이 문제인데 자유주의 체제를 자기유지라는 기능론적 관점에서 논의한다. 국가의 이데올로기적 기구들을 논의해야 하는 이유는 무엇인가. 그리고 이 기구들을 국가의 구성요소로 보아야 하는 이유는 어디에 있는가. 거기에 대해서 풀란차스는 다음 몇 가지 이유를 중요하게 생각한다.

첫째, 만일 국가가 계급지배의 유지를 통해서 사회구성의 응집력을 유지하며 사회체계의 생산조건들을 재생산하는 심급으로써 정의된다면 여기서 문제시되고 있는 제도들(국가 이데올로기 기구들)도 그와 동일한 기능을 한다는 것이다. 둘째, 국가가 이데올로기적 기구들의 존속과 기능을 보장해 준다면 이 국가는 어떤 형태에서든 억압기구 자체이다. 따라서 억압기구가 언제나 이데올로기 기구들을 보호하고 뒷받침해야 한다고 규정한다. 셋째, 이러한 이데올로기적 기구들이 자체적으로 억압기구와의 관계에서 현저한 정도의 자율성을 갖는다고 하더라도 그것들이 억압기구와 마찬가지로 동일한 하나의 체계에 속한다는 것이다. 넷째, 국가의 이데올로기적 기구들이 자율성을 가짐을 전제로 할 때 억압적 국가기구(고전마르크스 국가)와 동일한 방식으로 철폐되어야 한다는 것이 아니라 이데올로기적 국가기구들의 철폐는 그것을 유지시킨다는 억압기구의 철폐를 전제조건으로 한다는 의미이다(임영일 외 1988, 79-82).

이 문제에 대한 풀란차스의 밀리반드에 대한 비판은 단지 모든 논의를 하나로 묶음으로써 이데올로기적 국가기구라는 개념으로 통합하지 못한 제도에 초점을 둔다. 이 점은 동시에 자신도 밀리반드와 똑같은 잘못을 저질렀다고 함으로써 일종의 자기비판도 겸하고 있는데, 아마도 이 점은 그의 책이 나온 이후 알튀세에 의하여 논의된 소위 이데올로기적 국가기구론에 자신도 동의한다는 점을 밝히기 위해 지적된 듯이 보인다(박상섭 1984, 46-47).

밀리반드의 답론은 상기(上記) 풀란차스의 비평에 답하는 형식으로 그 비평이 게재된 다음호의 New Left Review에 발표된 다음 3년 후 발표된다.

우선, 문제접근 방식에 있어서 밀리반드는 풀란차스의 기본입장을 기본적으로 동의하는 듯 태도를 보인다. 즉 마르크스주의 국가이론의 구성에 있어서 풀란차스가 적합한 문제 틀의 중요성을 강조한 것은 전적으로 적절한 일이며 밀리반드 자신이 밝혀내지 못한 것은 아마도 사실이(Miliband 1972a, 254)라고 그는 조심스럽게 풀란차스의 비평을 긍정적으로 받아들이고 있다. 예컨대 풀란차스가 엘리트 개념이 기본적으로 부르주아 사회과학의 개념이라고 한 점에 대하여 밀리반드가 이것을 그대로 사용하는 데 문제점이 있다고 지적한 데 대하여 밀리반드는 그 자신도 그 개념을 사용하는 데 있어 주저하고 결국에는 아마도 잘못 생각하였는지는 모르지만, 그 개념이 이제는 충분히 중립적 성격을 획득하였다고 생각하였기 때문에 그대로 사용하기로 결정했다고 스스로 변호한다(Miliband 1972a, 254).

또한 풀란차스가 경영자론, 관료기관 및 국가기관에 관한 밀리반드의 논의를 비판함에 대하여, 즉 인적 결합이라는 경험적 사실만을 강조하고 객관적 관계의 면을 무시했다고 하는 점에 대해 두 가지로 반론한다. 첫째는 객관적 관계들을 고려하에 놓고 있음에도 불구하고 과소평가한 점이다. 정부 관료체제가 그 사회적 기원이나 계급상황 그리고 이데올로기적 성향이 체계의 구조적 한계들을 벗어나지 못한다는 것임을 거듭하여 강조한 점이다. 둘째는 풀란차스는 국가 엘리트의 본질을 지나치게 무시하고 있는 듯 하는 점이다. 왜냐하면 그는 객관적 관계들만을 전적으로 강조함으로써 이것이 모든 경우나 시점에서 국가의 행위를 결정하는 것으로 부각시키고 있기 때문이다. 그러나 그는 동시에 마르크스주의 오랜 전통에서 국가는 단지 지배계급의 자의에 따라 조작되는 단순한 도구나 수단으로 인식되어 왔다(Poulantzas 1969, 74)는 사실도 역시 거부하고 있다. 그는 그 대신에 국가의 상대적 자율성을 강조하고 있다.

밀리반드는 풀란차스의 이러한 주장을 모두가 지배계급이라는 개념을 객관적 구조나 관계의 개념으로 대치시키는 것이라고 한다. 그러나 지배계급은 체제의 지배적 요소이고 따라서 우리는 국가 엘리트가 이 계급에 완전히 종속된다고 하는 논점에 다시 다다른다. 즉 국가는 지배계급에 의해서 마음대로 조작되는 것이 아니라 자율적으로 지배계급에 도움을 주며 작동하는데, 이것은 전적으로 체계가 부과하고 있는 객관적 관계들 때문이다(임영일 외 1988, 87−90).

풀란차스의 비판에 대한 밀리반드의 일차 답변은 사실상 풀란차스 주장에 밀리반드가 대체로 동의하는 인상을 줌으로써 풀란차스의 입장이 더욱 강화된 결과를 낳는다. 풀란차스의 주저라고 할 수 있는 『정치권력과 사회계급』(the Political Power and Social Classes)에 대한 밀리반드의 평가는 두 사람의 입장의 차이를 잘 드러내는 글이기도 하지만 두 사람의 차이가 예의와 격식을 갖춘 대화를 통하여 표현되기 어려운 종류의 것이라는 점을 또한 여실히 말해 주고 있다. 여기서 밀리반드의 논의는 크게 세 가지 면에서 풀란차스를 문제 삼고 있다.

첫째는 풀란차스의 논의가 역사적 현실성을 상실하고 있다고 지적한다. 말하자면 모든 구체적인 문제가 구조와 층위(또는 수준)의 문제로 추상화되었다는 점이다. 밀리반드는 이를 '구조주의적 추상주의(Structuralist abstractionism)'라 부르면서 그의 모든 논의가 결국은 역사적 감각에 따라서 사회를 분석하는 것을 결여했다고 통박한다.

둘째는 풀란차스의 핵심논지에 관한 것인데, 즉 국가권력과 계급권력의 개념의 정의와 관련된 문제이다. 밀리반드가 지적하는 기본적인 문제점은 이러한 개념들의 정의에서 나타나는 자기모순이다. 일찍이 풀란차스는 국가를 사회구성체의 응집인자라고 말함으로써 자율성의 요소를 부여하고 있다고 지적한 바 있다. 이러한 국가의 이해는 국가를 특정기구로써가 아니라 하나의 관계로써 관념할 때

도출되는 것인데, 국가를 제도로 볼 때는 이와는 정반대의 논지가 제시된다.

예컨대 여러 가지의 사회적 제도들은, 특히 국가의 제도들은 엄격히 말해서 어떠한 권력도 갖지 않는다. 권력이라는 입장에서 볼 때 제도들은 권력을 장악하는 사회계급들과 연결될 수 있을 뿐이라는 식의 정의는 앞서 지적한 국가자율성의 관념과는 근본적으로 모순되는 것으로 보인다(Poulantzas 1976, 74).

풀란차스는 바로 이어서 그렇다고 권력의 중심인 각종의 기관들이 단순히 사회계급의 권력기구라는 뜻은 아니라고 한정지으면서 그러한 기관이나 제도들은 권력분석으로 바로 환원될 수 없는 자율성과 구조적 고유성을 갖는 것이라고 보충하고 있다.

끝으로 밀리반드는 풀란차스의 소위 자본주의의 국가를 본질적, 이론적 특징으로써 보나파르티즘에 대한 문제를 다루고 있다. 먼저 과연 보나파르티즘을 자본주의 보편적 형태로 볼 수 있는가에 관한 것이고 다른 하나는 그러한 주장을 떠받치기 위하여 풀란차스가 사용하는 방법, 구체적으로는 마르크스와 엥겔스의 저술을 인용 해석하는 방식에 관한 것이다. 주지하다시피, 마르크스가 진정으로 말하려 했던 것은 프랑스에서의 보나파르티즘은 부르주아지가 이미 국가를 통치할 능력을 상실하였으나 노동계급이 아직 그러한 능력을 갖추지 못하였던 시점에서 가능한 유일한 정부형태라는 점이다(박상섭 1984, 52-54).

지금까지 밀리반드와 풀란차스와의 논쟁의 주요 차이점은 논쟁이 계속되면서 더욱 선명하게 드러났다. 밀리반드에 대한 풀란차스의 답변 중 자신의 논지를 선명하게 하는 데 가장 도움이 되는 부분은 '구조주의의 문제에 관하여'라는 국가의 자율성에 관한 논의이다. 특히 국가자체는 권력을 갖지 않는다는 명제와 국가자율성의 의미를 분명히 한다. 어느 정도의 권력을 가짐으로써만 자율성이 될 수 있다고 하는 사실, 환언하면 국가가 제도적 고유성을 가졌다는 사실에서 국가가 특정계급의 이해를 직접적으로 반영하는 것이 아니라는 주장이 가능해진다.

또한 이러한 사실로 말미암아 국가는 특정의 계급의 헤게모니하에 파워블럭을 형성할 수 있다는 그람시의 논의를 바탕으로 국가자율성의 의미를 해석하고 있다. 따라서 구조의 차원에서 인식된 국가와 경험적으로 나타나는 국가기구를 구분하지 않는 한 국가자율성의 개념 설정은 불가능하다고 강조함으로써 밀리반드의 입장을 다시 반복하는 것이다(박상섭 1984, 55).

국가의 자율성에 대한 풀란차스의 논의는 정부 및 국가의 여러 형태들 간의 차이를 나타내고 있다. 먼저 밀리반드에 있어서는 자유주의적 국가기관의 이데올로기적 성격을 폭로한다는 의식에서 출발하여 사회전체의 지배적 세력과 국가권력을 장악하는 특정집단 간의 연결 상태를 인적 결합이라는 측면에서 초점을 둔다.

결국 밀리반드는 국가의 계급종속성을 결론적으로 유도하는 데 비해 풀란차스는 전통적 마르크스주의 국가이론, 특히 국가독점자본론이 갖고 있는 경제적 환원론, 계급도구관 등을 비판하고 환원론에 입각하지 않는 방식으로 상부구조현상으로서의 국가의 고유한 의미를 파악하려 하고 있다. 따라서 그의 결론은 국가의 상대적 자율성으로 유도되고 이것을 입증하기 위한 고찰에서 밀리반드와는 반대로 사회 내 지배적 계급들과 특정 권력집단 사이의 있을 수 있는 이해갈등을 부각시키는 쪽으로 향하고 있다(박상섭 1984, 49-50).

이러한 풀란차스의 논의는 국가자율성의 개념을 설명하는 것인데 그에 의하면 국가권력은 자체로써 존재하는 것이 아니라 다만 국가와 일치하는 이익을 갖는 특정계급의 권력을 의미할 뿐이다(Poulantzas

1973, 99 - 100). 왜냐하면 국가의 특정기구들은 권력을 갖고 있지 않고 권력을 장악하고 사회계급들과 연결될 수 있을 뿐이라는 것이다(Poulantzas 1973, 115).

달리 말하면, 국가권력은 사회계급 및 기타 사회세력들 간의 힘의 관계를 제도적으로 표현하는 것에 불과하다. 이런 의미에서 보면 국가는 사회구성체 전체층위에 퍼져있는 일종의 속성으로 이해될 수 있는 것이다. 이데올로기적 국가기구의 의미도 이런 뜻에서 이해될 수 있다. 이러한 뜻에서 국가의 자율성은 상대적이란 수식어로서 그 의미가 한정 지어져야 되는 것이다.

밀리반드는 모든 국가들이 어느 정도 자율적이라는 사실을 받아들이면서 풀란차스가 주장하는 파시즘이라는 극단적인 경우에 국한하여, 결국 이 자율성을 인정한다(Poulantzas 1969, 74)고 주장하는데 이것은 밀리반드에 대한 오해에서 비롯된다고 한다.

밀리반드가 언급하려 했던 것은 파시즘이란 자본주의 사회의 맥락에서 국가의 자율성이 가장 극단적인 모습으로 나타난 사례라는 점이었다. 그렇다고 해서 부르주아 민주주의를 이상시하고 있는 것은 아니다. 오히려 부르주아적 자유에 대한 사회주의적 비판의 초점이 부르주아적 자유란 아무런 의미도 없다고 하는 점에 있는 것이 아니라 그보다는 근본적으로 부적절한 것이며 그것을 부적절한 것으로 몰아 와해시키는 경제적, 사회적, 정치적 맥락의 근본적인 변혁을 통해 더욱 신장될 필요가 있다는 점이다.

이 점은 사실상 뒤에 밀리반드의 비판을 반박하는 자리에서 풀란차스 자신에 의하여 재론하지 않음으로써 일단 스스로 오류를 인정하는 듯 자세를 보이는 것처럼 해석될 수 있기 때문이다.

참고문헌

구루피 L. 저. 최광렬 역. (1986).『그람시의 헤게모니론』서울: 진예원.

김주환 역. (1985).『그람시의 정치사상』, 서울: 청사.

박상섭. (1990).『자본주의 국가이론』한울.

서규선. (1990). '네오마르크스주의 국가론에 관한 체계론적 연구' (서울 대학교 대학원 박사학위논문.

이영내. (1985). "안토니오 그람시의 헤게모니론",『국가 계급 사회운동』 서울: 한울.

이재석·김태일·한기범 역. (1990).『국가와 정치이론』서울: 한울.

임영일·이성현. (1988).『국가란 무엇인가: 자본주의와 그 국가이론』 (서울: 까치).

정수복 옮김. (1990).『구조주의와 현대마르크시즘』(서울: 한울).

최장집. (1986). "그람시의 헤게모니 개념",『국가이론과 분단한국』서 울: 한울.

한상진 엮음. (1984).『계급이론과 계층이론』서울: 문학과 지성사.

홍순권·조형제 공역. (1986).『정치권력과 사회계급』(서울: 풀빛).

Althusser, L. & Balibar, E. (1970). *Reading Capital* London: New Left Books.

Block, F. (1977). *T*he ruling class Does Not Rule: Notes on the Theory of the state, *Socialist Revolution*, Vol.7, May−June 6.

Buci−Glucksmann, Christine, (1980). Gramsci and the Stat!!, London: Lawrence & Wishart.

Carnoy, M. (1984). The State & Political theory, (Princeton, New Jersey: Princeton Univ. Press.

Hoare, Q. and Nowell, G. Smith. (eds. and trans.)(1971). *Selections from the Prison Notebook* london: Lawrence S Wishart.

Gramsci Antonio. (1971). *Selections from Prison Notebooks* N. Y.: Int'l Publishers.

Jessop, Bob. (1982). *The Capitalist State* (N.Y. University Press).

Jessop, B. (1985). *Nicos Poulantzas: Marxist Theory and Political Strategy*

Miliband, R. (1969). *The State in Capitalist Society*(New York: Basic Books Inc. Publishers.

Miliband, R. (1972). *The Capitalist State: A Reply to Nicos Poulantzas in Black Burn*, 1972

Miliband, R. (1972). *The State in Capitalist Society*, New York: Basic Books.

Moffe, Chantal. (1984). "그람시의 헤게모니와 이데올로기 개념", 권유철 편, 『마르크스주의와 헤게모니론』서울: 한울.

Poulanztas, N. (1975). *Classes in Contemporary Capitalism* London: NLB.

Poulantzas, N. (1978). *The State Power Socialism* London: New Left Books.

Poulantzas N. (1973). *Political Power and Social Classes*(London: NLB and Sheed & Ward).

Poulantzas N. (1974). *Fascism and Dictatorship*(London: NLB).

Poulantzas, N. (1969). *The Problem of the Capital state*(New Left Review, No.58 Nov. Dec.

Poulantzas, N. (1976). *The Capitalist state: A Reply to Miliband and Laclau* New left Review. no.95.

제 5 장
자본주의 국가와 정치체계

Ⅰ. 국가론에 관한 정치 체계론적 논의

이스튼(Easton)에 의하면 마르크스주의적 구조주의는 초기의 알튀세(Althusser)에 의해서 정식화되었고 풀란차스에 의해서 채택된 전통적 마르크스주의에다 체계론적 사고를 흡수시킨 위장된 방법이라고 해석한다(Easton 1990; 이용필 역 1991, 262). 풀란차스의 구조주의적 국가론에서 사용하는 국가라는 개념은 때때로 정치체계라는 개념과의 구별이 모호하기도 하다.

풀란차스는 교묘한 언어의 조작으로 국가문제를 다룰 때에는 국가에 대한 대안적 개념을 제시하고 있지만 엄격하게 살펴보면 그렇지도 않다. 이스튼(Easton 1981)의 주장처럼, 풀란차스는 그에 주요 저서인 『정치권력과 사회계급(Political Power and Social Classes)』에서 자본주의 국가의 유형과 형태의 다양성을 설명하는 데 있어 자신이 제기한 주제의 성격과 국가개념의 애매성 때문에 순전히 국가를 물질성, 즉 국가의 조직 기구만으로 이야기하고 있다고 한다.

이스튼(Easton 1981)은 계속해서 풀란차스 어법으로 국가는 관찰 가능한 구조로 변모하는 순간 이제껏 다듬고 다듬었던 언어는 무산되고 만다. 어디엔가 국가는 계급세력의 관계의 응결로써 존재하고 있으며 이 계급세력들이 바로 국가의 구조에 각인되어 있다. 풀란차스가 이론적으로 주장하는 국가와 기구는 실질적으로 완전히 하나로 통합되어 버린다는 것이다. 이스튼(Easton 1981)은 풀란차스가 집요하게 거부하는 국가를 도구적 실체이거나 어떤 場(Site)이 아니라면 일종의 규정되지도 않고 규정할 수도 없는 가변적 현시를 통해서만 알 수 있는 기계 속의 유령일 것이라고 한다.

이스튼은 이렇게 네오마르크스의 국가개념을 정치체계와의 경쟁적 개념으로 그 가능성을 검토하고 있다. 이스튼은 정치체계 개념은 국가개념을 그 이상은 아니겠지만 체계개념화에서 이루어질 수 있고 또 그러한 분석의 주제가 되어 왔다고 본다. 사실 정치체계라는 개념은 밀리반드의 국가론에서도 찾아볼 수 있다. 밀리반드는 정치체계라는 개념을 정치와 동일시되는 가장 포괄적인 범주로써 국가개념보다 더 넓은 개념으로 사용한다. 풀란차스도 정확히 지적하였듯이 밀리반드에게서 국가란 풀란차스의 국가기구와 동일시된다. 밀리반드 자신은 이 점에 있어서 확실하다. 밀리반드는 제도들−정부, 행정부와 경찰, 사법부, 준(準)중앙정부와 의회−이 국가를 구성하며 이 제도들 사이의 상호관계가 국가체계의 형태를 이룬다(Miliband 1969, 50). 밀리반드(Miliband 1969)는 이들 각 기관에서 지도적 위치를 차지하고 있는 사람들을 국가 엘리트라고 부른다. 이러한 외연적 개념규정 때문에 어떤 다른 제도들이 국가에 포함하는지를 알 수 없으므로 국가개념은 그리 명확하지 못하다. 그러나 이스튼(Easton 1981)은 국가를 보다 포괄적인 정치체계의 하위체계로만 본다.

이 점에 대해서 이스튼은 풀란차스 역시 자신의 국가개념을 강조하고 있음에도 불구하고 이상스럽게 체계론 용어를 사용하지 않을 수 없었다고 한다. 초기의 저작인 정치권력과 사회계급에서는 정치체계적 사고를 가끔 사용한다. 그러나 1970년의 파시즘과 독재, 1978년의 국가, 권력, 사회주의에서는 점차로 이 용어의 사용빈도가 증가한다(Easton 1988; 임영일 외 1988, 209).

그러나 문제는 정치체계라는 용어를 단순히 사용하는 것 이상의 것에 있다. 비록 풀란차스가 스스로 자신의 공과에 입각하여 고려되어야 한다고 주장하지만 사실 그는 보통 구조주의적 마르크시즘이라고 부르는 알튀세가 처음 개념화시킨 큰 범위 내에서 움직이는 알튀세의 추종자이다.

풀란차스는 알튀세를 따라 사회구성체(Social formation)가 몇 개의 하위체계(Sub system), 심급(instance) 또는 수준(level)으로 구성된다는 규정 개념을 받아들인다(Easton 1988; 임영일 외 1988, 210). 이스튼은 이들(즉 심급들) 용어해석을 어떻게 하느냐에 따라 달라지겠지만 세 개 혹은 네 개의 심급으로 구분하고 있다.[33]

이들이 경합하여 전체적인 생산양식, 즉 사회구성체가 형성된다고 본다(Easton 1988 김영일 외 1988, 211). 개념은 심급들 혹은 하위체계들을 전체적으로 합한 것을 포괄한다. 왜냐하면 이 모두가 개별 심급들과 이들 사이의 관계를 생산하고 재생산하기 때문이다. 국가 혹은 전체 체계의 조건은 네 개 혹은 실질적으로 세 개(이론적 실천을 제외한) 심급들이 상호 관련성을 맺는 특정양식이다. 그러나 그러한 생산양식으로써의 경제의 성격은 폐기되고 경제는 다른 하위체계들과 같은 수준에 놓이게 되는데 여기서 경제는 최종심급에서 결정이라는 특수한 기능을 계속 수행하게 된다(Poulantzas 1973, 13).

구조주의적 마르크스주의 핵심개념들은 전체와 부분 간의 관계 및 부분과 관계라는 체계사고의 기본적 관심을 반영하고 있다(서규선 1991, 97). 구조주의적 마르크스의 핵심문제는 체계분석이 그것과 다르지 않다. 실제로 풀란차스는 그의 저서에서도 정치체계의 개념을 활용하고 있다. 구조주의적 마르크스주의는 전통적 이론에다 체계사

---

33) 풀란차스가 말하는 사회구성체는 경제적·정치적·이데올로기적·이론적 실천을 말하지만 경제적·정치적 그리고 이데올로기적 실천은 사회구성체 내에서 이루어지는 반면, 이것들에 대한 이론적 실천은 사회구성체 밖에서 이루어진다고 보고 있다. 따라서 알튀세는 사회구성체에서 네 가지의 실천을 구별하여, 즉 세 가지는 사회구성체 내에서 존재하나, 네 번째의 것(이론적 실천)은 사회구성체와는 별개의 것으로 보았다. 그러나 네 가지 실천이 모두 상대적으로 독립된 것으로써 보고 있다. 또한 엥겔스도 생산양식을 논의할 때 이상의 네 가지의 수준들을 생산양식으로 구성하고 있음을 말한다(Poulantzas 1973 13; 정수복 1990, 166-167).

고적 이론을 결합시킨 것이라고 한다(서규선 1991, 97).

이스튼에 의하면 사회체계의 부분으로써의 국가는 생산양식 전체가 작동하고 변화하는 방식의 맥락에서만 설명될 수 있다고 본다. 풀란차스의 정치학에 응용된 지적 경향으로써 구조주의적 마르크스주의는 체계론적 사고를 전통적 마르크스주의 이론에 교묘하게 결합시킨 것으로 해석된다고 보고, 이러한 견지에서 구조주의는 현대사상의 체계론적 혁명을 간접적으로나마 수용함으로써 마르크스주의를 현대화하는 역사적 역할을 수행하였다. 대부분 구조주의와 마찬가지로 구조주의적 마르크스주의는 체계론적으로 분석의 핵심과제와 전혀 다르지 않다는 것을 알 수 있다. 양자 모두는 체계라 부르는 전체구조 또는 고차적 관계 네트워크가 어떻게 그 부분들을 하위체계에 영향을 미치는가를 파악해 볼 필요가 있다.

이스튼은 풀란차스의 국가론이 체계이론에서와 마찬가지로 전 구조 혹은 체계라 부르는 관계들의 고차원적 질서 네트워크(higher-order network of relation)가 어떻게 부분들 혹은 하위체계를 형성하는가를 중심적으로 논의하고 있다고 본다(조일수 1991, 193). 정치체계에 있어 고차적 구조와 저차적 구조 간에 있을 수 있는 관계에 대한 이해 증진에 한 단계에 기여할 이론적 방법론을 제시하고 있는 풀란차스는 전체사회 체계구조의 변화가 정치적 활동에 발생하는 특정 구조형태로 변화되는 이론적 쟁점에 직접적으로 언급하고 있다.

여기에서 각 층위들 또는 하위체계들의 상대적 자율성 개념은 전통적인 마르크스주의에 사고를 도입하는 형식적인 방법이다. 이러한 새로운 분석적 유형은 마르크주의적인 탐구방법을, 특히 상호 관련된 하위체계로 분해해서 분석적으로 연구하는 정통적인 국가이론에 밀접한 관계에 있다고 본다.

풀란차스는 그가 개진하고 있는 국가의 상대적 자율성 논의에서

체계분석의 개념들을 충분히 활용하고 있지 못하다. 그것은 그가 마르크스주의의 기본적 틀인 경제결정주의를 완전히 벗어나지 못했기 때문이다. 그리하여 그의 연구는 자본주의 국가의 기능을 충분히 설명하지 못하고 있음을 알 수 있다(조일수 1991, 193).

풀란차스의 저작에서 국가에 관한 사상과 정치체계에 그의 분석의 핵심적인 문제점들은 마르크스주의에서 이론적 필요성보다 정치적 당파의 목표하에 다루어진 핵심개념으로써의 국가개념을 여전히 고수하고 있음을 알 수 있다. 즉 누가 사회에서 국가를 지배하는 능력을 통해 정책형성을 관장할 권력을 가지고 있는가. 또한 다양한 형태의 국가권력을 어떻게 설명해야 하는가. 여기에서 풀란차스의 논의의 대답은 다음과 같다. 역사적으로 지금까지 알려진 모든 생산양식에서 권력은 지배계급 손에 집중되었다. 그와 같은 지배계급은 권력을 그 계급자체의 독립적인 노력에 의해 획득하기보다는 생산양식(사회체계)이 사회적 관계를 통해 획득한다. 지배계급은 기능적으로 필요하다. 권력은 구조의 여러 수준에 있는 것이 아니고 이들 수준의 총체 결과인 것이다. 또 이러한 권력이 표출되는 국가형태는 마찬가지로 총체 또는 전체 산물이다. 그의 정치이론은 이러한 결론의 타당성을 제시해 보려는 것이다.

풀란차스는 국가를 국가의 실천(형태)과 구별하고 있다. 그는 국가개념은 하나의 구조 또는 수준을 말하는 것이며 계급투쟁이나 여러 계급들 간의 분쟁에 대한 정치적 실천을 말하는 것이다. 국가의 실천은 국가개념 또는 정치개념을 사용하기 때문에 개념의 의미에 있어 혼돈을 일으키기도 하지만 때로는 국가와 실천모두가 정치전체를 구성하고 있다고 한다고 이스튼은 보고 있다(Easton 1990; 이용필 1991, 263).

풀란차스는 국가란 여러 종류의 계급투쟁과 실천 그리고 그 형태의 다양성에도 불구하고 생산양식에 따라 그 특징을 달리한다고 한다. 그런데 국가의 존재 성격 형태에 그렇게도 결정적인 생산양식이 이 개념이 갖는 체계이론적 위치는 무엇인가. 여기에 이스튼은 다음과 같이 지적한다.

첫째, 생산양식은 하나의 구성이다. 그것은 풀란차스에게 있어 하나의 서술적 용어이다. 이 개념은 일반적으로 사회전체를 파악하기 위한 이론적 방법이다. 그것은 만약 그가 부르주아 사회과학의 개념을 받아들이려고만 했다면 사회체계라고 명령했을 개념이다.

둘째, 풀란차스는 생산양식이 국가와 계급투쟁의 형태를 결정한다고 가정한다는 것이다. 그렇지만 그러한 가정은 그가 생산양식과 경제를 똑같은 것으로 본 것이 아니다. 오히려 그에 생산양식은 구체적인 사회구성체나 사회의 구성요소들 간의 추상적 관계를 말하는 것이다. 생산양식은(엄격한 의미에서 생산관계) 외견상 수많은 수준이나 층위, 즉 이 양식의 수많은 국부적인 구조로 나타나는 다양한 구조와 실천의 특정한 결합을 의미한다.

셋째, 특정 사회구성체는 하나 이상의 생산양식에 의해서 특징지어진다. 모든 사회에서 그 사회가 단일한 생산양식의 지배하에 조직화되어 있다 할지라도 역사적인 생산양식들의 흔적을 찾아볼 수 있다. 그러므로 자본주의와 같은 개별 생산양식은 단지 하나의 구성에 불과하기 때문에 경험적으로는 순수한 형태를 결코 발견할 수 없다.

넷째, 하나의 생산양식은 미분화되어 있는 전체가 아니다. 풀란차스는 생산양식이 경제, 정치, 이데올로기 그리고 이론층위 등 상이한 수준들로 구성되었다는 엥겔스의 이론을 이용하면서 이론적 층위를 제외시켜 버리고 마치 생산양식이 나머지 세 층위로만 구성되어 있는 것처럼 말하고 있으며 그 이유는 전혀 제시하지 못하고 있다(Easton 1990; 이용필 1991, 263).

사회를 해체시켜 구분해 낸 이들 세 층위는 추상화된 불변적 요소로써 제시되어 있다. 그러나 사회에 형태와 특성을 부여하고 독특한 방식으로 그것을 작동시키는 힘인 생산양식이 세 요소로만 구성되어야만 하는 의문점에 대해서 라클라우(Laclau)는 다음과 같이 지적한다.

> 왜 단지 세 층위인가. 그것들을 연역해 내는 방법은 무엇인가. 그것들 간의 논리적 연계는 있는가. 처음 두 가지 질문에 대해서는 묵묵부답이고 세 번째 질문에 대해서는 부정적이다. 즉 주어진 생산양식에 의한 그것들 간의 접합이 유리한 관계이다. 다시 말해서 우리는 순수하게 서술적으로 세 층위를 설정해 볼 수 있을 뿐이다(Laclau 1979, 73).

이스튼도 세 층위 간의 기본적인 관계를 질서 지어지는 최종 층위에서의 지배가 의미하는 바가 실제로 불분명하다고 한다. 용어의 모호함에 있어 결정이란 용어는 최종층위에서 지배를 위해 준비하는 것이라는 풀란차스의 지적에 의해 확대되는 것 같다고 한다(Easton 1990; 이용필 1991, 266).

이러한 평가에 근거를 둔다면 마르크스주의 자체의 내부에 있어 풀란차스에 대한 반대자는 경제주의 또는 세속적 경제결정론이었다는 점을 벗어나지 못한다. 주지하다시피 풀란차스는 전체 상부구조가 경제적 토대에 의해 결정되기 때문에 부수현상일 뿐이라고 전통적 마르크스주의의 입장을 논박했었다. 그는 국가를 포함해 상부구조는 사회체계의 어떤 단일 요소에 의해서 결정되지 않는다고 보았으며, 생산력이나 생산관계에 의해 대표되는 경제에 의해서 결정된다고 보지 않았다. 오히려 체계는 생산양식과 사회구성체의 세계적 구조에 의해서 그 한계가 설정된다고 보았다(Poulantzas 1973, 209).

심지어 국가가 최종 층위에 경제에 의해서 지배되는 것일지라도 생산양식을 구성하는 각 요소들은 실제로 그 전체와 각 요소들에 대하여 각각의 상대적인 자율성을 보유하고 있다. 여기서 상대적으로 자율적이라는 구절이 무엇을 의미하는가 하는 점도 풀란차스의 분석에서 미궁을 헤매게 만드는 또 다른 주요개념이라고 한다. 경제가 생산양식을 최종 층위에서 지배한다 할지라도 각 구조적 수준 또는 요소는 근본적인 사회변동을 가져오는 전반적 모순에 미치는 영향만큼 상대적으로 자율적인 상태로 남아 있다.

이리하여 국가와 같은 사회의 구조적 요소들은 전통적 마르크스주의자의 해석에서 말하는 경제적 토대로부터 자유롭게 되고, 그 자체의 독립적인 영역을 갖게 된다. 실제로 생산양식이나 이데올로기 또는 경제에 관한 여타의 일반이론과는 다른, 국가에 관한 특수이론을 개발하는 일은 바로 국가와 같은 여러 층위들(하위체계들)의 자율성이 있기 때문이다(Easton 1990; 이용필 1991, 267).

만약 경제에 의한 최종 층위에 있어서의 결정이 의미하는 바가 경제가 직접적으로 사회의 다른 요소들을 형성시키고 위기를 초래하지 않는다면 과연 이 내용의 의미는 무엇인가. 여기에 풀란차스는 경제는 위치라는 하나의 전제에 의거하기 때문에 모호한 결론을 내리고 있다. 구조 중의 하나인 경제는 최종층위에서의 결정요인이기 때문에 전체를 지배한다. 그러나 경제가 항상 지배적 역할을 하는 것은 아니다. 즉 전체구조가 최종층위에서 경제에 의해서 결정된다는 사실이 곧바로 그 구조 속에서 항상 지배적 역할을 유지하고 있다는 것을 의미하는 것은 아니다(Poulantzas 1973, 14). 여기서 풀란차스는 결정과 지배적 역할을 구분하고 있음을 알 수 있다. 그는 경제적 층위(하위체계)는 사회의 주요 모순들의 근원이다. 이러한 이유 때문에 경제는 모든 층위들 간의 근본적인 관계를 최종적으로 결정할 수 있다. 그러므로 경제에 의한 모순은 정치적 또는 이데올로기적 수준들로 하여금 지배적인 결정요소의 역할은 아니지만, 역할을 할 수 있게 만든다.

이스튼은 풀란차스의 상대적 자율성을 논의하면서 경제가 마치 전능한 전환장치처럼 작용한다고 한다. 경제만이 다른 두 층위 중 어느 것이 지배적 역할을 하게 되는지 결정할 수 있다. 즉 경제가 항상 세 층위들 간의 최고 위치에 자리 잡는 통제위계가 있다고 본다(Easton 1990; 이용필 1991, 269). 결국 최종 층위에 있어서 경제에 의한 결정 및 각층위의 상대적 자율성에 대한 풀란차스의 이론적 명제에 모호함은 그의 이론을 적용하고 그의 이론으로부터 도출한 추론에 비결정성을 부여한다. 그렇지만 풀란차스에게 있어 경제는 최종층위에 있어서만 결정요인이다. 적어도 그것은 생산양식의 경제로 하여금 이데올로기 또는 정치와 같은 상부구조의 다른 측면들에 제공되는 자유의 정도를 통제할 수 있도록 하는 것이 생산양식의 독특한 점이라는 것을 의미한다(Easton 1990; 이용필 1991, 272).

또한 이스튼은 풀란차스의 사회구성체 개념을 사회개념으로 위장시킨 것 이상의 아무것도 아니라고 한다(Easton 1990; 이용필 1991, 274). 사회구성체를 불변하는 다양한 층위(요소, 수준, 지역 구조)들로 분해시킨 것도 사회의 여러 하위체계를 세분화시킨 또 다른 공식화일 뿐이라고 한다. 하나의 구성으로서 추상화된 이들 하위체계들을 집합적으로 가리키는(전반적 구조, 층위들의 총체인) 생산양식은 사회체계의 개념을 대체한 것이다. 그러므로 사회구성체, 층위, 생산양식(전체구조)은 각각 사회, 하위체계로 알려져 있다.

결국 국가란 전체 생산양식의 부분으로서 그 전체의 변형과 더불어 동시적으로 구성되면서, 특히 생산양식의 통합적 기능을 수행하는 부분으로 이해될 수 있다고 결론지으면서, 풀란차스는 정치체계의 산물이며 사회체계 자체를 형성시키는 것이라는 전제에서 논의를 전개한다(Easton 1990; 이용필 1991, 274-275).

이스튼은 풀란차스의 정치를 분석적으로는 다른 사회체계와 분리될 수 있지만 경험적으로는 상호 관련된 하위체계로 파악한 것으로 보고 있다(Easton 1990; 이용필 1991, 277). 만약 우리가 체계론적 시각을 간직하고 있지 못하다면 풀란차스가 왜 최종층위에 있어서 결정, 층위들의 상대적 자율성 등과 같은 모호한 개념과 맞서 싸웠는지 이해하기가 어렵다. 그는 경제적 비대칭 영향에 집착하는 전통적인 마르크스주의의 중요성을 전체적으로 포기하려 들지 않았을 뿐만 아니라 정치체계에 대해서 내적인 요소들과 더불어 그것을 구성하는 복합적 변수들에 미치는 다수의 동시적인 대칭적 영향이라는 현대적 관점도 무시하려 하지 않는다(Easton 1990; 이용필 1991, 278).

결론적으로 이스튼은 풀란차스가 전반적인 사회체계의 상태와 정치체계의 다양한 형태 간의 연계를 설명하는 데 성공하지 못했다고 한다(Easton 1990; 이용필 1991, 279). 또한 그는 국가의 구조적 형태변화와 자본주의적 생산양식(사회체계)의 변화 간의 관계를 밝혀내는 데 실패했다고 한다(Easton 1990; 이용필 1991, 279).

Ⅱ. 국가자율성에 대한 체계론적 비판

풀란차스에게 있어 국가의 형태는 두 가지 요소의 산물이다. 즉 전체로써의 체계구조와 독립요소로써의 경제구조의 산물이다. 풀란차스는 경제가 특수한 위치를 점유하고 있는 소위 전체로써의 사회체계의 기본구조(생산양식)에 의거하여 국가를 설명하고자 하였다. 그러나 풀란차스는 이러한 구조주의적 설명에 대하여 논거를 제시하는 데 실패했다고 이스튼은 보고 있다(Easton 1990; 이용필 1991, 281).

풀란차스에게 있어 국가는 예를 들면 자유주의에서의 간섭주의 그리고 민주주의에서의 파시스트나 권위주의로의 그 형태를 변화시키고 있다. 그러한 변화의 특징은 무엇인가. 그들은 어떻게 설명할 수 있는가. 그것은 인간행태의 오류가능성에 기인하는 것인가 아니면 사회 내의 특수한 계급, 지도자 또는 집단의 이익에 기인하는가.

이스튼은 풀란차스가 국가를 개인이나 집단 또는 일부 자본가 계급의 이익과 압력을 반영하는 것으로서 보는 어떠한 설명도 거부하고 있다고 한다(Easton 1990; 이용필 1991, 283). 그는 풀란차스가 구조주의 입장을 취하고 있기 때문에 정책은 자본주의적 생산양식에 내재하고 있는 계급들과 계급분파 간의 개관적 모순을 반영하는 것으로 이해될 수 있는 것으로 본다. 또한 국가(또는 정책)는 다양한 수준의 계급투쟁에 있어서 이러한 모순들을 가시적으로 응축시키거나 또는 굴절시키며, 다양한 정책을 통해 이를 표현한다. 즉 풀란차스에게 있어 국가는 그가 생산양식이라고 부르는 객관적인 내부구조로부터 그 특성을 취하게 되는 것이다(Easton 1990; 이용필 1991, 284).

이스튼에 의하면, 국가형태와 구조의 다양성에 대한 풀란차스의 설명은 인간 행위자의 주관적 의도나 욕구로부터 독립적, 근본적, 객관적, 구조, 즉 생산양식의 절대적인 영향력을 강조하고 있다. 이 객관적 구조는, 그 자체가 원인이 된다. 이러한 구조적 맥락 안에서 국가와 같은 다양한 부분들은 반드시 특정한 기능을 수행할 수밖에 없다. 이러한 가운데 가장 중요한 것은 생산양식 그 자체의 보존과 재생산이다. 그러므로 그의 구조주의는 기능주의적 관점과 밀접하게 연결되어 있다. 특정 구조가 존재할 경우 그는 그것의 부분들에 의해 수행되는 기능을 조사하게 된다. 물론 풀란차스가 스스로 자신을 기능주의자라고 의식하거나 공언한 것은 아니다. 그는 분석에 있어서 직관적으로 행동하고 있다. 그러나 그의 이론적 실제에 있어서 일관성을 살펴본다면, 그의 연구에 있어서 이러한 개념은 잘못 이해될 수 있다. 그의 정반대되는 주장에도 불구하고 풀란차스는 기능주의적 설명과는 대비되는 평범한 인과적 결정론에 대한 의존을 마지못해 포기하고 있다(Easton 1990; 이용필 1991, 284-285).

풀란차스는 국가와 같은 하나의 층위와 층위들의 전체적인 결합에 영향력을 미치고 있다는 것을 명백하게 거부하고 있다. 풀란차스에게 있어서 이것은 외적 인과관계의 속성을 의미하는 것이다. 이를 이스튼은 풀란차스의 방법을 상호 침투방법이라고 한다(Easton 1990; 이용필 1991, 292).

이스튼은 풀란차스의 기능주의적 분석의 근원을 대표하는 것은 바로 이러한 상호 침투의 방법이라고 한다. 국가의 존재와 다양성을 설명하는 데 있어서 풀란차스는 다른 하위체계에 대한 그것이 상호 침투관계 및 전체와의 상호침투 관계에 대한 단순한 기술로부터 국가가 전체 사회체계에서 수행하고 있다고 생각되는 기능이나 목적에 대한 기술과 토론으로 쉽게 옮겨가고 있다. 그러나 이스튼은 상호침투에 대한 그의 복잡한 분석은 목적론에 기초한 설명을 간접적으로 은밀하게 정당화하기 위한 서문에 불과하다고 한다(Easton 1990; 이용필 1991, 292).

사실상 풀란차스는 모든 하위체계들과 전체 사회체계의 상호 침투적 특성으로 인해 전체에 있어서 국가의 기능을 확인하고 서술했을 때에야 비로소 국가를 이해한다고 말할 수 있다는 점을 강조한다. 전체로써 생산양식은 어떤 필요조건들을 가정하고 있다. 전체에 있어서의 다양한 수준이나 하위체계들이 이러한 필수조건들을 충족시키고 있다. 그러므로 이러한 관점에서 볼 때, 예를 들어 국가의 주요 기능이란 없어서는 안 될 사회체계의 응집력과 생산양식(전체 사회체계)이 재생산(유지)에 대한 기여를 의미한다.

일찍이 풀란차스는 국가는 엄밀하게 말해 사회구성체의 결속인자이며 체계 생산조건의 재생산의 요소라고 말하고 있다. 즉 사회구성체의 결속인자가 서로 서로를 구성하고 재생산하는 어떤 가정된 각자의 기능을 서술하고 나서야 비로소 하위체계의 상호 침투와 접합을 이해할 수 있다는 것이다. 이것은 층위들, 수준들 또는 하위체계들이 존재한다는 이유가 된다는 것이다(Easton 1990; 이용필 1991, 292-293).

한편 풀란차스는 생산양식을 특징짓는 통합의 형태는 최종층위에서 경제에 의해 지배되는 복합적 전체의 형태를 띤다고 주장한다. 결정이라는 용어는 최종층위에 있어서 이러한 지배를 위한 것이라고 주장한다(Poulantzas 1973, 13-14). 풀란차스는 최종층위에 있어서 결정이라는 문구가 다른 분석들과 일치하는 의미를 지니고 있다면 그것은 각각의 하위체계가 생산양식을 보존하거나 변화시키는 나름대로의 적절한 기능을 수행하고 있는 사회체계의 불가피한(결정주의) 조건을 경제가 야기한다는 것이다. 즉 하위체계들은 전체 사회체계가 필요로 하는 것을 수행하기 위해 존재한다. 예를 들어 하위체계의 하나인 국가는 전체 부르주아의 장기적인 정치적 이익을 대표하지 않으면 안 된다(Poulantzas 1978, 128).

따라서 하위체계들이 사회체계에 의해서 가정된 기능을 어떻게 수행하고 있는가라는 입장을 명확히 하는 것이다. 최종층위에 있어서 결정적이라는 것은 실제로 그것이 의미하는 바가 경제는 층위들의 접합 또는 상호 침투를 위한 조건을 제공한다는 것을 원했던 것 같다. 그러나 그렇게 함으로써 결정의 개념은 경제의 영향으로 인해 상호침투는 불가피하다(결정적이다)는 것을 시사하고 있다. 그러므로 풀란차스가 기계적 인과론을 옹호하고 있다는 비난을 모면하기를 원했던 것만큼이나 최종층위에 있어서 경제에 의한 결정이라는 그의 개념은 이것을 불가능하게 만들고 있는 것 같다(Easton 1990; 이용필 1991, 295).

따라서 이스튼은 풀란차스에게 있어서 국가론(정치이론)의 주요 과제는 주어진 생산양식하에서 국가가 필요로 하는 목적을 충족시켜 나아가는 방식을 논증하는 것이라고 한다. 풀란차스의 방법론에 있어서 이와 같은 설명적 이원론을 인식하지 못하는 한 그의 구조주의에 대하여 설명할 수 없다. 특히 풀란차스가 인과성(필연성)을 견지하고자 하는 바로 그곳에 그의 방법의 구조주의적 토대가 놓여 있는 것이다. 그러나 후에 풀란차스는 생산양식(사회구조)의 객관적 필연성이라는 그의 이론을 끝까지 밀고 나아가는 것이 불가능하다는 것을 알고 있었다고 한다(Easton 1990; 이용필 1991, 298). 풀란차스의 분석논리는 결정론적 필연성으로부터 가능성으로 입장을 변화시켰다. 계급투쟁이나 실천에 의해 생겨난 가능성을 고려하기 시작하였으며 국가를 위한 보다 헌신적이고 자발적인 기능을 알게 되었다.

풀란차스는 생산양식을 특징짓는 결합의 형태를 경제에 의해서 지배되는 복합적인 전체라고 전제한다(Poulantzas 1973, 166). 그는 표면상으로 모든 생산양식의 작동을 지배한다는 의미에서 생산양식이라는 용어를 사용하고 있으며 또한 국가를 포함한 생산양식에서 다른 요소를 각각의 위치와 작동에 직접적으로 영향을 미친다는 의미에서 그 용어를 사용하고 있다. 이러한 풀란차스의 견해는 정치, 문화 등 상부구조와 토대, 즉 경제에 의해서 결정된다는 전통적인 마르크스주의적 입장을 거부하는 것이 된다(서규선 1991, 115).

국가가 전체에 의한 제약 속에서 작동된다 할지라도 그리고 국가경제에 의하여 결정된다 할지라도 사실상 생산양식의 요소들 각각이 다른 요소들과 전체적 구조 자체와 관련된 상호적 자율성을 갖게 된다. 상부구조로서 국가가 경제적 토대로부터 도출된다는 전제하에서만 사회체계를 분석할 경우 거기에는 어떠한 역동성도 발전할 수 없으며 사회의 모든 측면들이 결국은 경제로 환원되고 만다(Easton 1990; 이용필 1991, 115-116).

풀란차스는 경제의 특수한 위치에 근거하여 애매한 태도를 보이고 있음이 명백하다. 그에게 있어서는 경제적 토대(하위체제)가 사회구성체 전체의 모순의 근원으로 보고 있다. 그래서 경제에서의 모순은 정치적, 이데올로기적 수준이 중요한 역할을 수행하도록 작용한다. 즉 자본주의하에서 경제는 결정인자이며 지배적 구조인 것이다. 즉 경제는 다른 생산양식에 있어서 다른 단계들에 부여된 특수한 지배적 역할을 수행한다고 본다. 풀란차스는 의도적으로 이와 같이 애매하고 완곡한 표현을 사용하여 경제가 모든 구조적 요소들 중 가장 중요한 것이라는 전통적 마르크스주의 입장으로 살며시 되돌아간다(Easton 1990; 이용필 1991, 116-117). 이렇게 하여 그는 경제와 사회의 다른 측면들 간의 직접적인 결정적 관계가 있다는 것은 인정하지 않으려 했지만 결국 경제가 사회에서 특수한 기능을 지속적으로 수행하고 있다고 주장한다.

또 풀란차스는 마르크스주의 정치이론가로서 자본주의 사회의 국가를 어떠한 마르크스주의 이론가들보다 더 정교하게 분석하려 시도했으나, 국가의 구조적 형태에 있어서의 변이와 자본주의 생산양식의 관계를 적절히 설명하는 데 역부족이었다. 그러한 실패는 마르크스주의적 국가론 연구가 이데올로기적 인식의 한계를 그가 벗어나지 못하였다는 것을 의미한다. 국가가 사회의 다른 부분들에 비하여 상대적 독자성으로 위치하고 있다고 주장함으로써 자본주의적 생산양식 내에서 국가의 위치가 사회적 요소들에 의해서보다는 그것 자체의 구성과 이익에 의하여 정해진다고 강조한다. 이러한 견해는 경제에 대한 국가의 상대적 자율성 개념이 경제적 환원론을 복잡하게 변경시킨 것에 불과하다는 비판과 함께 그의 국가론을 방법론적으로 더욱 불명료하게 만들고 있다(Easton 1990; 이용필 1991, 116－117).

물론 풀란차스는 경제가 최종적인 결정요소라고 주장하였지만 정치이론을 구분하고 경제적 영역이 경제적 계급투쟁뿐만 아니라 경제적 영역을 포함한다는 점을 강조했다. 또한 그는 정치적 영역의 특수한 영역을 확인하려고 시도하였다. 그러나 풀란차스는 경제적 영역과 정치적 영역의 관계에 관하여 분석하지 않았다. 이 점에 관하여 제솝은 풀란차스가 그 자신의 정치주의에 대한 입장을 제시를 하지 못하였다고 지적하고 있다(Jessop 1982, 72).

풀란차스는 경제를 자본주의적 생산양식에 있어서 지배적 요소이자 결정적 요소라고 보았으며 그 결과 그는 경제영역은 그 자체로 완비된 것으로 스스로 재생산하는 통일체라고 생각했다. 그는 경제영역의 내적 작동에 대해서 정치적 요소가 핵심적인 것임을 알려주기 위한 가치법칙의 결정적 역할이나 시장기능의 지배적 역할을 상세하게 언급하지 않았다. 따라서 그는 국가의 개입을 단순히 경제에 대한 정치의 침수로 보았으며 경제의 요소가 아니라 정치적 요소에 대한 반응으로 생각했다. 풀란차스에게 있어서는 가치법칙이 경제영역 자체에만 관련되어 있기 때문에 어떻게 경제적 요소가 정치적 영역의 내적 작동에 영향을 미치는지 알 수 없다.

풀란차스는 국가가 그 자체의 제도적 구조와 정치적 기능을 지니고 있다고 보고 있기 때문에 정치의 영역이 그 자체로 완비되어 있는 것이며 또한 그 자체를 재생산하는 통합성을 지니고 있다고 생각한다. 그러나 그는 국가가 사회 내의 모든 모순과 갈등의 의결요소라고 보면서 사회적 통합을 유지시키는 기능을 수행한다고 본다. 따라서 정치영역이 보다 큰 중요성을 지니며, 정치적 계급투쟁이 사회 전반에 걸쳐 변화의 원동력이라고 생각한다(서규선 1991, 118-120).

풀란차스의 구조주의적 국가론은 후에 가서 역사적 특수성을 강조하고 계급투쟁에서의 핵심적 역할을 담당하게 되는 국가론으로 변형된다(Carnoy 1982, 125). 구조주의 국가론은 자본주의적 생산양식의 경우에 국가가 경제적 계급관계에 의해서 그 형태와 기능이 결정된다는 결정론적 시각과 그 몰역사성 때문에 비판받았다. 풀란차스는 초기에 계급관계에 의해서 결정되는 국가의 이데올로기적 억압기구의 단계적 속성에 의해서 자본가 계급의 지배를 재생산한다.

풀란차스는 자본주의 사회에서 자본가 계급과 노동자 계급이 각각 여러 분파로 갈라지게 되지만 자본가 계급의 파당들은 국가를 매개로 하여 그들이 헤게모니를 조직화할 수 있는 반면 노동자 계급은 그와 같은 방식으로 국가를 이용할 수 없다고 주장하였다. 그에 이러한 논의는 후기에 가서는 상대적 자율성을 가진 국가의 결정론적 구조의 속성에 대한 비판에 대응하여 자본주의가 발전함에 따라 국가도 변화하며 또한 경제적 투쟁은 국가를 중심으로 한 정치적 투쟁으로 대치된다고 주장한다(서규선, 1991, 121).

이상으로 풀란차스가 주장하듯이 경제에 대하여 상대적으로만 자율성을 행사하는 것이 아니라 국가도 그것 자체의 독특한 독립성과 자율성을 가지고 있음과 동시에 그것의 내적·외적 환경으로부터의 변화에 대해서 적극적으로 반응하고 있다고 보아야 한다. 나아가 국가의 상대적 자율성 개념은 변화하는 환경 속에서 존재하기 위하여 국가라는 복합적 체계가 수행하는 가치의 권위적 배분기능과 적응기능을 적절히 설명할 수 없고 따라서 경험적 연구를 위한 이론적 틀로서는 중요한 결함을 지니고 있다고 하겠다.

Ⅲ. 네오마르크스의 국가론에 관한 다원주의 비판

　일반적으로 정치학에 있어 다원주의라는 용어가 하나의 이론으로 등장한 것은 20세기 초부터이다. 다원주의 이론은 정치과정과 공동체 생활에서 집단의 역할을 무시하면서 정치를 개인과 국가 간의 긴장관계로 파악했던 당시의 정치이론에 대한 반동으로 생성된다(Nicholls 1974, 5). 이들은 집단의 존재와 현실성과 아울러 억압적 권력으로부터 개인의 권리를 보호하기 위한 자율적 집단의 필요성을 상기시키고 있다(Latham 1952, 379). 다원주의는 구조와 형식에 관한 원리이다. 또한 다원주의는 일정한 가치지향성을 기초로 하는 하나의 선택이다(김종민 1986, 32－34).

　다원주의 고유 영역에서 조직과 사회의 구성단위는 개인이다. 개인은 자신의 선호 및 가치와 양립할 수 있는 행동을 취하며 집단에 참여한다. 다원주의에서 조직(자발적 결사 압력단체, 국가기관, 정당, 회사)은 다양한 방법으로 형성된 개개인의 집합체이며 개인들 간의 다양한 선호에 반응하고 조직은 지지 세력을 충분히 확보하고 있는 한 존속하게 된다(Alford & Friedand 1985, 35).

　다원주의자들에 있어 국가에 대한 복합적 설명은 매우 어려운 문제이기도 하다. 다원주의 국가는 항상 조건이 성취되는 것이 아니고, 한편으로는 그러한 설명을 제시하기 위해서 다원주의 용어 자체의 고유영역의 범위를 초월하기 때문이다. 따라서 다원주의 이론가들은 국가에 대해 전혀 언급하지 않는 경우가 많다. 일반적으로 국가의 개념이 단일체적이고 계서적이며 중앙집권적 구조가 있는 반면 다원주의자들은 정치적 또는 이론적 근거에서 이 구조를 거부한다. 그 대신 다원주의자들은 정치공동체, 정치체계, 정치체 또는 다원적 체제라는 용어를 사용한다(Alford & Friedand 1985, 41). 이스튼은 국가개념에 내재되어 있는 모호성을 피하기 위해서 정치체제의 형태를 국가체제라고 사용하고 있다(Easton 1990; 이용필 1991, 33).

이러한 다양한 용어는 권위 기능에 따라 분화된 제도, 개방된 정부 등의 다원적 근원을 암시하고 있다. 마르크스주의에서 다원주의 논쟁에 대한 진보는 여러 가지 요인이 있지만, 이것이 최초로 인식된 것은 이 논쟁의 여파에 따른 의문점의 존재에 의해 결정된 여러 이유에서 시작되었다(McLennan 1989, 3). 사실 이런 이유가 아니더라도 마르크주의와 정통정치이론이 사실상 해체과정에서 각각 위기상태에 있다는 것이 문제이다. 그리고 사회과학에서 한때 두드러진 패러다임의 비교와 비판이 많은 시간을 들여 파악하였다는 것은 같은 경우이다.

네오마르크스주의자들은 자본주의하에서 국가개입의 목적과 그 한계에 초점을 두고 있다. 이때 이들은 자본주의는 기본적으로 사회화된 생산의 사적 전유를 바탕으로 하는 현존 지배형태의 항구화를 위한 장치로 이해되고 있다. 그들의 논의가 사회의 보편적 이익추구의 수단으로써의 국가의 측면을 무시하는 경향이 있어 왔다. 따라서 네오마르크스주의 국가이론의 최대의 약점은 그들이 실천적 관심에 대한 관련에서 찾을 수 있다. 그들이 일관된 논리나 또는 현존 자본주의 관행에 대한 그들의 비판에서 드러나고 있는 실천적 대안에 대한 이들의 제안은 취약하고, 실천 불가능한 것이다. 이와 같이 현실성의 부재는 그들의 논의가 추상적인 분석 틀에서 시작하는 연역적 추론에 전적으로 기반을 두고 있기 때문이다(박상섭 1990, 221－222).

이와 같이 자본주의에 대한 대안을 제대로 제시하지 못하는 것은 현실과 계급 패러다임에 상당한 불일치가 존재한다는 사실이다. 이들은 정치권력이 경제권력으로 도출된다는 논지를 입증하기 위한 노력에 몰두해 있다. 때문에 서로 다른 사회 속에 계급분화를 바탕으로 한 사회분열 또는 계급관계의 구조화라고 부르는 바의 현상이 다른 정도로 이루어진다는 경험적 문제를 경시하고 있다. 실제로 이들에게 문제되는 것은 계급의 존재유무가 아니라 계급구조화의 유형 및 수준에 대한 문제인 것이다(박상섭, 1990, 222).

일반적으로 계급 패러다임에 기반을 둔 네오마르크스주의 국가이론은 부분적으로 정치와 사회에 대한 다원론적 개념들, 특히 이들 중 이익집단 이론과 관념에서 출발한다. 기든스(Giddens)는 자본주의가 본질적으로 계급사회라고 보는 사고와 다원주의의 개념 사이에는 절대적 대립이 없다고 한다(Giddens 1973, 273). 또한 오페(Offe)같이 다소 유연성을 보이는 네오마르크스주의 이론가들과 린드불럼(Lindblom)과 같은 다원주의 이론가들 사이에는 자본주의 사회에서 국가에 대한 유사성을 발견할 수 있다(Giddens 1973, 225).

나아가 윌스트(Whilst)는 마르크시즘과 사회주의자들은 다원주의 장점을 재발견하고 있다고 한다(Mclennan 1989, 4). 그러나 마르크주의와 다원주의는 명백히 대조적이다. 이 대조주의는 기본 논리적 생산성이거나 보다 일반적으로 역사적 기후에 따라 달라진 어떤 자연의 대조로써 인식할 수 있다(Mclennan 1989, 5).

네오마르크스의 국가론에서는 국가자율성이 마르크스주의적 정치이론의 발전을 가로막았던 고전적 마르크스주의 경제환원론에 대한 반성으로부터 출발한다. 현대 자본주의사회의 분석에 있어서 마르크스주의 경제환원론은 적실성을 제고시키는 역할을 수행하고 다른 한편으로는 마르크스주의적 전통을 벗어나 비마르크스주의적 정치이론이 합류할 가능성을 엿볼 수 있다. 다시 말해서 네오마르크스주의 국가론의 상대적 자율성은 다원주의 국가론에 합류할 가능성이 있다 (서규선 1990, 83).

네오마르크스주의 논의가 다원주의로 접근되는 것은 자본주의 생산양식의 재생산이라는 국가의 기능에서 찾을 수 있다. 자본주의 생산양식을 재생산한다는 기능의 범수는 너무나 광범위하므로 국가의 행동반경은 대단히 넓어질 수 있다. 왜냐하면 자본주의 이익이란 사회주의로의 전이 혹은 사회주의 혁명과 직결되는 것이 아닌 한, 국가가 현실적으로 수행하는 모든 행위가 포함되기 때문이다. 따라서 자본주의 생산양식의 재생산이라는 것의 의미는 국가의 영토 내에는 자본주의 이익 이외의 다른 다양한 이익들이 포함될 수 있는 실제적 가능성을 지니고 있음을 함축하고 있다.

자본주의 생산양식의 장기적 수호를 위하여 기능하는 국가란 사회로의 능동적 변혁을 시도하지 않는 한 자본주의 생산양식의 재생산을 위하여 작동하게 된다. 상대적으로 국가가 실제로 행동할 수 있는 자율성의 범위는 거의 절대적인 자율성의 범위와 크게 상이하지 않게 된다. 그러므로 상대적으로 자율적인 국가는 직접적인 자본가계급의 이익추구 외에도 노동자계급 구성원들을 위한 복지 등 다양한 정치적 이익을 추구할 수 있게 된다. 또한 이처럼 다양한 정치적 이익을 대변할 때에야 비로소 자율적인 자본주의 추구는 정당성을 획득하게 되는 것이다(Easton 1990; 이용필 1991, 200).

네오마르크스주의자들이 주장하듯이 자본주의사회의 효율적인 작동을 위하여 국가의 자율성이 필요하다면 국가의 자율성은 사회주의로의 전이 또는 사회주의 혁명과 직결되는 것이 아닌 모든 행위를 국가가 실질적으로 수행하는 것으로 해석된다. 즉 상대적으로 자율적인 국가가 행동할 수 있는 자율성의 범위는 거의 절대적인 자율성의 범위와 크게 상이하지 않게 된다. 따라서 상대적으로 자율적인 국가는 정당성의 확보를 위하여 자본가 계급의 이익 이외에 노동자 계급의 복지를 위해서 활동하게 된다. 이렇게 해석된 자율적인 국가는 사회에 존재하는 다양한 모든 이익을 배려하는 국가라는 점에서 다원주의적 성향을 가진 국가라고 이해될 수 있다(서규선 1990, 83−84).

주지하는 바와 같이 마르크스주의적 의미에서 계급의 개념은 다원주의적 맥락에서 정식화된 이익집단의 범주와는 현저하게 다른 것으로 인식되어 왔다. 마르크스주의적 계급개념은 최초의 생산수단의 소유 여하에 따라 결정되는 즉자적 계급으로부터 특정한 계급의 객관적 이익을 인식하는 대자적 계급으로의 전환을 불가피하게 만들고 있다. 따라서 계급은 자신의 계급이익과 타 계급의 이익과 상치함을 알게 된다.

특히 이는 지배계급의 경우에는 매우 명확하다. 계급 구성원들이 추구하는 이익이 단순히 주관적인 인식 차원의 범주에만 머물게 된다면 이는 다원주의적 패러다임에서 상정하고 있는 이익집단 구성원들의 이익의 범주와 크게 다를 것이 없게 된다. 왜냐하면 전형적으로 다원주의적 패러다임에서 논의되고 있는 이익이란 구성원 개개인들이 주관적으로 인식하는 이익의 차원을 성회하지 못하기 때문이다.

이익집단 성원들이 주관적으로 인식하고 있는 이익이란 그 자체로 주어진 것일 뿐이다. 그러므로 풀란차스 범주에서 자기 자신의 계급적 이익을 인식하지 못하는 지배계급으로서의 자본가 계급이란 결국 마르크스주의자들의 구도 안에서 계급이라고 규정하기 어렵다고 보이는 것이다. 또 풀란차스는 자본가 계급의 다원성 불일치성을 전제하고 있다. 그렇다면 이러한 의미의 계급이란 통일되어 있으며 계급이익을 추구하고 있는 마르크스주의적 계급보다는 오히려 다원주의적 범주에 가까운 것이다.

이처럼 사회에 존재하는 다양한 이익을 대변하는 국가란 결국 다원주의 국가의 범주에 포함된다고 할 수밖에 없다. 그 이유는 다원주의 국가란 사회에 존재하는 모든 이익들에 대하여 배려하며 어떠한 이익들에 대해서도 미리 선별적으로 차별을 하지 않는 국가이기 때문이다. 따라서 풀란차스의 상대적 자율성을 지닌 자본주의 국가는 자본주의 생산양식의 재생산을 위해 결국 자본가 계급의 이익뿐만 아니라 다른 이익도 대변해야 하므로 다원주의적 성향을 내포하고 있는 것이다(박효종 1990, 177−198).

네오마르크스주의에서 자본주의 국가의 상대적 또는 도구적 자율성이란 필연적으로 국가의 절대적 또는 구조적 자율성으로 전이되거나 자본가 계급과 노동자 계급을 포함하는 사회전체의 공동선을 추구하거나 국가의 자율성으로 변형될 가능성이 농후하다. 비록 최종심급에서 국가가 경제에 의하여 결정된다고 하더라도 그러한 수준에 도달하기 전까지의 과정에서 국가는 개별적인 자본가들을 자체의 통제범위 안에 흡수하고 있다. 이러한 상황에서 국가엘리트들은 그들과 상이한 견해를 가진 개별 자본가들의 이익에 제약을 가하고 자신들의 뜻대로 정책을 수립하여 집행할 수 있기 때문이다. 이와 같은 주장을 원천적으로 논박할 근거를 네오마르크스주의자들은 제시하고 있지 못한다.

네오마르크스주의자들은 경제적으로 지배계급이 소유하고 있지 못한 능력과 역량을 국가가 소유하고 있다고 본다. 즉 네오마르크스주의자들은 자본주의의 진정한 장기적 이익을 판별할 수 있는 능력을 국가가 지니고 있다고 본다. 이러한 능력은 자본가 계급의 구성원들이 지니고 있는 단기적인 목전의 이익과는 대비되는 것이다. 자본가 개인들은 자신들의 격정 때문에 자본주의의 진정한 이익을 수호할 수 없다고 본다.

결국 상대적으로 자율적인 국가는 맹목적으로 단기적 이익을 추구하는 개별 자본가의 시도를 억제시키고 다른 한편으로는 노동자 계급의 요구를 수용하여 계급투쟁의 격정을 제어함으로써 자본주의계급의 이익을 수호하기 위하여 노동자 계급을 억압하고 착취하여 강제력을 무자비하게 동원하면 계급투쟁이 격화될 것이고 사회전체가 혁명분위기에 휩싸이게 될 것이다. 이러한 상황은 자본가 계급 전체의 이익에도 상치되는 현상이며 자본주의 사회의 재생산에도 결코 기여할 수 없는 사태이다.

따라서 상대적으로 자율적인 국가는 노동자 계급을 비롯한 모든 피지배계급의 이익도 진정으로 배려하지 않으면 안 될 것이다. 이러한 국가는 계급국가라고 할 수 없으며 네오마르크스주의자들의 국가자율성 개념이 과연 마르크스주의의 전통 내에 여전히 포함되는 것이지 여부를 의심하게 만든다. 뿐만 아니라 자율적인 국가는 계급국가의 개념으로부터 출발하여 점점 더 다원주의 국가로 접근해 가는 현상이라고 볼 수 있다. 이것은 또한 네오마르크스주의자들의 계급 개념이 다원주의 국가론의 이익집단 개념으로 전이되고 있다는 이해를 가능하게 한다.

Ⅳ. 마르크스 국가론의 비판적 검토

네오마르크스주의 국가의 자율성 문제는 결론적으로 고전적 마르크스주의 국가론의 틀을 크게 벗어나지 못하고 있다. 마르크스에게 있어 국가라는 장치는 경제적 토대에 의해서 생성되고 규정받는 상부구조의 한 형태로 사회가 분화됨에 따라 계급 간의 이해대립이 첨

예화되면서 지배적인 지위에 있는 계급의 이해를 최대한 보장하기 위한 도구로써 국가가 발생한다고 보았다. 따라서 국가는 지배와 피지배 관계 속에서 계급 간의 이해 대립의 중재자로써 기능하는 것이 아니라 자본가 계급에 편승하여 그들의 이익을 도모하고 피지배계급을 착취·억압하는 기구로써 계급관계를 구조화하고 영속화하는 존재로 보았다.

여기에 그람시는 마르크스 경제결정주의를 벗어나 헤게모니 이론을 중심으로 한 통합국가국론을 제시한다. 그람시는 국가가 더 이상 단순한 억압기구가 아니라고 한다. 국가는 시민사회 영역에 있어서 강제력을 행사하는 좁은 의미를 벗어나 국가의 기초를 형성하는 시민사회 또는 하나의 지배그룹이 사회전체 위에 군립하는 헤게모니기구를 구성하는 다양한 조직체 및 기구를 통하여 반향적 영향력을 행사하는 것으로 본다.

그람시는 전통적 마르크스주의와는 달리 그는 국가를 보다 넓은 의미에서 파악하고 있다. 다시 말해서, 국가는 강제력과 이데올로기에 의해서 작동된다고 보고 있다. 그람시의 국가개념의 확대와 이에 의거한 국가론은 반경제주의이며, 지배계급과 피지배계급의 구체적인 관계를 명확히 밝히고 각 사회범주가 담당하는 조정 역할, 즉 隸屬계급을 지배계급에 순응시키는 결과를 규명하는 것이었다. 이는 네오마르크스주의자들이 논의의 쟁점으로 제기한 국가의 상대적 자율성의 개념과 밀접히 관련된 것이다.

네오마르크스주의 국가자율성 논의는 국가가 정치적 조직체로서 특정한 목표와 성향을 갖고 있으며, 또한 통치엘리트 사회 내의 지배적인 자본가 계층의 이익과 반드시 일치하지 않음을 말해 주고 있다. 따라서 통치엘리트들이 취할 수 있는 행동반경이 무한대가 아니며, 국가권력은 사회 내에 존재하는 다양한 이익 내지, 주요 사회계층 간의 상호관계 속에서 한계성을 갖는 상대적 자율성을 말한다. 네오마르크스주의의 구조적 자율성을 말할 때, 자본주의 사회에서는 국가나 정치엘리트들이 자본주의 생산양식을 사회주의 생산양식으로 전환시키려는 능동적인 노력을 경주하지 않는 한 국가의 성향이나 목표가 자본주의적일 수밖에 없다. 주지하다시피, 전통적 마르크스의 국가론에서는 보나파르트체제 분석에서 상대적 자율성을 제시한 바 있다. 그러나 자본주의 국가의 고유의 특질로써 국가자율성 문제는 더욱더 체계화시킨 것은 풀란차스이다. 그는 이 문제를 생산자와 생산수단의 결합양식이란 차원에서 이론화시키고 있다. 풀란차스의 국가자율성 문제는 단순히 지배계급의 통치 내지 직접개입으로부터 자유롭다는 의미가 아니라 지배계급의 반대에도 불구하고 이들의 이익에 반하는 정책을 수행할 수 있는 구조적 자율성이라는 의미로 사용한다.

풀란차스는 자본주의 국가를 자본가계급의 직접지배로부터 이해하는 그릇된 도구주의적 국가론을 비판하고, 자본주의 체제에 기능하며 진정한 의미의 도구(정책결과로서의 도구)로 기능할 수 있는 것으로 말해주고 있다. 실제로 구조주의자들은 비교적 자율적인 국가에 의해서 취해지는 정책이 기본적인 자본주의 질서유지에 더욱 효과적이라고 본다. 왜냐하면 국가엘리트들이 자본가가 아닌 자본가 계급의 일부 계층보다도 더욱 합리적이고 장기적인 안목을 갖고 계급이익이나 계급구조를 파악하여 이를 옹호할 수 있는 대책을 강구할 수 있다고 한다.

국가자율성 논의는 정치엘리트들의 자본주의사회에서 지배적인 자본가 계층과 경제적인 이익 상충의 문제이다. 구조주의 국가론의 입장은 선진 자본주의 사회에서 자본가 계층이 강력한 사회세력으로 부각되어 있음에도 불구하고 통치엘리트들이 같은 계층과 독자적 성향을 유지하고 있다. 그러나 통치엘리트들이 사회의 주요계급인 자본가 계급의 기본이익에 배치되는 여하한 정책도 입안하거나 안출할 수 없다고 주장한다. 정치엘리트들이 획득하게 되는 고유 성향들은 결국 자본가 계급에 귀속된다. 이러한 경향에서 네오마르크스주의 국가자율성 개념은 고전 마르크스주의 국가개념보다는 진일보했다는 평가를 받고 있으나 그들의 이론적 구도에서 크게 발전한 것이라고 볼 수 없다. 실제로 네오마르크스주의자들 사이에 대두되고 있는 논쟁은 자본주의 국가가 자본가들의 계급이익에 기여 내지 봉사하고 있는 양식과 정도에 관한 논쟁으로 일관되어 있다. 환언하면, 경제적 지배계급의 반대에도 불구하고 그들의 이익에 반하는 정책을 수행할 수 있는가 하는 문제이다. 구조주의자들은 국가가 자본가 계급의 장기적 이익에 봉사하는 한계 내에서 자율적이라는 점에서 상대적이다. 구조주의자들이 말하는 자본가 계급의 장기적 이익은 구체적으로 자본주의 생산양식을 유지시키거나 또는 자본가 계급이 우위를 점하고 있는 계급구조를 존속시키는 데 있다. 비록 국가가 경제구조로부터 분리되어 있으며, 지배계급으로부터 상대적인 자율성을 가지고 있다고 할지라도 그것은 피지배계급으로 하여금 계급투쟁의 현실을 지각하지 못하도록 해서, 경제문제에 있어서 갈등을 분산시키기 위한 도구적 수준의 자율성에 불과하다.

구조적 국가자율성을 논의할 때 정치영역과 경제영역의 분리라는 논리적, 분석적 차원이다. 풀란차스는 알튀세를 따라 생산양식을 정치, 경제, 이데올로기의 층위로 분리하여 각 층위에 자율성을 부여하고 있다. 이러한 생산양식을 특징짓는 결합의 최후단계는 경제에 의해 지배된다. 그러나 경제가 최후의 단계에서 생산양식을 지배한다 하더라도 각각의 구조적 위치 또는 구성요소는 기본적인 사회변화를 야기하는 모순을 나타낼 정도까지는 상대적 자율성을 유지한다. 풀란차스는 생산양식이 각각의 층위로 분화하고 있다고 주장하고 있으나, 각 층위 간의 상호관계에 대한 설명과 각 층위가 어떻게 영향을 주고받는가의 분석이 부족하다. 즉 그는 경제의 이중적 기능이라는 특수한 위치에 근거해서 하나의 층위로써 정치(국가)는 생산양식의 구조와 사회구성체에 의한 제한 속에서 정착되고 있다는 가장 일반적인 명제만을 제시하고 있다. 즉 풀란차스의 국가이론에서는 생산양식의 부분들과 전체구조 또는 부분과의 관계에 대한 설명이 지나치게 단순화되어 있다.

이와 같은 입장에서 볼 때 구조주의적 국가론에 주요 명제는 정치엘리트들의 기본속성이 결국은 계급이익에 의해 규정될 수밖에 없다. 이러한 제약이 자본주의 사회에서 국가의 자율성을 유명무실하게 만들고 결과적으로 경제 환원론적 틀을 벗어나지 못하게 만드는 주요인이 된다.

이상의 국가의 여러 난점을 해결하기 위하여 체계론적 접근법을 이스튼은 제시하고 있다. 체계론적 접근법은 네오마르크스 국가론이 적절히 설명하지 못한 생산양식의 구조들을 보다 분명하게 설명하고 있다. 즉 정치체와 경제는 본질적 기능에서 국가라는 복합적 구조를 유지하기 위하여 연계되고 있으며 이 양자는 국가와 국가 간에는 체계의 정상을 유지하기 위한 소극적 환류기능이 작용하고 있다. 네오마르크스 국가로는 국가의 기능으로써 통합과 유형유지의 측면을 지적하고 있지만 그것만으로 자본주의 사회에서의 국가의 존속을 적절히 설명하기 어렵다. 또한 풀란차스가 전개한 자본주의 국가의 기능에서 또 한 가지 문제점은 상대적 자율성을 가진 그의 자본주의 국가이론이 다원주의로 함몰하는 경향이 있다는 점이다. 즉 지배분파의 개념적 틀이 다원주의 이론에서 이익집단의 개념과 유사하다.

자본주의 생산양식을 재생산한다는 기능의 범수는 광범위하므로 국가의 행동반경은 대단히 넓어질 수밖에 없다. 자본주의 생산양식의 장기적인 이익 수호를 위하여 기능하는 국가는 스스로 변혁을 시도하지 않는 한 자본주의 생산양식을 위하여 작동하는 상대적 자율성을 갖는다. 실제로 자율적인 국가가 활동할 수 있는 자율성의 범위는 거의 절대적인 자율성의 범위와 크게 상이하지 않다. 그러므로 상대적으로 자율적인 국가는 직접 자본가 계급의 이익추구 이외에도 노동자 계급 구성원들의 복지 등 다양한 정치 이익을 추구할 수 있게 된다. 자본주의 국가는 자본주의 생산양식을 위해 결국 자본가 계급의 이익뿐만 아니라 다른 이익들도 대변해야 하므로 다원주의적 성향이 있다고 본다.

네오마르크스주의자들의 국가의 상대적 자율성 개념은 고전적 마르크스주의자들이 주장했던 경제적 결정론의 난점을 극복해 보고자 제시된 것이지만 이 개념이 경제 환원론의 문제점을 극복하기에는 역부족이었다. 실제로 그들의 주장에 있어서 자본주의 사회의 국가는 상대적 자율성을 가지고 있음에도 불구하고 국가의 형태는 여전히 국가의 경제적 기능에 의하여 지배당하고 있다. 그들의 이론 속에 깊숙이 잠재해 있는 경제결정론적 요소나 계급환원주의적 요소는 국가를 자본가 계급을 위한 구조적 도구로 개념화하는 데 한정하고 있다고 할 수밖에 없다.

참고문헌

김종민. (1986). 『다원주의 정치이론』 서울: 분도출판사.
박병석. (1991). "다원주의의 이론적 발전과 특성," 『한국정치학회논』한

국정치학회

박상섭. (1990).『자본주의 국가이론』서울: 한울

박효종. (1990). "네오마르크스주의에 있어서 국가의 역설", 이용필 편,『마르크스주의: 국가, 이데올로기, 정치경제학』서울: 인간사랑.

서규선. (1991). "네오마르크스주의 국가론 연구: 국가의 상대적 자율성 중심으로", 이용필 외 공저,『마르크스주의 국가론과 정치경제학』서울: 박영사.

서규선. (1990). 네오마르크스주의 국가론에 관한 체계론적 연구 서울대학교 대학원 박학위논문.

정수복 옮김. (1990).『구조주의와 현대마르크시즘』서울: 한울.

조일수. "풀란차스 국가론의 상대적 자율성에 관한 연구," 이용필 外 共著, (1991).『마르크스주의 국가론과 정치경제학』서울: 박영사

홍순권·조형제 공역. (1986).『정치권력과 사회계급』서울: 풀빛.

Alford, R. & Fiedland, R. (1985). *Power of Theory* Cambridge: Cambridge Univ. Press,

Easton, D. (1981). "The Political System Besieged by the State." *Political Theory* Vol.9(August.)

Easton, D. 이용필 역. (1991).『정치구조의 분석』서울: 인간사랑.

Easton, D. (1988). "마르크스주의적 국가론 비판: 체계이론적 시각에서", 임영일·이성형 편역,『국가란 무엇인가: 자본주의와 그 국가이론』서울: 까치.

Giddens, A. (1973). *The Class Structure of Advanced Societies* London: Hutchinson.

Jessop, Bob. (1982). *The Capitalist State* N.Y. University Press).

Laclau, E. (1979). *Politics and Ideology in Marxist Theory* London: Verso.

Latham, E. (195). "The Group Basis of Politics: Note a theory", *The American Political Science Review* Vol.46, No.2.

McLennan, G. (1989). *Marxism Pluralism and Beyond* Cambridge: Polity

Press

Miliband, R. (1969). *The State in Capitalist Society* London: Quartet Books.

Nicholls, D. (1974). *Three Varieties of Pluralism* New York: Martins, Press.

Poulantzas N. (1973). *Political Power and Social Classes* London: NLB and Sheed & Ward).

Poulantzas, N. (1978). *The State Power Socialism* London: New Left Books.

제 6 장
다원주의의 정치구조와 국가논의

Ⅰ. 다원주의와 조합주의 이론의 등장배경

다원주의(Pluralism)는 한 사회 안에서 정치권력이 특정의 엘리트나 사회계급에 집중되어 있는 것이 아니라 사회 내의 여러 집단이나 파벌들에게 분산되고 다원화되어 있다고 보는 입장이다. 따라서 다원주의는 다양한 집단의 가치가 존중되고 영향력을 미치는 힘의 역학관계가 상존되어 있음을 전제한다. 즉 다원주의의 이론은 정치과정과 공동체 생활 속에서 집단의 역할을 중시하면서 이론적 발전을 이룬다.

다원주의의 발생34)은 서구사회의 구조적 변화와 인식에서 등장한다. 당시 서구사회는 산업화와 도시화가 국가권력의 집중과 관료화 현상에 대한 반향에서 비조직적 개인의 자유와 권리에 대한 관심이 집중되면서 다원주의 정치이론이 등장한다. 당시만 해도 정치를 개인과 국가 간의 긴장관계로 파악하였다(Nicholls 1974, 5). 다원주의 이론은 집단존재의 현실성과 억압적 권력으로부터 개인의 권리를 보호하기 위한 자율적 집단의 필요성을 강조하였다(Latham 1952, 379). 다원주의는 개인들이 모여서 형성되는 다양한 집단이 정치적 분석의 기본단위가 되며 상호경쟁과 타협을 이루는 역할에 초점을 맞추게 된다.

---

34) 다원주의라는 용어가 본격적으로 사용된 것은 미국의 정치학자들이 미국정치의 현상을 다원주의로 표현하면서부터이다. 즉 다원주의의 이론의 발달사는 1787년의 연방정부 헌법에 관한 논쟁과 더불어 시작된다. 미국정치에 대한 이러한 인식은 직접적으로 투르먼(Truman)의 저술에서 나타나는 아이디어에 많은 영향을 받았다. 매디슨이나 콜혼(Madison, Calhoun)의 정치철학이나 듀이(Dewey) 등을 통해 발전한 행태론적 심리학적 실용주의 철학과 현실주의 형이상학도 그 근원을 찾을 수 있다 (Latham 1952, 381).

반면 조합주의는 국가와 사회관계에 정치이론의 분석상 한계를 드러내고 있다는 판단하에 정치구조의 변동을 파악하는 의미에서 출발한다. 조합주의의 이론에 의하면 국가는 더 이상 심판자도 아니고 가치중립적이지도 못하고 제도화된 행위자로써 기능한다는 입장이다. 조합주의를 통해 정치경제적 변동양태를 분석하기 위해서는 국가의 역사적 요인을 살펴봐야 한다. 조합주의는 국가의 정치문화와 국가형태 그리고 특정 정치적 접합 국면에서 제반 사회세력의 편성구조에 따라 다르게 나타난다. 따라서 조합주의는 국가의 지배계급의 도구나 모든 계급세력이 자신의 이익을 실현하기 위한 정치적 장이나 시민사회가 자유롭게 개입할 수 있는 통합된 정치적 주체는 아니다. 오히려 다양한 이익의 표출과 국내적 조직의 개입의 형태와 제도상 총체로써 파악한다. 이때 국가자체나 정치체제와 동일한 연장선상에서 보는 것이 아니라 자본주의 국가가 이용할 수 있는 제도상 총체로써 형태를 말한다.

사실 조합주의의 개념이 체계화되기 시작한 것은 1860년대부터이다. 이때부터 조합주의는 코프라티즘이란 용어로 사용되기도 하였다. 조합주의(Corporatism)는 1920년대 이후 서구산업사회 변천과정에서 다원주의의 정책결정과정의 문제점을 지적하면서 학문적 주목을 받았다. 이 시기에는 서구의 공업화가 진전됨에 따라 자본주의 세력과 사회주의 세력 간의 대립이 심각해졌다. 이러한 대립 속에서 유럽사회는 혼란과 불안의 고통을 겪어야만 했는데, 두 사상체계를 다 같이 비판하면서 대립 갈등하는 세력을 조화 협력시키고, 질서 속에서 사회평화를 실현하는 제3의 방법을 모색하는 사상적·사회적 운동이 전개되었다(양동안 1988, 24).

조합주의는 국가와 사회관계에서 국가부분의 영향력과 구조적 성격이 이익집단에 정치패턴을 구조화시킨다고 한다. 다원주의는 이른

바 국가의 상대적 자율성이나 국가개입과 국가경제의 조정적 측면을 도외시한다는 비난을 면하기 어렵다. 국가개입에 대한 연구는 마르크스주의의 계급적 분석에서도 잘 나타난다. 마르크스주의자들은 국가부분에 대한 분석에 과도하게 집착한 나머지 국가성격을 부르주아 지배체제의 유지 및 확장과 관련된 획일적 국가성격에 매달리게 된다. 국가이론에 대한 다원주의와 마르크스주의 접근의 균질화는 네오마르크스주의자들의 수많은 연구의 공헌에도 불구하고 현대국가의 성격을 분석하는 데 적지 않은 혼란만 가중시키고 있다. 반면에 조합주의는 양자의 중간적 위치에서 사회의 조직화된 이익집단과 국가의 관계에 대해서 상당한 통찰력을 제공해 준다.

다만 조합주의는 집단연구에서 조합주의적 시각의 문제성 때문에 연구의 논의가 폐기되어야 하는 위기에 놓여 있다. 그러면서도 조합주의는 폐기되어야 할 만큼 결함이 많고 위기분석에 둔감한 이론인가에 의문을 제기한다.

Ⅱ. 정치 분석단위의 집단으로서 다원주의와 조합주의

1. 다원주의 정치이론

다원주의 입장에서는 정치현상에 대한 기본적인 분석의 단위가 집단이다. 사회 구성원인 개인은 다양한 사회관계 속에서 자신의 이익을 실현시키기 위해서 집단을 형성하고 상호 간의 유기적 관계를 긴밀하게 존속시키는 이익집단을 형성한다. 투르만(Truman 1951, 37)은 이익집단이란 이익을 함께 하는 사람들의 집단으로 정의하고 있다. 이러한 이익집단이 정부의 어느 제도에 대해서 요구할 때는 정치적 이익집단이 된다고 한다. 정치적 이익집단들은 각각의 이익추구를 위해서 정치과정에 대한 압력단체로 등장하여 자신들의 이익을 대변해 줄 대상으로 지지와 협력을 도모한다.

다원주의의 입장에서는 정치란 경쟁적 집단 간의 경합과 대립이 특징지어지며 다양한 이해가 상충하는 가운데 타협과 조정의 소산으로 정부의 정책이 구체화되어 가는 과정으로 보았다. 다원주의 세계관은 국가가 가치에 의해 통합되고 개인에 의해 선택된 하나의 제도에 불과하며 사회를 위하여 기능한다는 가정에 있다.

이스튼(Easton 1965, 56))은 다원주의 세계관에서 국가를 가치에 의해서 가장 포괄적인 행위체제라고 정의한다. 어떠한 가치가 사회질서 및 정부 안정과 상당히 일치하는가의 문제는 다원주의자들 간에 중요한 논쟁의 대상이었다. 이러한 논쟁은 그들의 자유주의적 다원주의자는 개인의 선택, 참여의 권리, 균등한 기회보장을 위한 정부의 행위, 정부의 결정에 대한 모든 집단의 이익표출 등의 중요성을 강조한다(Alford 1985, 41).

다원주의자들은 한 사회에 서로 다른 다양한 가치와 규범이 존재하며 또 각종의 규범을 추종하고 추구하는 집단이 다양하다는 사실을 인정한다. 사회집단들이 고유한 규범과 가치체계를 형성하거나 혹은 일정한 규범과 가치체계를 중심으로 집단이 형성되었을 때 각 집단의 경계는 곧 규범이나 윤리적 신조의 차이를 의미하게 된다. 즉 집단마다 규범적 확신이나 윤리적 신조에 있어서 차이점을 나타나게 된다. 특히 종교적 집단은 가치체계 혹은 규범적 확신을 중심으로 형성된 집단의 전형적 형태이다.

다원주의는 가치의 다양성 외에 사회의 광범위한 개방성을 의미한다. 즉 사회의 개방성과 가치의 다원성이 결부될 때에 비로소 개인은 확신에 따른 생활을 영위할 수 있다(김종민 1986, 135). 다원주의에 의하면 어느 특정한 가치나 규범은 타당성의 적용범위와 규범적 강제성 내지는 의무성의 범위를 축소하게 된다(김종민 1986, 135－136). 다원주의의 본질적 내용을 나타내는 중요한 표식 중의 하나는 공동목적을 실현하기 위한 집단이 한 사회 안에서 많이 있다는 사실이다. 다원주의적 사회의 형성 및 그러한 방향으로 발전은 곧 각종의 생활영역과 공동체에 있어서 독립성이 증가하고 분화과정이 진행되고 있음을 의미한다. 다원주의 관점에서 조직과 사회는 개개인이 준수해야 하고 신봉해야 하는 규칙·규범·가치가 존재하는 것처럼 행동하도록 설득되고 신뢰하려는 개인들에 의해 구성된다(Alford 1985, 64).

다원주의 공공선택의 관점에서 법은 개인에 있어서 하나의 선택으로 간주한다. 인간은 자발적으로 법체계를 통해 자신의 행위에 대한 제한을 가한다(Buchaman 1975, 107). 국가는 법의 집행자가 되고 그것은 개인적 이익 간의 갈등이 존재하기 때문에 필요하다. 가장 중요한 사항 중에 하나는 개인이 무엇을 할 수 있는 권리를 보호해 주는 것이다.

다원주의의 본질적인 내용을 나타내는 중요한 표식 중의 하나는 공동목적을 실현하기 위한 집단이 한 사회 안에 많이 있다는 사실이다. 집단이 추구하는 공동목적은 집단이 자율적으로 그 집단을 위해서, 즉 그 집단이 구성원들을 위해서 달성하고자 하는 성과를 목적으로 설정한다. 그러나 그러한 유형의 영역을 주장하는 다원주의는 개개인에 의해 형성된 소집단의 상호작용이 더 크고 더 복잡한 체제와 같은 요인에 의해 지배된다고 가정할 필요가 없다.

다원주의에 대한 다양한 용어는 권위기능에 따라 분화된 제도 등의 다원적 근원을 주지하고 있다. 어떤 의미에서 다원주의 정치이론은 자본주의적 민주주의의 공식적인 이데올로기이다. 개인의 자유라는 핵심적인 교리를 기반으로, 다원주의는 민주주의 자체에 대해 그것이 독점적 중요성을 가진다고 주장한다. 이러한 주장은 고전적 정치이론의 기본원리에서부터 생겨난다. 정치학자 칼 도이취는 정부를 권력기구로 보이지 않고 의사전달 기제, 즉 사회를 지도해 나아가는 주요 기제로써 이해하는 것이 유용하다고 주장한다(Deutsch 1963, 15). 그는 환류, 게임, 대응성, 체제통합을 위한 모든 과정의 결과 등을 강조했다.

다원주의적 시각에서 볼 때 국가의 중요 기능은 합의적 제 가치의 구체화를 통하여 사회를 통합하거나 선호를 집약할 수 있는 중립적 기능의 역할이다. 국가는 집단재(集團財)의 공급자로 간주되고, 정치는 사회선택 과정에 대한 갈등으로 간주된다(BenJamin 1980). 국가는 미시결정단위이기 때문에 사회가 결정한 것을 수행한다(Auster & Silver 1979, 1−2).

이러한 관점에서 볼 때 국가가 수행하는 것만이 실제로 중요한 것은 아니다. 즉 정치지도자가 안정과 질서를 위한 결과에 대한 적절한 고려하에 유연하게 유동적 상황을 처리해 나아갈 수 있다는 것이 중요하다. 국가가 정상적인 정치과정을 생산해 내는 데 적절하게 기능할 때 국가와 사회의 이익이 일치한다. 정치학자 구르(Gurr 1970)는 간접적인 방법으로 정상정인 정치과정의 반대현상을 정치폭력, 즉 정치공동체 내에서 정치체제, 그 행위자−경쟁적 정치집단 및 구성원을 모두 포함하여−또는 정부의 정책에 대한 모든 집단적인 공격으로 정의함으로써 무엇이 정상인가를 규정하였다(Gurr 1970, 3−4). 구르(Gurr 1970)는 국가를 정치체제와 일치시키며 동시에 국가는 분화된 사회에서 정치체계가 해야 하는 것과 같은 기능을 한다고 가정했다.

여기서 우리는 국가가 무력 사용에 대항해 도전하거나 시민의 기본적 가치를 침해하는 국가에 대항해 무력을 사용함으로써 정치체계(정치지도자와 투표자의 기본가치)가 왜 보존될 수 없는가 하는 질문을 하게 된다. 그러나 이러한 질문은 정치체계가 국가와 동일시되는 한 제기되지 않는다. 일부 다원주의자들에게 있어서 국가는 사회기능, 권력 혹은 지배 등이 없이 집약된 개인적 선택으로부터 연유되는 다른 비시장적 제도에 불과하다. 이것이 국가의 잠정적 개념이다. 국가는 지배적인 강제조직 또는 지배계급에 불과하다. 이것이 국가의 잠재적 개념이다. 국가가 지배적인 강제조직 또는 지배계급의 집행위원회라는 개념은 물론이고 국가가 중앙 통합된 제도인지 여부에 대한 고려는 단순히 무시되었다.

다원주의 이론가들은 국가에 대해 언급하는 경우가 극히 드물다. 국가에 대한 고전적 개념은 모든 사회 및 사회의 통치제도가 점점 근대화되어 가고 있다는 견해와 불일치한다. 국가의 개념은 단일체적이고, 계서적이며 중앙집권적인 구조를 내포하고 있다. 그런데 다원주의자들은 정치적 또는 이론적 근거에서 이 구조를 거부한다. 그 대신 다원주의 자들은 정치적 공동체, 정치체 또는 다원적 체계라는 용어를 사용한다(Alford 1985, 41).

경제학자인 에로우(Arrow)는 정부는 많은 집단적 조직 중의 하나에 불과하다. 그러나 정부는 일차적으로 강제력의 독점에 의해 다른 제도와 구분된다(Arrow 1974, 25). 국가, 즉 비시장 조직을 현대사회의 중요한 두 가지 가능성으로 간주한다. 국가는 비시장 형태의 많은 조직(즉 병원, 대학, 재단) 등 이 중 하나에 불과하며 국가는 분산되어 있고 특성과 다양한 특징을 지니고 있다(Williamson 1975, 8). 월

엄슨은 국가를 포함한 조직의 어떤 형태도 하나의 국가구조를 가지고 있다고 가정하여 지배구조의 다양한 형태를 언급한다(Williamson 1981, 548-577). 스멜저(Smelser 1963)의 집단행위에 관한 저작에 있어서 국가는 집단행위의 목적이거나 원인이다. 스멜저는 사람이 기쁨을 줄 수 있는 어떤 것을 향하여 소리 지르며 광분하여 달려갈 때 나타나는 관이란 개념과 연결시켜 미국정당의 전당대회, 유럽 諸국가와 청교도 간의 연합 그리고 국정부의 부채 등을 언급한다(Smelser 1963, 130).

2. 신다원주의 이론과 이중국가

1) 신다원주의의 이론적 형성 배경

신다원주의라는 용어가 학문적 개념인 동시에 또한 정치적 기본입장을 내포하고 있으며, 역사적으로 전체주의적 정치현실을 경험하고 있다. 또 이 구체적 역사의 경험을 기초로 하여 새로운 이론 구성을 추구하고 있다는 점에서 다원주의와도 구별되는 개념이다.

신다원주의는 권위주의적이며 전체주의적인 권력행사를 지지하고 극복하려는 목적을 가진 다원주의 이론을 민주주의적 국가이론을 받아들인다. 신다원주의의 국가이론에 의하면 특정한 외형으로 규정될 수 없는 이질적 구조를 사회의 기본요소로 인정한다. 공동의 善의 경험적 성격, 즉 공동선은 정치과정의 결과적 산물이며 어떤 선험적 본질을 내용으로 하지 않음을 전제로 하고 있다. 신다원주의는 의견형성과정의 자율성을 중시하며 법치주의 원칙과 사회국가의 원칙은 모든 국가권력 행사에 적용되는 절차 및 정책 내용에 관한 규범적 효력을 가진 전체가치, 즉 정치적 公準(Postulat)으로 인정된다(김종민 1986, 83 - 84). 정치적 기본 결단에 있어서 시민의 민주주의적 참여는 무엇보다 선거에 있어서 투표와 국민투표를 수단으로 해서 정당에 영향을 끼치며 또 정당과 기타 사회단체들의 중계를 통하여 구체적 효과를 발생시킨다. 따라서 정당 내부와 사회단체 내부의 민주주의는 신다원적 민주주의를 실천하기 위한 결정적 요소이며, 조직체 내부의 민주화 수준에 따라 전체사회의 정치적 민주화 수준은 달라지는 것이다(Fraenkel 1973, 67).

신다원주의 이론에 있어서는 국가를 개별적인 부분 사회의 이해집단과는 같은 수준에 놓을 수 없으며, 국가란 그 자체로써 하나의 독립적 종류인 집단임을 인정하고 있다. 즉 국가란 그 자체로써 하나의 독립적인 집단의 종류를 형성하고 있다. 사회적 집단이 다양하게 나타나지만 그 다양성에도 불구하고 이들이 전체국민의 조직체계, 즉 민주주의를 실현하고 있다는 사실이 무시되지 않을 때에 비로소 다원주의적 민주주의가 가능한 것이다. 다원주의적 조직기구를 가진 민주주의의 특성은 국가라는 테두리 안에서 각종의 이해집단이 소수 의견을 충분히 고려한 상태에서 균형을 형성하고, 또 다양한 의견 사이의 우선순위도 이와 같은 형태로 형성하는 과정을 통하여 공동선을 찾으려는 노력을 기울인다는 점에 있다.

신다원주의는 여러 가지의 사회집단이 존재한다는 사실을 인정하고, 이들을 정치과정에 통합한다는 사실만으로 그 정당성이 인정된다고 볼 수는 없다. 현실은 사회·경제적 힘을 소수의 집단이 독점하거나 아니면 과점하고 있기 때문에 이처럼 거대한 사회세력에 국가가 대응한다는 것은 필요한 것이며 동시에 시급히 요청되는 것이다. 그 뿐만 아니라 모든 주민 집단과 계층이 영향력을 행사할 수 있고 특히 한 집단이 그 이해와 관심을 정치과정에 표출할 수 있는 강력한 조직체를 구성하고 이러한 조직체가 기능 수행을 유지할 수 있도록 국가가 배려한다는 것도 다원주의적 민주주의를 위하여 대단히 중요한 의미를 가진다(Fraenkel 1973).

어떤 사회에서 활성화된 문제를 해결하기 위해서 그 사회에서 요구되는 최소한의 개혁을 추진하고 그 비용을 그 사회의 경제력으로 감당할 수 있고 또 사회적으로는 인내할 수 있는 구체적이며 현실적인 해결책을 그 사회의 경제적, 사회적, 정치적 세력들에 제시하는 프로그램에서 찾을 수 없을 때에 이러한 세력들은 규제할 수 있는 한층 높은 기능을 민주주의적 국가에 부여할 필요가 있다. 이를 위해서는 앞에서 논의한 바와 같은 보편적 효력을 가지는 가치규범을 인정하지 않을 수 없다. 국가가 이 같은 과정을 수행할 때 비로소 분화된 현대사회에서도 사후적 공동선이 실천될 수 있다.

프랭켈(Fraenkel 1973)은 신다원주의라는 개념을 통하여 사회주의적 특정 분야 내부의 다원주의를 극복하고 피해 나갔다. 프랑켈은 신다원주의도 역시 하나의 시대적 민주주의 이론으로 정립되어 왔다고 주장한다.[35] 그는 서독의 기본법(헌법)을 포함한 서방의 민주주의는 다양한 형태를 가지고 있으나 현대 산업국가의 구체적인 사회경제적 맥락에서 정치와 민주주의를 이해한다면 그것은 확실히 자율성과 사회의 이질성 및 다원주의적 구조를 가진 법치국가와 동시에 사

---

35) 프랭켈이 내세운 여론 민주주의 개념들은 정치적 현상의 시대사적인 전개과정에 따라 단계적으로 발전되어 왔다. 이러한 변이는 그의 학문사적인 생애에 있어 다음 세 가지 단계로 구분하여 전개할 수 있다. 첫째는 바이마르시대에 취했던 사회주의적인 입장, 둘째는 히틀러 체제 하에서 그가 은둔생활을 하고 그리고 미국으로 망명하여 생활하는 동안 취했던 반전제주의적인 강한 지향, 셋째는 독일로의 귀향 후 집중했던 신다원주의 이론에 대한 관심 등으로 나누어진다. 프랭켈은 여기서 마지막 단계로 나타난 신다원주의 이론을 바로 독일에서 전후시대의 새로운 민주주의 개념 및 국가이론으로 설정하였다.

회국가를 지향하는 전체주의적인 독재를 의미하게 된다(Nuscheler & Steffani 1976, 182).

프랭켈은 이미 바이마르공화국이 점점 붕괴되어 가고 있는 상황과 또한 그 이면에서는 고도의 권위주의적 민주주의가 성립되어 가고 있던 당시의 역사적 과정들에 대한 위험을 충분히 의식하고 있었다. 프랭켈이 제시하는 이론적 내용은 혁명적인 것이 아닌 방어적이고 진화론적인 사고에 바탕을 둔 민주주의 이론이었다.

프랭켈이 제시하는 민주주의는 '집단적 민주주의'36)와 '변증법적 민주주의'37)이다. 프랭켈의 신다원주의 이론에서 나타나는 민주주의 체제에 대한 접근은 다음과 같이 보여 준다. 첫째, 경제헌법체제, 즉

---

36) 이 집단적 민주주의는 사회세력이 국가적 기구의 힘을 제한하는 자율적 행위영역을 가진다(Fraenkel 1973 83-85). 집단적 민주주의는 흔히 1인 1투표제에만 실제 한정 지어져 있는 기존의 정치적 민주주의를 바로 경제 및 사회정치적으로 보강하고자 한다. 다시 말해서, 프랭켈의 집단적 민주주의는 결코 국가헌법과는 무관하게 자율적으로, 즉 국가헌법과 병렬적인 지위에 서서 독립적으로 작용하는 그런 사회헌법에 해당하는 것이 아니다(Fraenke 1973 86). 프랭켈은 이 집단적 민주주의 개념을 통해 한편에서는 '準체제영합적인 경제 이익단체'의 다원주의적 존재를, 그리고 이와 동시에 다른 한편에서는 대치적 계급정당의 다원주의적 존재도 아울러 함께 인정하는 논지를 취하게 된다. 이 시기에 의회는 사회의 모든 계급이 참여할 수 있고, 아울러 계급(노동자)이익을 실현하여 궁극에는 무계급사회에 도달할 수 있고 궁극에는 무계급사회에 도달할 수 있게 하는 기구가 의회이다. 그러므로 이러한 의회기능이 오늘날의 시민사회적 조건하에서 작용하고 있는 다원주의의 개념으로 이해되기란 그리 쉽지 않다(박병석 1991).

37) 프랭켈이 제시하는 '변증법적 민주주의'는 노동운동과 노동정당이 마침내 자본주의 내의 정치적 경쟁과 투쟁의 영역으로 진입하게 됨으로써 중시되는 민주주의 개념이다. 변증법적 민주주의는 국가 소속자의 계급상황이 서로 다르다는 사실의 의식에서부터 출발하고 있다. 변증법적 민주주의는 계몽된 고도의 자본주의가 갖는 국가형태이다. 프랭켈은 계몽된 고도의 자본주의 문제는 국가헌법에 의해 치유되어야 한다고 강조한다.

경제체제의 골격을 헌정적인 차원에서 조직화하는 일은 일단 국가조
직적으로 이루어진다고 보았다. 이는 한편에서는 의회의 책임하에
있는 정부가 기업인과 노동자로 결성된 '準體制迎合的인' 경제이익
단체들과의 협력을 통해 그리고 다른 한편에서는 의회 및 의회 내에
출현하는 계급정당들에 의해 성립된다. 둘째, 이러한 경제헌법체제의
국가기관적 조직화는 경제이익단체들 사이에서 서로 협력하고 그리
고 이들이 다시 의회 내의 계급정당들과 상호 협조뿐만 아니라 의회
내의 계급정당들이 동등하게 협력하는 것이다. 경제이익단체들은 헌
법 및 사회 그리고 경제 정책적 관점에서 서로 타협할 태세가 되어
있어야 한다고 주장한다. 셋째, 이렇게 조직화된 다원주의적 존재는
근본적으로는 계급 간에서의 이질적인 분야가 존재하는 것과 동시에
헌법적인 기본합의 분야가 주어져 있느냐 하는 문제에 의존하고 있
다(박병석 1991, 94).

2) 신다원주의와 이중국가

프랭켈은 자신의 저서 『이중국가(Der Doppelstaat)』라는 저서에서
독일의 전체주의적 국가의 근본적인 구성요소를 각각 분리해서 관찰
하고 나아가 제3제국의 법 실상을 조명했다. 여기서 그는 '조치국가
(MaBnahmenstaat)'와 '규범국가(Normenstaat)'를 구분하고, 전자를 무
한정적인 조작과 폭력이 행사되는 지배체제로 후자의 법치국가적 실
현상태와 대비시킨다(Fraenkel 1974, 21). 프랭켈은 여기서 민족사회
주의가 기반으로 하고 있는 일체론적 정치개념과 그의 갈등 배타성
에 대하여 근본적으로 비판했다(Fraenkel 1974, 152).
프랭켈은 더 이상 자본주의의 윤리를 단순한 상부구조적 현상으로
는 파악하지 않는다. 그리고 그는 완전한 사회화는 脫계급적인, 그
럼으로써 진정한 민주주의로 이끌 수 있다는 환상이 궁극적으로 깨

진다는 것을 스탈린－히틀러－협정체결을 통한 역사의 전개 속에서 실제 경험하게 되었다(Fraenkel 1973, 25). 이와 같이 프랭켈은 비록 계급 없는 사회로의 궁극적 목표를 이미 자신의 개량주의적 전략으로 대체한다. 그러나 그가 기본적으로 갖고 있는 성향, 즉 '집단적', '변증법적' 민주주의를 통해 혁명이나 계급 전쟁에 의해서가 아닌 자본주의 사회에서의 사회 및 계급갈등을 진화론적으로 해결해 나가 자는 기본적인 인식을 갖고 있다.

프랭켈은 미국정치의 특성을 연구하면서 자신의 민주주의 가치관을 정립한다. 국가 권력은 통일적인 국가공동의사를 유출해 내고도 그에 의해서 심의되어야 한다고 주장한다. 민주주의의 다원주의적 이념은 국가주권능력이 상이한 집단적 권력게임으로부터 유래하는 결과들을 나타내고 또 그것에 의해 동의되어야 한다. 프랭켈은 미국의 정치적 실천력을 무엇보다도 실증법의 유효성에 대한 의식의 유지 속에서 찾는다. 그는 미국정치체계의 자율적이면서 이질적인 다원주의 성격을 지닌 사회질서 속에서 자연법적인 가치규범의 유효화에 대한 가능성을 찾으려고 하였다. 이러한 동기는 독일의 바이마르 체제의 실험과 또한 전체주의적 나치즘 그리고 스탈린의 사회주의적인 전체주의체제의 부정적 역사전개에 대한 강한 동기에 의해서 특정체제의 구조성을 찾으려 하였다. 신다원주의 이론의 정립은 민주주의논의에 규범적·존재론적 전통의 기반 위에 방법론적 전반의 방향을 갖게 된다.

3. 조합주의 국가

조합주의 사상에서 사회적 조화가 이루어지기 위해서 행하여질 수 있는 정치적 실제가 어떤 것인가를 보여주는 파시스트 국가의 등장이다. 파시스트 조합주의는 서구의 자유민주주의를 폐지하고 노동조직을 분쇄하면서 등장하였다. 이러한 파시스트 조합주의는 1945년 2차 대전의 종전을 기해 파시스트 정권의 붕괴와 더불어 이에 결부된 일체의 이데올로기와 제도가 오명 속으로 사라지게 되면서 오랫동안 잊혀져버린 정치용어가 되었다. 그러나 사실상 조합주의적 경향은 완전히 사라진 것이 아니라 서구자유민주주의 사회에 계속 내재되어 있었다. 조합주의가 사회분석을 위한 개념으로 사회과학에서 활용되기 시작한 것은 비교적 최근이며, 엄밀한 개념적 정의가 내려지지 못한 채 다양한 현상으로 지칭하는 다의적 개념으로 사용하고 있다.

조합주의는 자본주의 경제체제의 특징인 개인주의와 자유경쟁 원리가 초래하는 계급 간의 갈등을 해결하기 위해 사회의 유기적 통합과 화합을 실현하기 위한 방안으로 조합주의에 주목하게 되었다. 이러한 상황하에서 조합주의 등장배경을 살펴보면 다음과 같다.

첫째는 반자유주의적이다. 영주와 농민 간에 형성되었던 중세의 사회질서는 하나의 유기체적 공동사회를 이룩하여 질서와 조화를 강조하였으나 이 사회체제는 자유주의적 경제사회이론의 대두로 인하여 서서히 붕괴되기 시작하였다. 자유주의 이론에 의하여 형성된 정치사회체계의 변화에 따라 기존의 사회적 유대관계는 파기되고 사회는 원자적이며 자기중심적인 체제로 전환되어감으로써 이에 대한 반응으로서 등장된 것이 조합주의인 것이다. 이런 의미에서 조합주의는 반자유주의의 형태로 대두되었다고 볼 수 있다(Williamson 1985, 20).

둘째는 반사회주의적이다. 19세기 후반에 있어서 자본주의가 지닌 문제점 때문에 등장한 사회주의적 시각은 더욱더 국가의 위치를 전락 내지 변화시켰다. 사회주의는 노동자계급과의 새로운 유대를 지니게 되었고, 특히 사회주의하에서 국가를 보호하기 위하여 등장한 것이

조합주의이다(김영래 1987, 59). 이와 같이 조합주의는 개인들 사이의 자유경쟁이나 계급갈등을 부인하고 계급들 사이의 조화와 유기적 통합이 사회에 본질적이며, 개인들을 통합하는 기능적인 사회경제조직들에 기초를 두는 새로운 정치질서를 말한다(Panitch 1980, 160-161). 조합주의는 어원가치가 사회가 지향해야 할 규범적 사회질서의 형태에 기반을 두는 것이라는 것을 알 수 있다(Stepan 1987, 6).

슈미트는 조합주의체제의 성립은 자본주의의 발전과 사회세력 간의 정치적 지배관계에서 나타나는 사회구조적 변화 속에서 규명되어야 한다고 주장한다. 조합주의는 사회세력 간의 구성수준과 사회구조의 발전양상에 따라 그리고 자본주의의 상이한 발전수준과 구체적인 맥락에서 파생하는 체계적 필요성의 성격 및 사회세력 간의 관계에서 사회조합주의와 국가조합주의 두 가지 유형으로 분류된다(Schmitter 1979, 22-42).

사회조합주의는 선진자본주의의 후기자본주의적인 조직화된 민주복지국가에서 나타날 수 있는 조합주의의 한 유형이다. 이는 상대적으로 자율적이고 지역적 단위로 구성된 정치체계에서 생성된다. 사회조합주의는 서구와 같이 공개적, 경쟁적 선거과정과 정당체계를 지니고 있으며, 이데올로기적으로 다양하며 서로 연합하여 집행부의 권위에 의존하고 있는 정치체계에서 발견될 수 있다. 사회조합주의는 사회에서 자발적으로 조직된 이익집단이 국가기관에 침투하여 국가의 정당성과 기능이 일차적으로 혹은 전적으로 작용하여 국가는 조합에 의존하게 된다. 사회조합주의는 느리고 거의 인식할 수 없을 정도로 서서히 진행되는 다원주의 쇠퇴와 함께 전진적이며 장기적인 제도화의 과정을 거치게 된다.

국가조합주의는 지체된 종속적인 자본주의 발전과 비패권적 계급관계에 의하여 촉진되고 있다고 본다(Schmitter 1979, 25). 이익집단은 국가의 권위에 의하여 위로부터 국가의 강압적 방식에 의하여 조직되어 국가에 의하여 사회의 집단이 침투되어 제도화된 것이다. 특히 슈미트는 이와 같이 개발도상국이 직면한 산업화의 조건마련을 위하여 국가가 자본축적과정에 직접 개입하며, 국가가 사회의 안정과 통제를 위해 적극적인 통제역할을 하는 이익대표체계라고 주장한다(Schmitter 1979, 25). 사회조합주의가 의회민주의적 이익대표체계를 부분적으로 대체하면서 나타나는 반면, 국가조합주의 권위적인 이익대표체계로 등장하게 되는 것은 이러한 조건에서 비롯된 것이다.

이러한 슈미트의 주장을 비슷한 견해에서 뒷받침하고 있는 것은 스테판의 견해에서 찾아볼 수 있다. 스테판은 사회조합주의가 부르주아지에 의한 헤게모니가 확립된 상황에서 연유되고 있다면, 국가조합주의는 부르주아지의 세력이 미약하고 내적으로 분열되어 있으며, 외부에 의하여 종속된 상황에 처해 있다고 한다. 때문에 피지배 계급의 이익을 권위적인 방식에 의해 통제함으로써 사회적 인정을 꾀하고자 하는 이익대표체계 양식이라고 주장한다(Stepan 1978, 59－66).

따라서 국가조합주의는 사회조합주의와는 달리 민중 및 노동부문에 대한 통제를 더욱 강화 및 억압하여 사회의 안정을 추구하려고 한다. 국가조합주의는 국가의 권위에 의해 위로부터 조직되어 국가에 의해 사회의 집단이 침투되는 방식에 의해 제도화되며, 조합이 국가의 보조적이며 종속적인 기관이 되면서 국가의 정당성과 기능이 조합 이외의 근거에서 비롯되는 유형이다.

이상과 같이 사회조합주의와 국가조합주의는 서로가 한 사회에서 동시에 출연할 수 없으며, 특히 중남미와 유럽 여러 국가들에서 각국의 특수여건에 따라 서로 다른 한 유형의 조합주의를 택하게 되는 것이다.

Ⅲ. 이익집단과 국가와 상관관계 비교 논의

1. 집단이익의 관점과 이해관계

다원주의의 특징은 국가 전체의 이익이나 공공의 이익을 추구하지는 않는다. 다원주의 학자인 다알(Dahl 1982, 77−78)은 이익의 다의성과 제 이익들 간의 갈등은 불가피한 것이라고 주장한다. 다원주의 관점에서는 공동의 이익에 부정과 이익의 다의성에 대한 강조가 이익의 내용에 대한 근간을 이룬다. 그러나 조합주의는 이익에 대한 인식론적 판단은 대체로 인정하면서 이익의 다양화를 주장한다. 즉 조합주의는 이익의 내용과 이를 결정하는 원인이 다양하고 사회 안정과 조화 또는 계급조화 등의 가치가 하나의 공공이익 자체로 규정하고 있다. 다원주의와 조합주의에서 이익에 대한 인식은 공통된 견해를 갖고 있다. 즉 정치체제의 구조적 분화와 이익의 다양화가 증가하고 있다는 점에서 공통된 인식을 갖고 있다. 그런데 양자(다원주의·조합주의)는 정치체제의 동향에 대한 반응방식에 있어서는 차이가 보인다. 다원주의에서는 국가 혹은 엘리트가 서로 갈등하는 다양한 이익을 조정하여 공공이익을 실현시킬 수 있다고 보는 것은 환상이라고 주장한다. 그러나 조합주의는 국가의 강력한 역할이나 행정 관료들에 신뢰를 두고 공공의 일체성을 유지할 수 있다는 입장이다.

다원주의와 조합주의는 이익집단을 형성하는 원인에서도 차이를 보이고 있다. 다원주의는 이익집단을 형성하는 요인을 전문화와 분업에 따른 사회적 이익의 창출과 특수이익을 공유하고 있는 개인들이 자기들의 이익획득과 보전을 위해 결속하도록 만드는 외부위협으로 보았다. 다원주의 입장에서 집단형성이론은 거대한 사회의 변동에 대응하여 이익보존의 필요성을 공감한 사람들이 자발적으로 집단을 형성하게 된다고 보았다. 반면에 조합주의는 대규모 이익 집단의 형성과 가입이 거대한 사회적 압력으로 인해 자발적으로 이루어진다는 주장을 허구라고 비판한다. 조합주의에서는 사회경제적 이익의 존재 자체를 결코 이익집단 형성으로 나타나는 것이 아니라 사회 경험적 제 변수는 물론 국가개입의 영향에 대한 고려를 하고 있다.

이익집단의 상호 간의 관계에 관한 인식에서도 다원주의와 조합주의는 확연한 차이를 보이고 있다. 먼저 다원주의는 이익집단의 상호 간의 관계를 경쟁적 관계로 인식한다. 그리고 모든 집단은 힘(Power)에 있어 평등하다고 인식한다. 따라서 모든 사회 영역에서 독점적 지배력을 행사하는 권력엘리트 또는 특정집단이나 계급이 정치체제에 전횡하는 것이 아니라 이익집단들에 관련되는 쟁점의 영역에서 참여하여 타 집단들과 경쟁을 통해 집단 및 구성원의 이익을 달성하려고 한다고 보았다. 따라서 각 이해집단들은 어떤 분야에서 막강한 영향력을 행사하지만 다른 많은 영역에서는 영향력을 별로 행사하지 못하게 된다(Latham 1982, 391). 다원주의 관점은 이익집단 상호 간에도 경쟁의 원칙과 합의가 이루어진다면 집단 간의 갈등을 해소하여 정치체제를 안정시킬 수 있다는 입장이다.

반면에 조합주의 입장은 이익집단 간의 협동적 상호작용을 매우 중요하게 생각한다. 이들은 이익집단들 간의 자발적인 제도적 통합으로 국가의 공공정책을 위해 높은 수준의 협조를 하는 특징을 갖는다(Lehmbruch 1982, 54). 이들은 제도화된 정책수립유형으로 특히 경제 영역의 공공정책 분야에서 대규모 이익조직체가 집단 상호 간 및 정치행정체제와 협조를 하는 가운데 이익의 표출, 가치의 권위적 배분, 정책수행 등의 역할을 담당하게 된다(Frank Wilson 1983, 896). 또한 조합주의 핵심적 특징은 노동조직과 기업가 조직의 상호 긴밀한 협조라는 측면에서 정치구조하에 제도적으로 편입되어 있는 노동조합과 자본가집단 사이에 권력이 균형상태에 놓여 있다는 사실이다(Lehmbruch 1982, 167).

그래서 조합주의 구조는 노동조합을 이익배분 정책결정과정에 참여시키는 대가로 노동조합의 자본주의적 성장기준에 맞추어 설정할 것과 구성원들의 임금억제를 수용할 것을 요구하게 된다. 정책결정과정에 노동단체와 기업가 단체가 국가수준에서 동등하게 참여하게 되는 것은 진일보 한 것이나 노동자단체는 기업가 단체에 비해서 훨씬 약자의 위치에 서게 된다. 다만 이러한 약자의 위치에서 불평등이 존재함에도 불구하고 직능단체들 간의 법적 정치적 평등을 보장해 줌으로써 마치 사회계약이 평등한 개체들 간에 이루어진 것처럼 보이게 된다(Panich 1980, 167).

조합주의에서 중요하게 대조되는 것은 국가의 역할이다. 즉 국가의 강제력 행사에 대한 동원이 될 경우 조합주의에 의해 시도되었던 계급 또는 이익갈등의 조화는 유보되고 조동단체에 대한 국가의 강압적 통제에 기반을 권위주의적 이익중개체제의 형성가능성이 나타나게 된다.

2. 국가의 역할과 인식

다원주의의 국가관은 구성원들의 집단 간의 경쟁에 의해 다양한 이해관계가 수행되는 사회적 관계의 장이다. 따라서 다양한 집단들이 자기 조절적 메커니즘에 의해 스스로 균형을 유지해 나가는 항상성을 가진 체계이다. 따라서 다원주의의 입장에서는 국가라는 개념을 따로 정해놓을 필요는 없다. 따라서 국가의 지위는 사회 여러 집단의 구성체 중에 하나이고 수동적 성격을 갖는 시민사회의 반영물에 불과하다.

집단 환원론38)적 입장은 정부나 관료집단은 하나의 이익집단에 불과하다고 한다. 따라서 국가의 성격도 특정한 이익을 실현하기 위한 이해관계의 결사체이며 국가내부에 활동하는 관료나 정책결정자도 공동의 목표를 달성하기 위한 하나의 수단에 불과하다. 그러나 일부는 국가를 규범적 목표의 설립과 합의된 규칙의 유지를 수행하는 수호자로 격상시키기도 한다. 즉 국가는 때때로 규범적 기능의 수행에 있어 집단을 없애 버리기도 하고 집단의 내부구조를 급격히 변화시켜 버리기도 한다(Schmitter 1979, 291).

조합주의 입장은 국가가 다양한 이익들의 정치적 해결을 위해 서로 경쟁하는 장이 아니라 이익결사체들의 활동으로부터 상대적 자율성을 갖는다. 페치니(Panitch)는 조합주의체제의 유지에 있어서 국가개입의 역할을 강조한다. 슈미터(Schmitter 1979, 291)는 조합주의의 가장 중요한 요소 중의 하나를 현대국가의 사회경제생활에의 강제적 개입을 들고 있다. 그러나 조합주의는 국가개입을 통한 국가의 능동적 역할이 직접적인 방법으로 이루어지는 것보다는 이익단체들 간의 자율적인 협의체를 통해 간접적으로 이루어져야 한다. 지나친 국가의 개입은 마치 조합주의가 파시즘이나 나치즘과 같은 초국가적 사회지배체제와 구별되어야 한다.

---

38) 집단 환원론적 입장은 국가도 교회나 노동조합 등과 같은 결사체에 불과하다는 것이다.

3. 국가와 집단 간의 관계

이익집단은 정부의 제도화된 접촉의 통로가 없어서 정부의 제도권 밖에서 정치적 압력을 행사하고 정책결정에 영향력을 미치는 행위를 시도한다. 이익집단이 정부를 상대로 행사할 수단은 다양한 방법이 있는데, 인적 연고관계, 엘리트에 의한 대표 그리고 공식적, 제도적 접근방법 등이 있다. 공식적, 제도적 방법은 정당이나 의회활동에 주목하게 되는데 이익집단들의 경쟁적 요구가 의회 등 정부 공식기구 안에서 압력으로 작용하고 의회는 경쟁적 요구들 간의 합의에 의해 그들의 이익의 실현을 가능케 한다. 다원주의 체제에서는 유권자들이 선거를 통해서 대표자를 선출하여 자신의 이익을 반영하게 한다.

다원주의 관점은 이익집단들이 선거를 통해 국가와 정당 그리고 의회 활동을 매개하고 이익실현의 통로로 삼는다. 그러나 반드시 이익집단들의 활동이 공식적, 제도적 접촉과정을 통하여 이루어지는 것은 아니고 비제도적 접촉이나 사적인 이해관계와 다양한 방법을 동원하여 영향력을 행사한다고 볼 수 있다.

반면에 조합주의는 국가개입에 의한 적극적 역할을 기대한다. 조합주의 관점은 국가와 개인 또는 이익집단 사이에 아무런 중간 협의체가 존재하지 않는다. 따라서 국가의 의사를 개인이나 이익집단에 반영시키고 개인의 의사를 국가정책에 반영하는 '중개협의체'를 중시한다. 조합주의에 의하면 중개협의체는 사적 결사의 성격과 국가기관의 성격이 함께하는 중간적 성격의 조직이다(양동안 1988, 30). 중개 협의체는 이익을 대표하는 수준에서 국가와 이익집단과의 관계를 형성하고 유착관계를 맺으며 하부구성원들의 통제를 제도화하려는 의도를 갖는다. 따라서 집단의 지도층과 하부구성원과의 이익이 달리 나타날 수 있다.

또한 이익집단과 국가의 다음 수준은 정책형성 및 집행수준에서 이익집단의 참여와 공공정책의 수행으로 요약된다. 이익집단과 정부와는 접촉의 통로가 제도화되어 있어 집단의 지도자들은 국가로부터 이익대표의 독점력을 부여받아 이익배분에 참여하는 대신 공공정책의 효율적인 수행을 위해 집단구성원들을 통제하고 수동화시킨다. 따라서 조합주의의 중요한 특징은 국가이익이 바로 공동의 이익으로 부합하게 만들고 국가와 호혜적 상호관계는 집단 구성의 이익을 대변하고 실현시키기보다는 정부의 정책을 담당하고 수행하는 하부 권력기관의 역할을 담당하게 된다.

이익집단과 국가와의 관계를 다원주의 관점과 조합주의 관점에서 표를 구성해 보면 다음과 같다.

이익집단 활동	다원주의(Pluralism)	조합주의(Neocorporatism)
이익집단과 정부의 제도화된 접촉	소원: 집단은 공식적인 정부기관 밖에서 활동	제도화된 정부기구에 참여
행정이나 정부집행에의 참여	경우에 따라 관여하나 협상수준	빈번접촉, 집단이 집행실체가 됨
이익집단 대표와 행정관료의 접촉	자주접촉 선출공무원(의원)과 접촉, 이익집단의 활동이 주가 됨	행정관료와 접촉
이익집단과 행정관료 연대관계	정책결정에 영향력 행사	대체로 중요
의회와 정당과의 접촉	매우 중요 자주 접촉	덜 중요, 드문 접촉
여론의 영향력에 대한 태도	대중여론 선전 활동 중요시	덜 중요, 드문 접촉
시위 파업 등 직접행동	때때로 사용, 극단적	조직화된 집단에 이해 나타남
태업 및 불복종	가끔 발생, 극단적	드물게 나타남

[김정헌 1991, 54]에서 인용

4. 이익실현을 위한 국가

다원주의는 국가도 이익실현을 위해 보다 적극적인 역할을 시도하고 사회적 약자를 위해 가치의 권위적 배분으로 지원하게 된다. 국가는 결국에는 다양한 이해관계의 경쟁을 이루고 국가의 이익을 실현시킨다. 다만 이러한 공개적 집단 간의 경쟁이 세력균형을 이루어 특정의 집단에 권력이 집중되는 현상을 방지할 수 있다. 반면에 조합주의는 이익집단과 국가와의 상호 유기적 결합과 이해관계의 합의로 이익단체를 통제하고 제도화한다. 이때 이익단체는 국가의 목표달성에 적극적이며 국가의 이익실현을 앞세우고 자신의 하부조직원의 이해관계를 희생시킨다. 따라서 조합주의는 국가의 본질을 하나의 공동체로써의 전체이익, 즉 국가의 이익을 실현하는 주체로 본다.

이러한 견해는 다원주의가 국가를 사적인 이익의 중개자로 보는 점과 확연하게 다르다. 다원주의에서 국가는 사적인 이익의 경쟁만이 존재하지 공익의 실현을 위한 주제가 되거나 국가의 공통의 목적을 실현하기 위한 역할을 기대하기 어렵다. 이에 반해서 조합주의는 국가의 생산기능을 수행하거나 국가의 이익과 집단의 이익을 일치하도록 종용한다.

Ⅳ. 다원주의 국가론의 비판

다원주의에 대한 비판적 분석은 다원주의뿐만 아니라 신다원주의까지 그 대상으로 하고 있다. 다원주의 비판론은 다원주의의 어떤 점이 비판의 대상으로 등장되며 다원주의에 대한 비판론의 기본적 관점은 무엇인가라는 문제이다. 다원주의 비판의 대상은 다원주의 객관성·타당성 그리고 다원주의 이론의 분석과 내용과 규범적 내용 등이다. 다원주의 비판에 앞서 이론의 장점과 약점 및 부족한 점과 또한 이 이론을 현실에 적용했을 때 나타날 수 있는 정치적 파급효과 등을 우선 명백히 할 필요가 있다. 또 다른 측면에서 생각한다면, 다원주의에 대한 비판적 이론들의 정치적 내지는 학문적 입장도 고찰해 보아야 할 것이다.

우파의 비판적 입장은 다원주의의 이론에는 국가의 단일성과 권위가 위태롭게 될 위험성이 있다고 보며, 따라서 이러한 시각을 가진 비판가들은 다원주의의 이론이 어떤 형태로든지 현실정치에 구체적으로 나타나거나 또 이론적으로 주장되는 것을 거부하며 이러한 목적의식과 시각에서 다원주의를 비판한다. 이러한 기본적 시각을 가진 비판가들은 사회적 조직체나 연합체의 활동양태는 분열적이며 비체계적이라고 보며, 사회단체나 조직체는 분열적 행태를 유지한 채 정치적 의사결정과정에 영향을 미침으로써 그만큼 국가의 책임 수행도 제한되는 결과를 가져온다고 본다. 사회단체나 사회연합체의 활동은 공동선의 희생을 비용으로 지분하고 있으며 그 결과 다원주의는 국가의 명예로운 최고 주관적 위치와 권위까지 문제시하고 나아가서는 국가권력의 해체까지는 주장하지 않더라도 최소한 국가를 반사회적 존재로 만들 수 있는 위험이 있다고 비판한다.

결국 우파적 비판은 깊이 고려해 볼 만한 큰 비중을 가지고 있으며 다음 세 가지 문제에 집약된다. 첫째, 다원주의는 민주주의 국가가 유권자에 대하여 책임 있는 행동을 상실하게 되는 경우 파국을 초래할 가능성 있다. 둘째, 국가능력의 축소는 국가권위의 상실뿐만 아니라 소수집단의 권익과 정책수립 능력 그리고 보호기능을 상실하게 된다. 셋째, 국가의 단일성을 문제시하는 집단다원주의는 경제적 권력이 강하게 집중될 수 있다. 국가경제가 지불수단을 장악하고 있는 경제적 카르텔 독재를 초래하거나 아니면 경직된 세력균형, 즉 일반적 이해와 관심에 대하여 책임 있는 대응능력을 상실한 사회의 무기력화를 촉진하게 된다.

또한 신자유주의자들은 다원주의를 이미 극복된 자유방임주의가 집단 수준에서 파행적으로 발전된 이론이라 보며 특히 그 논리적 근거는 개인주의에 있다고 본다. 따라서 우파적 비판은 신다원주의를 구시대의 자유주의라고 비판한다. 이들의 비판에 의하면 사람다운 삶을 보장하기 위한 수단으로써 시장경쟁은 필요 불가결한 것이지만 충분한 것은 아니라고 본다. 따라서 국가에 의한 사회 정책적 보안과 수정이 불가피하기 때문에 결론적으로 자유시장 경쟁에만 치중하는 집단다원주의는 부정될 수밖에 없다는 논리이다.

국가는 독점과 카르텔 형성이 위험으로부터 경쟁체제를 보호해야 하듯이 다원주의 아래서 독점과 카르텔 형성을 억제하여 모든 시민의 자유로운 발전을 보호하고 보장해야 할 의무를 갖는다. 따라서 법치국가의 질서 형성과 그것을 유지하는 기능은 반드시 확립되어야 하며 동시에 다원주의는 그 개입권을 확장하여 국가로 하여금 그 기능을 수행하도록 해야 한다.

반면, 다원주의에 대한 좌파적 비판이라고 함은 일반적으로 사회단체의 다원주의와 다원주의적 민주주의 이론에 대한 비판이다. 즉 사회단체 다원주의는 사회에 내재하는 현실적 계급대립을 사회구조의 다원성으로 위장하려는 지배계급의 이해와 목적을 내포하고 있다. 다원주의는 지배 권력을 제한하기보다는 지배 권력의 안전에 이바지한다는 견해를 가지고 있다. 좌파에 속하는 비판가들은 다원주의적 모형과 민주주의에 대한 해석을 경제사회적 현실과 다원주의적 사회구조 그리고 다원주의적 이론 사이에 상호 관련성에 관한 문제를 제기한다. 그러나 좌파에 속하는 비판가들도 이를 분류의 비판가들처럼 일반적 경향을 가지기는 하지만 문제설정이나 다원주의에 대한 비판의 강도에 있어서 상당히 큰 차이를 보여주고 있다.

이러한 다원주의에 대한 좌파의 비판가들은 다원주의가 과연 그 지지자들이 주장하듯이 현실을 객관적으로 분석할 수 있는 이론인지 의심하며 특히 민주주의를 전체의 가치로 인정한다는 것은 다원주의 이론의 출발점이며 동시에 목적적 가치가 된다. 이것은 다원주의 이론과 정치, 경제, 사회적 현실의 괴리를 인식한 나머지 사회적 평온을 유지하고 대중의 정치적 활성화를 억제하기 위한 소위 활인된 민주주의 가치성을 말해 주고 있다는 점을 비판하고 있다.

참고문헌

김영래. (1987). 『한국의 이익집단』 서울: 대왕사.

김정헌. (1991). "이익분배결정에 있어서 다원주의와 코프라티즘 이론의 비교분석," 『경북행정학보』경북행정학회 제3집.

김종민 편저. (1986). 『다원주의 정치이론』 분도 출판사.

양동안. (1988). "코프라티즘의 정치경제이론과 한국적 수용문제", 『현대사회』 30, 여름호, 서울: 현대사회연구소.

Alford, R. R. (1985) *Power of theory*, Cambridge Univ. Press.

Aristotle. (1962). the Politics Penguin Books Baltymore.

Arrow, K. (1974). *Limits of Organization.* Norton New York. press.

Auster, R. D. & Silver, M. (1979). The state as a Firm: Economic Forces in political Development Nijhoff the Hague.

BenJamin R. (1980). *the Limits politics*: *Collective Goods and Political change in post Industrial Societies*, Univ. of Chicago Press Chicago.

Buchaman, J. (1975). the Limits of Liberty: Between Anarckyand Leviathan Univ. of Chicago. Press.

Dahl, R. (1982). Dilemmas of Pluralist Democracy: Autocracy Versus Control, New Haven: Yale Univ. Press.

Deutsch, K. (1963). *The Nerves of Government*: *Models of Political Communication and control*, Free Press. London.

Easton, D. (1965). *A Frame work for Political analysis* prentice Hall Englewood cliffs N. T.

Fraenkel, E. (1973). Reformismus und Pluralismus — Materialien Zueiner Ungeschrienen, Politschen Autobiographie Hamburg.

Frankkel. E. (1974). Der Doppelstaat. Recht und Justiz im "Dritten Reich". Frankfurt. a. M.

Gurr, T. R. (1970). *Why Men rebel*, princeton Univ. Press.

Latham, E. (1952). "the Group Bass of Politics" Notes for a theory, *the American political science Review*, Vol.46 No.2.

Latham, E. (1982). "The Group Basis of Politics: Notes for a Theory" *APSR*, Vol.46, No.2.

Lehmbruch, Gerhard and Schmitter, Philippe C., (1982). *Pattern of Corporatist Policy Making.* London: Sage Publications.

Nicholls, D. (1974). *Three Varieties of Pluralism*, New York: st. Martin's Press.

Nuscheler, F. & Steffani, (1976). Pluralismus — Konzeptionon und Kontroversen Munchen.

Panitch, L. (1980). "Recent theorizations of Corporatism: Reflection on a

Growth Industry", in *British Journal of Sociology*, Vol.31, No.2 June.

Schmitter, P. C. (1979). "Still the Century of Corporatim?" in Phiippe C. Schmitter and Gerhard Lehmbruch, *Trends Toward Corporatist Intermediation*, Contemporary, Political Sociology Beeverly Hills, California: Sage Publications Ltd.,

Smelser, N. (1963). *Theory of Collective Behavior* Free Press New York Stepan, A. (1978). "the state and Society: Peru in Comparative Perspective, Princeton Univ. Press.

Stepan, A. (1987). *The state and society: Peru in Comparative Perspective*, Princeton Univ. Press.

Truman, D. B. (1951). *The Governmental Process*, New Yark: Random House.

Williamson Oliver E. (1975). *Markets And Hierarachics Analysis and Antitrust Implications*, Free Press New York.

Williamson Oliver E, (1981). "The Economics of Organization: the Transaction Cost Approach", American Journal of Sociology. 87.

Williamson, Peter J. (1985). "Varieties of Corporatism: A Conceptual Discussion", Cambridge: Cambridge Univ. Press.

Wilson. Frank L. (1983). "French Interest. Group Politics: Pluralist or Neo−Corporatist?." APSR, Vol.77.

색 인

오관석　　•약　력•

저자는 전북대학교에서 정치학 박사학위 취득 후, 전주대,
원광대, 충남대, 전북대학교에서 연구와 강의를 하였고
현재는 호남대학교에 초빙교수로 재직 중이다.

•주요논저•
<단독>
『정보사회와 미디어 정치』(2007) 인간사랑
『사이버 정치와 e−거버먼트』(2004) 인간사랑
(대한민국 학술원 우수도서 선정)

<공저>
『한국 지방중소도시의 엘리트』(공저, 2006) 동양문화
『한국 지방중소도시의 시민사회단체』(공저, 2006) 동양문화
『한국 지방중소도시의 정치문화』(공저, 2006) 동양문화
『한국 지방중소도시의 주민참여』(공저, 2006) 동양문화
『한국 지역사회 이익단체』(공저, 2005) 오름
『한국 지역사회 정치문화』(공저, 2005) 오름
『한국 지역사회 주민참여』(공저, 2005) 오름
『한국 지역사회 엘리트』(공저, 2004) 오름
『지역사회 권력구조 문헌이해』(공저, 2002) 오름

외 다수 논문

자본주의 국가의 이해

- 초판 인쇄　　2007년 10월 30일
- 초판 발행　　2007년 10월 30일

- 지 은 이　　오관석
- 펴 낸 이　　채종준
- 펴 낸 곳　　한국학술정보㈜
　　　　　　　경기도 파주시 교하읍 문발리 513-5
　　　　　　　파주출판문화정보산업단지
　　　　　　　전화　031) 908-3181(대표)·팩스　031) 908-3160
　　　　　　　홈페이지　http://www.kstudy.com
　　　　　　　e-mail(출판사업팀사업부)　publish@kstudy.com
- 등 　 록　　제일산-115호(2000. 6. 19)
- 가 　 격　　25,000원

ISBN　　　978-89-534-7761-2 93320 (Paper Book)
　　　　　　978-89-534-7762-9 98320 (e-Book)